안창남

서른 해의
불꽃같은
삶

안창남, 서른 해의 불꽃 같은 삶

식민지 조선 최고의 아이돌에서 항공독립운동까지

초판 1쇄 인쇄 2019년 4월 15일 \ **초판 1쇄 발행** 2019년 4월 20일
지은이 길윤형 \ **펴낸이** 이영선 \ **편집 이사** 강영선 김선정 \ **주간** 김문정
편집장 임경훈 \ **편집** 김종훈 이현정 \ **디자인** 김회량 정경아
독자본부 김일신 김진규 김연수 정혜영 박정래 손미경 김동욱

펴낸곳 서해문집 \ **출판등록** 1989년 3월 16일(제406-2005-000047호)
주소 경기도 파주시 광인사길 217(파주출판도시) \ **전화** (031)955-7470 \ **팩스** (031)955-7469
홈페이지 www.booksea.co.kr \ **이메일** shmj21@hanmail.net

© 2019, 길윤형
ISBN 978-89-7483-983-3 03910

이 도서의 국립중앙도서관 출판예정도서목록(CIP)은 서지정보유통지원시스템 홈페이지(http://seoji.nl.go.kr)와
국가자료공동목록시스템(http://www.nl.go.kr/kolisnet)에서 이용하실 수 있습니다.(CIP제어번호: CIP2019011543)

안창남

서른 해의
불꽃같은
삶

**식민지 조선
최고의 아이돌에서
항공독립운동까지**

길윤형 지음

서해문집

머리말

아직 가을 햇살이 까칠하던 2013년 9월 14일이었다고 기억한다. 커다란 여행용 가방 두 개를 질질 끌고, 도쿄 도에이 아사쿠사선 닌교초역에 내려 부동산에 전화를 거는 것으로 3년 반 동안 이어질 내 도쿄 생활이 시작됐다. 임대계약서에 서명한 뒤 집 열쇠를 받아 텅 빈 집에 들어서고 나니 앞으로 받아 내야 할 광막한 시간이 까마득해 현기증이 났다.

이후 2017년 4월 귀국할 때까지 한겨레신문사 도쿄 특파원으로 현지에 머물며 당시 아베 신조安倍晉三 정권이 추진하던 '역사 뒤집기'와 일본 〈평화헌법〉 무력화 과정을 정신 없이 기사로 써 댔다. 그 때문에 귀국할 무렵엔 극심한 스트레스로 빨리 일본을 떠나고 싶다고 생각하게 됐지만, 정착 초기엔 도쿄라는 거대 도시의 속살을 들여다보는 게 즐거워 주말마다 동네 산책을 다니곤 했다.

한겨레신문사 도쿄 지국 겸 내 살림집이었던 곳은 도쿄 주오구 니혼바시요코야마초에 있었다. 사무실에서 동쪽으로 5분 정도 걸으면

'도쿄의 한강'인 스미다강이 나오고, 이 강에 걸쳐진 료고쿠다리를 건너 한 10분쯤 더 걸으면 '일본의 국기國技'라 불리는 스모의 총본산인 '료고쿠국기관'에 도착할 수 있었다.

집 근처에서 특히 사랑했던 것은 '도쿄의 청계천'에 해당하는 간다강이 스미다강과 합쳐지는 지점에 서 있던 야나기다리였다. 기사를 부랴부랴 보내 놓고 오후 5시께 이 다리에 서서 서쪽 하늘을 바라보면, 이따금 하늘을 붉게 물들이던 석양을 감상할 수 있었다.

사는 곳에 대한 방향 감각이 생기고 나니 지하철 노선이나 지명에 민감해졌다. 지금도 눈 감으면 예전 집 근처를 지나던 아사쿠사선과 신주쿠선 노선도가 자연스레 떠오른다. 그리고 조금 더 시간이 지나 도쿄의 관문인 나리타공항과 도심을 잇는 게이세이선에 야히로란 이름의 별 볼 일 없는 작은 역이 있다는 사실을 알게 됐다.

일본 정부는 1960년부터 9월 1일을 '방재의 날'로 정해 대규모 재해 대비 훈련을 실시한다. 한 세기 전인 '1923년 그날' 도쿄를 포함한 간토 지역을 타격한 규모 7.9의 끔찍한 대지진을 기억하기 위해서다.

이 지진으로 간토 일대에서 10만여 명의 막대한 인명이 희생됐다. 이날의 비극은 그 자체로도 끔찍한 일이지만, 도쿄 주변 자이니치在日 (재일동포)에겐 조금 더 각별한 의미가 있다. 대지진 직후 일본 군경과 민중의 손에 수많은 조선인이 학살됐기 때문이다. 그래서 이날이 가까 워지면, 간토 각지에선 억울하게 학살된 조선인 희생자들의 영혼을 달 래려는 크고 작은 추모행사가 열린다.

2016년 9월 3일 야히로역 옆을 흐르는 도쿄 아라카와강 둔치에서 '호센카(봉선화)'라는 일본 시민단체가 주최한 35번째 한국·조선인 희 생자 추도식이 열렸다. 이곳에서 30년 넘게 추도식이 이어지는 것은 기누타 유키에絹田幸惠(2008년 사망)라는 초등학교 교사 덕분이다. 도쿄 아다치구 초등학교 교사로 근무한 기누타는 아이들과 함께 도쿄 아라 카와 방수로의 역사를 공부하다 지역 촌로들에게서 간토대지진 때 강 둔치에서 수많은 조선인이 학살됐다는 얘기를 들었다.

충격적인 증언을 채집한 기누타 등은 1982년 호센카를 만들어 노인 들이 지목한 학살 현장을 파 유골 발굴을 시도했다. 아쉽게도 유골을 찾아내진 못했지만, 모임은 이후에도 매년 사건 현장 부근에서 추도식 을 이어오고 있다. 2009년 9월엔 학살 터 부근에 조그마한 땅을 구입 해 '悼'(추도할 도) 자를 새긴 추모비도 세웠다. 2016년 추도식을 취재한 뒤 칼럼에 "복잡다단한 피와 학살의 역사를 배우니 평소 지나던 지역 과 골목들은 더는 예전의 그것이 아니게 됐고, 괜히 생각만 복잡해진 다"는 감상을 적었다.

간토대지진 직후 발생한 조선인 학살은 주변국 민중의 피비린내로 가득 찬 근현대사를 살아 온 일본인이 특히 감추고 싶어 하는 '치부 중의 치부'라 할 수 있다. 이 사건은 좋든 싫든 식민지 종주국인 일본과 살을 맞대고 살아갈 수밖에 없었던 1920~1930년대 조선인의 영혼에 너무나 뿌리 깊고 광범위한 상처를 남겼다. 이 지진으로 인생이 바뀐 인물 중 하나가 이 책의 주인공이자 조선의 하늘을 최초로 비행한 조선인 안창남安昌男(1901~1930)이다.

2012년 일본군의 특공작전(자살공격)에 동원돼 숨진 조선인 젊은이들의 사연을 다룬 책《나는 조선인 가미카제》를 써낸 뒤 다음엔 꼭 안창남의 일대기를 재구성해 보겠다고 결심했다. 허무한 일본의 침략전쟁에 동원돼 꽃 같은 나이에 자살공격에 내몰린 젊은이들이 자신들이 '피 끓는 항공열병'을 앓게 된 이유로 하나같이 '안창남'을 지목했기 때문이다.

일본의 식민지로 전락해 민족의 자존심이 짓밟힐 대로 짓밟혔던 1920년대 조선인들에게 안창남은 '우리도 할 수 있다'는 자신감을 일깨운 '유일한 숨통'이었다. 안창남은 당대 기준으로 지금의 류현진·손흥민·방탄소년단을 합친 것 같은 엄청난 인기를 누렸다. 1922년 12월 10일 당시 경성 인구의 6분의 1에 이르는 5만 명이 안창남의 고국 방문 비행을 보기 위해 매서운 겨울 날씨를 뚫고 여의도에 운집했다. 조선총독부는 이들을 실어 나르기 위해 특별열차를 준비했고, 경성전기는 시내 전차 운행 횟수를 크게 늘렸다.

이 행사에 대한 관심이 얼마나 높았는지 3·1운동을 계기로 무단통치에서 문화통치로 식민지 통치방침을 전환한 사이토 마코토齋藤實 (1858~1936) 총독이 현장에 나와 식전 훈시를 하며 안창남을 격려했다. 또 비행을 무사히 끝내고 송별회에 참석한 안창남에게 '기생 K'가 무작정 덤벼들며 "키스 한 번만 허락해 달라"라며 떼를 썼다 하니 조선 팔도를 한차례 '들었다 놨던' 안창남의 인기를 짐작할 수 있다.

조선인들은 일본 선수들을 상대로 한 자전거 경기에서 연전연승했던 엄복동嚴福童(1892~1951)과 안창남을 연결해 "치여다 보면 안창남이요, 나려다 보면 엄복동일세"라는 노래를 지어 불렀다.《나는 조선인 가마카제다》를 통해 1930년대 후반~1940년대 중반 일본의 무모한 침략전쟁에 소모품으로 동원됐던 조선인 젊은이들의 사연을 완성하고 나니, 그들의 선배이자 1922년 12월 처음 조선의 하늘을 날았던 한 남자의 사연을 한 권의 책으로 묶어 보면 좋겠다는 욕심이 들었다.

안창남의 일생은 크게 네 시기로 구분된다.

첫째 출생부터 1919년 도일에 이르는 '성장기'다. 안창남이 태어난 1901년부터 1차 도일을 감행한 1919년까지 조선 사회는 엄청난 변화를 겪었다. 병든 왕조는 제국주의 열강의 틈바구니 속에서 결국 식민지로 전락했다. 서울 정동에서 태어나 미동공립보통학교를 졸업한 뒤 휘문고등보통학교를 중퇴한 안창남은 처참한 조국의 운명을 목도하며 유년기와 청소년기를 보냈다.

그러나 조선 민중은 가만히 앉아 식민지의 운명을 받아들이지 않았다. 1919년 3월 '대한 독립 만세' 소리로 전국을 소용돌이치게 한 3·1운동이 시작됐다. 이를 목도한 안창남은 무기력하게 자신의 운명을 받아들이는 대신 비행사의 꿈을 실현하기 위해 과감히 일본행을 택했다.

둘째 안창남이 일본으로 건너가 비행사가 된 뒤 고국 방문 비행에 성공하는 '절정기'다. 일본에서 비행사 면허를 딴 안창남은 1922년 12월 10일과 13일 두 차례 '금강호'라 이름 붙인 프랑스 뉘포르Nieuport -11형 80마력짜리 1인승 복엽기를 타고 동포들 앞에서 화려한 비행술을 선보였다. 안창남은 열광하는 고국 동포들에게 "조선에 항공학교를 만들어 뜻있는 후배들을 양성하고 싶다"는 포부를 밝혔다.

셋째 안창남이 1923년 9월 1일 간토대지진 직후 학살될 뻔한 위기를 가까스로 넘긴 뒤 일본과 결별하는 '결단기'다. 간토대지진은 고된 도쿄 생활로 피폐해진 안창남의 위태로운 영혼에 결정적인 균열을 만들어 냈다. 대지진 직후부터 안창남 주변엔 그가 독립운동을 위해 중국으로 망명할 것이란 소문이 들끓기 시작한다. 안창남은 이를 딱 잡아뗐지만 풍설이 사실임을 증명하듯 1924년 12월 조선 땅에서 홀연히 자취를 감췄다.

넷째 안창남이 중국에서 독립운동을 위해 노심초사하다 허무하게 숨지는 시기다. 조선을 벗어난 안창남은 독립운동의 근거지인 상하이 임시정부를 찾았지만 1925년 초 임시정부는 독립운동의 방법을 둘러싼 내분 등으로 사분오열된 상태였다. 안창남은 어쩔 수 없이 1925년 말 상하이대한인거류민단장이자 탁월한 독립운동가인 몽양 여운형呂運亨(1886~1947)의 도움으로 산시성 군벌 옌시산閻錫山(1883~1960)의 항공대에 비행교관으로 취직했다. 이후 안창남은 대동단大同團계 독립운동가인 최양옥崔養玉(1893~1983)·김정련金正連(1895~1968) 등과 산시성 타이위안에서 대한독립공명단大韓獨立共鳴團을 결성해 독립군 건설을 위한 군자금 모집을 시도했다. 하지만 대동단의 거사는 실패했고, 그로부터 1년 뒤인 1930년 4월 2일 안창남은 타이위안에서 불의의 비행기사고로 서른이라는 짧은 생을 마쳤다.

이 같은 안창남의 개략적인 인생사는 어느 정도 알려져 있지만 그의 삶을 집중 조명한 선행 연구나 저작은 전무하다 해도 과언이 아니다. 안창남을 정면으로 다룬 학술논문은 국가보훈처 학예연구사 최은진의 〈일제강점기 안창남의 항공독립운동〉뿐이다. 이 논문은 안창남과 관련된 거의 모든 자료를 꼼꼼히 찾아 쓴 성실한 글이지만, 분량이 정해진 학술논문의 특성상 안창남이 살았던 1920년대 조선·일본·중국 사회에 대한 꼼꼼한 배경 설명이 생략돼 있다. 그리하여 안창남이 내린 여러 결정이 당시 사회·정치의 맥락 속에서 어떤 역사적 의미를 갖는지 포착하지 못한다. 그러나 이는 안창남과 관련한 자료가 턱없이 부족한 현실 속에서 어느 정도 불가피한 결과라 할 수 있다.

안창남은 당대 언론이 키워 낸 슈퍼스타이자 '최초의 아이돌'이었기에 그의 일거수일투족은 신속하게 고국 사람에게 전해졌다. 그는 일본에서 비행교육을 받던 1920년부터 중국으로 망명하기 직전인 1924년 말까지 4년여 동안 여러 언론과 인터뷰를 했고, 그가 직접 기고한 수기도 꽤 된다. 안창남의 고국 방문 비행을 기획한《동아일보》는 조선 내 '안창남 붐'을 불러일으키기 위해 겨우 스물두 살인 젊은이의 일대기를 무려 여섯 차례에 걸쳐 나눠 싣는 '과잉 보도'도 했다.

그러나 조선총독부의 철저한 언론통제로 이 같은 보도는 피상적인 수준에 그치고 만다. 이 보도 속에서 간토대지진 등 주요 사건을 겪어낸 안창남의 내면이 어땠는지 속 시원한 정보를 얻을 순 없다. 특히 조선총독부 기관지 《매일신보》는 간토대지진 직후 죽을 위기를 넘긴 뒤 조선으로 도망 온 안창남을 묘사하며 〈볼에 웃음 띠고, 왕성한 원기로〉 따위의 제목을 달며 지난 학살이 아무것도 아니었다는 인상을 주기 위한 이미지 조작을 시도했다.

그나마 양적으로 풍부하던 안창남 관련 보도는 1924년 말 중국 망명 이후 급격히 줄어든다. 독립운동사적으로 의미가 큰 이 시기 안창남의 행적은 여전히 '거대한 공백'으로 남아 있다. 그나마 드문드문 지면에 등장한 보도는 명백한 '오보'거나 '~라더라' 하는 식의 풍문에 기댄 경우가 대부분이다. 보통 이런 경우 당시 상황을 기억하거나 전해 들은 유족을 상대로 한 보충 취재로 공백을 메워야 한다. 하지만 안창남은 자손을 남기지 않았고, 가까운 혈육인 누나 안창화安昌華 역시 동생을 따라 타이위안으로 이주한 뒤 그곳에서 숨졌다.

안창남은 식민지로 전락한 조국의 현실에 가슴 아파했고, 학살에서 비롯한 '트라우마'를 겪은 뒤엔 일본인 밑에서 비행기를 타며 '되는 대로 살아야 하는' 현실에 괴로워했다. 결국 안창남이 택한 길은 막막한 중국 대륙에서 펼쳐질 고통스러운 삶이었다.

그러나 안창남이 중국에서 벌인 활동이 조선 독립에 구체적으로 어떻게 공헌했는지 파악하는 것은 불가능에 가깝다. 안창남은 4년 4개월 동안 '산시의 토황제'라 불린 옌시산항공부대에 머물며 그곳에 입교한 중국 젊은이들에게 당시로선 최첨단 기술인 비행기 조종술을 가르쳤다.

안창남이 1930년 4월 비행기사고로 숨질 무렵 옌시산은 펑위샹馮玉祥(1882~1948)·리쭝런李宗仁(1890~1969) 등 다른 거대 군벌과 손을 잡고, 1928년 북벌 완수 이후 자신들을 상대로 토사구팽 작업에 나선 장제스蔣介石(1887~1975)에 맞서 중원전쟁을 벌이고 있었다. 이 전쟁에서 허무하게 패한 옌시산은 하야를 선언했다가 1년 뒤인 1931년 2월 장제스의 용서를 받아 산시성의 지배자로 복귀했다. 옌시산은 1937년 7월 중일전쟁이 발발한 뒤엔 일본군의 적극적인 공세에 밀려 연전연패를 거듭하다 적극적인 대일 항전에 나서는 대신 일본과 적당히 타협하며 자기 세력을 유지했다. 안창남이 목숨 바쳐 길러 낸 중국인 제자들은 일본과 벌인 전쟁에서 별다른 역할을 하지 못했을 것으로 추정된다.

안창남은 조선 독립을 위한 명확한 성과를 남기지 못한 채 서른에 요절했다. 그렇다고 님 웨일즈Nym Wales 같은 성실한 기록자를 만나 《아리랑》의 '불멸의 신화'가 된 장지락張志樂(1905~1938) 같은 행운을 누린 것도 아니다. 자신의 모든 것을 내던지고 조선 독립을 위해 투신한 조선 최초의 아이돌은 이제 사람들의 기억 속에서 잊혀 가는 중이다. 그리하여 그의 삶의 궤적을 조용히 응시하다 보면 중국 대륙이라는 커다란 바다 속에 빠져 형체조차 알 수 없게 녹아 버린 한 줌의 소금 같다는 생각을 하게 된다.

그렇지만 안창남의 사연을 한데 묶어 보겠다는 구상은 쉽게 현실화되지 못했다. 한 권의 책으로 엮을 만한 충분한 자료가 없는 데다, 서른에 숨지고 만 젊은이의 삶을 어떻게 평가해야 할지 난감했기 때문이다. 결국 특파원으로 하루하루 지면을 메우기도 바쁘다는 점을 핑계삼아 틈틈이 안창남이 활동한 1920년대 일본 항공계의 풍경을 보여주는 책을 사 모으거나 그와 인연이 있는 현장을 두어 군데 답사했을 뿐이었다.

오랜 숙제를 해치우기로 결심한 것은 귀국한 지 1년 반 정도가 지난 2018년 10월이었다. 2박 3일 동안 도쿄대학에서 열린 문화재 관련 심포지엄에 참석하러 도쿄를 방문했다가 잠시 짬을 내 한때 자주 걷던 료고쿠다리와 야나기다리 주변을 둘러봤다. 그러던 중 예전에 읽었던 자료 한 토막이 머릿속에 되살아났다.

> 가을날은 포근포근 비치는데 프로펠러 소리 느긋이 내며 날아가 동양에서 제가 제일이라는 복잡한 그네의 거리(도쿄-옮긴이)가 발밑에 멀리 조개껍질같이 보일 때, 아아, 나의 젊은 가슴속이 어떠했겠습니까.
> -《개벽》6, 1920

안창남은 1920년 10월 15일 자신이 몸담고 있던 오구리비행학교의 연습기 '오구리 28호' 조수석에서 앉아 료고쿠다리 주변을 날며 아사히버선 광고지 20만 장을 뿌려 대고 있었다. 3년 뒤 자신에게 닥칠 간토대지진이라는 가혹한 운명을 예상하지 못한 채 화려한 도쿄의 시가지를 발밑에 두고 스무 살 청년다운 순진한 감상을 토해 낸 것이다. 순간 울컥하는 감정이 치밀어 올랐다.

그가 100여 년 전 청운의 꿈을 안고 비행했던 료고쿠다리 부근은 3년 반에 걸친 내 도쿄 생활을 지탱했던 장소기도 했다. 그의 눈에도 도쿄의 아름다운 가을 석양이 보였을까. 복잡한 감정을 안고 서울로 돌아와 그동안 모은 안창남 관련 자료를 꺼내 들었다. 이어 오래 묵은 짐을 털어 내기 위해 11월 초 회사에 한 달간 안식휴가를 신청했다.

도쿄 시절 안창남과 더불어 내 머릿속을 채운 또 다른 인물은 시인 윤동주尹東柱(1917~1945)였다. 윤동주에 관심을 가진 것은 그의 릿쿄대학 후배이자 '시인 윤동주를 기념하는 릿쿄의 모임'을 통해 일본 내 윤동주 기념 사업을 이끌고 있는 야나기하라 아쓰코楊原泰子를 통해서였다. 야나기하라는 1942년 3월 일본으로 유학을 온 윤동주가 시 안에서 '일본'이라는 장소를 언급한 것은 그의 시 〈쉽게 씌여진 시〉 도입부에 나오는 "육첩방²은 남의 나라"라는 딱 한 구절뿐이라는 사실을 알려 줬다. 실제 윤동주의 모든 시를 다 뒤져 보니 '육첩방'이 그가 현재 일본에 머물고 있음을 암시하는 유일한 표현이었다.

창窓 밖에 밤비가 속살거려
육첩방六疊房은 남의 나라

시인詩人이란 슬픈 천명天命인 줄 알면서도
한 줄 시詩를 적어 볼까

포근포근 햇살 내리쬐는 도쿄 도심을 비행하던 철부지 식민지 청년

은 3년 뒤 엄습한 지진과 학살을 경험한 뒤 '육첩방은 결국 남의 나라'
라는 깨달음을 얻는다. 청년은 조국 독립을 위해 5년 간 자신이 도쿄에
서 이룩한 모든 것을 남겨두고 중국으로 떠났고 그곳에서 허무하게 숨
졌다. 서른에 요절한 청년의 삶을 복원한다는 것은 여전히 난망한 일
이지만, 그래서 오히려 매력적인 '스토리텔링'의 주제가 될 수 있다고
믿기로 했다. '불꽃 남자' 안창남에 대한 '불완전한 이야기'를 이제 시작
해 보려 한다.

2019년 4월

길윤형

안창남 주요 이동 경로

❶ 도일: 1919년 3월(첫 행선지는 오사카)
　고국 방문 비행: 1922년 12월
　간토대지진: 1923년 9월
　우익 테러: 1924년 9월

❷ 귀국: 1924년 10월

❸ 망명: 1924년 12월
　상하이: 1925년 1월
　펑위샹군: 1925년 10월

❹ 타이위안: 1925년 12월
　옌시산군: 1925년 12월
　북벌 완수: 1928년 7월

베이징

타이위안
(1930년 사망)

텐진

황

시안

❹

상하0

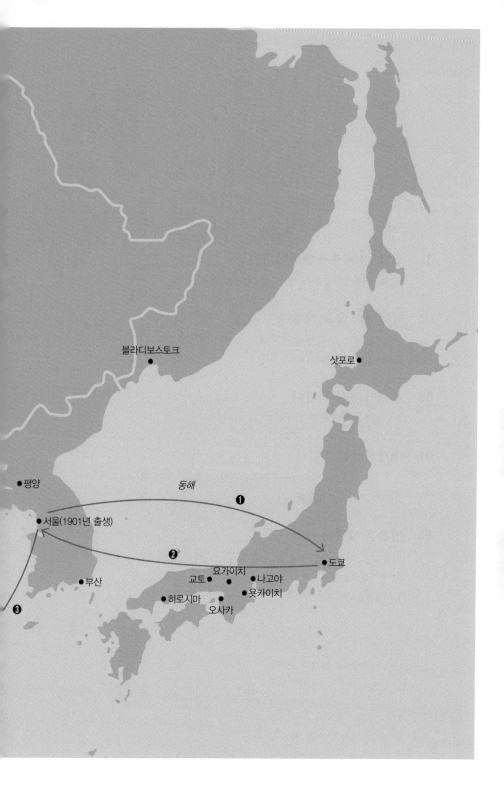

차 례

일러두기

----

1 이 책의 모든 기술은 정확한 문헌 근거를 가진 사실에 기초한 것으로 저자가 창작하거나 꾸며 낸 것은 없다.

2 당대 기록을 그대로 인용할 경우 큰따옴표(" ")로 묶었다. 다만 큰따옴표 안이더라도 인명과 지명은 한자를 그대로 음독하는 대신 저자가 일본어식 읽기법(예, 동경→도쿄)과 중국어식 읽기법(예, 북경→베이징)으로 고쳤다. 또 당대 기록의 문장이 현대 한국어 어감과 비교해 지나치게 어색하거나 지저분할 경우 의미의 변동이 없는 범위 안에서 읽기 쉽게 매만졌다.

3 본문에 설명이 필요할 경우 주를 달았다.

01

소년,
비행기에
반하다

늦둥이 아들

안창남은 서울 사람이다. 1901년 1월 29일 (양력 3월 19일) 부친 안상준尚
俊과 모친 이 씨 사이에서 장남으로 태어났다. 안창남의 제적등본을 살
펴보면 본적지는 지금의 서울적십자병원 뒤편인 경기도 경성부 평동
(현 서울 종로구 평동) 20번지임을 알 수 있다. 경성부 장사동 213번지에
있다가 1920년 5월 3일 현 주소로 옮겨 왔다.

안창남의 출생지 표기는 기사마다 다른데,《동아일보》는 1922년
11월 22일 기사에서 '한성 서북촌 평동 안 의관집',《매일신보》는
1921년 5월 5일 기사에서 '경성부 정동 15번지'라고 적었다. 두 기록
이 엇갈리나 '정동 15번지'란 정확한 주소를 제시한《매일신보》기술
이 더 신빙성이 높아 보인다. 이를 한데 묶어 안창남은 정동 15번지에
서 태어나 장사동 213번지, 평동 20번지 등으로 이사를 다녔다고 추정
하면 큰 무리가 없을 듯하다.[1] 형제로는 네 살 위 누나 창화가 있었다.[2]

안창남의 부친은 "구 한국시대 의관을 지내 동리 사람들은 그의 집을 안 의관집"이라 불렀다. 당대 여러 기록에 따르면 안창남 부모의 금슬은 매우 좋았던 것으로 보인다. 하지만 자식 복이 없었다. 안상준과 이 씨는 자녀를 여럿 낳았지만 모두 어려서 죽고 창화와 창남만 남았다.

안창남은 안상준이 나이 마흔 넘어 낳은 아들이었다. 안창남이 숨진 직후인 1930년 5월 당대 유명 아동문학가 염근수廉根壽가 쓴 《안창남 비행기》엔 안상준의 '늦둥이' 아들에 대한 사랑을 보여 주는 일화가 담겨 있다. 어느 날 밤 안상준은 젖 달라고 칭얼대는 창남의 울음소리에 잠시 잠에서 깬다. "한밤이 깊었을 때 젖을 찾는 창남이가 쩡얼쩡얼 보채일 때 잠이 깬 아버지는 마음이 든든했다."

아버지가 의관이었던 덕분에 안창남은 "사오십 간이 되는 기와집"에 살 정도로 경제적으로 여유 있는 유년 시절을 보냈다. 염근수도 안창남의 집이 대단한 "부호는 아니지만 그렇다고 형편이 군색하지도 않았다"라고 적었다.

그러나 안 의관 가족의 행복은 오래가지 않았다. 안창남이 네 살이 되던 해인 1904년 봄 이 씨가 느닷없이 중병에 걸렸기 때문이다. 이 씨는 자신의 운명을 직감한 듯 어린 남매를 불러 놓고 "내가 늦게야 너희들을 두어 남처럼 재미를 보고 살자 했더니, 내 복이 그만인지 너희들의 타고난 팔자가 기구한지 나는 이제 죽겠으니 철모르는 너희들을 어느 계모가 들어와 잘 가꾸어 기른단 말이냐"라며 한탄했다. 이 씨는 병을 오래 견디지 못하고 1904년 6월 13일 숨졌다.

안창남의 어머니가 숨지던 날엔 장마가 겹쳐 온종일 장대비가 쏟아졌다. 여덟 살이던 안창남의 누나는 숨진 어머니의 주검에 뺨을 대고 "어머니, 내 이름을 한 번만 더 불러" 달라며 울었다. 가족들은 이 씨를 무학재 너머 불광리 연서에 묻었다.

안창남이 태어나고 성장하던 1900년대 초는 조선의 국운이 꺼져 가던 암울한 시기였다. 1868년 메이지유신明治維新으로 근대 국가의 틀을 잡은 일본은 주변국으로 침략의 눈을 돌렸다. 일본은 1875년 운양호雲揚號사건을 계기로 1876년 〈조일수호조규〉(강화도조약)를 맺어 조선을 강제 개국했다.

일본이 조선에 대한 지배권을 확립하기 위해선 병자호란 이후 종주국 노릇을 하던 청나라를 몰아내야 했다. 1894년 2월 조선 정부가 동학농민운동 진압을 위해 청에 군대 파병을 요청하자 일본은 "장래 조선에 출병을 할 때 서로 사전 통고를 하자"는 1885년 〈톈진조약天津條約〉을 구실 삼아 기습적으로 군을 투입했다. 두 나라의 파병을 계기로 한반도 한복판에서 청일전쟁이 발생했다. 이 전쟁에서 승리한 일본은 1895년 4월 〈시모노세키下關조약〉을 통해 "청나라는 조선이 완전무결한 독립국가임을 확인한다"(1조)는 내용을 확인받았다.

일본의 급속한 팽창은 러시아·프랑스·독일 등 열강을 자극했다. 일본은 이 세 나라의 '3국 간섭'을 버텨내지 못하고 청나라가 할양한 요동반도를 반환했다. 이를 계기로 조선 왕실은 대국 러시아의 힘에 눈을 뜨고, 명성왕후의 주도로 친러정책을 추진해 간다. 그러자 위기의식을 느낀 미우라 고로三浦梧樓 일본 공사는 10월 8일 새벽 일본 낭인 등을 동원해 경복궁에서 명성왕후를 참살했다. 이를 을미사변乙未事

變[3]이라 한다.

　일본의 폭거에 형용할 수 없는 충격을 받은 고종과 세자(훗날 순종)는 1896년 2월 11일 러시아 공사관으로 거처를 옮기는 아관파천俄館播遷에 나섰다. 고종은 1년 만인 1897년 2월 20일 경운궁으로 복귀하며 국호를 '대한제국'으로 고치고 조선이 어엿한 자주국임을 국내외에 선포했다.

　그러나 약육강식의 법칙이 지배하던 제국주의 시대에 '제국 선포'란 구호만으로 국권을 지킬 순 없는 법이었다. 고종은 조선이 중립국으로 살아남을 방법을 찾으려 노력했지만 일본은 1904~1905년 러일전쟁을 통해 '숙적' 러시아를 꺾고 한반도에 대한 지배권을 확립했다. 러시아의 남진을 한반도에서 막아 일본의 독립을 지켜 낸다는 명분이었다.

　일본이 조선의 보호국화를 결정한 것은 러일전쟁의 강화조약인 〈포츠머스조약〉이 체결된 직후인 1905년 10월 27일 내각회의에서였다. 이토 히로부미伊藤博文는 11월 10일 천황의 특사 자격으로 조선에 들어와 11월 15일 고종을 강제 알현했다. 고종은 이토에게 외교권을 유지하게 해 달라고 애원했지만 받아들여지지 않았다. 조선 정부가 '버티기'에 돌입하자 11월 17일 이토는 하세가와 요시미치長谷川好道 조선주차군 사령관(이후 2대 조선총독)을 대동하고 궁궐로 들어갔다. 무장한 일본 헌병들이 경운궁 주변을 빽빽이 둘러싼 뒤였다. 한규설韓圭卨 참정대신(총리대신)이 졸도하는 진통 끝에 자정을 넘긴 18일 새벽 1~2시께 〈을사조약〉(2차 한일협약)에 대한 서명이 이뤄졌다. 이로써 조선의 외교권이 박탈되고 이듬해 2월 일본의 한반도 통치기관인 통감부가 설치됐다. 조선의 운명은 바람 앞의 촛불과 같았다.

1897년생으로 안창남보다 네 살 위인 최승만崔承萬(1897~1984, 해방 이후 제주도지사, 제주대학교 총장)은 자서전에서 '국치일'인 1910년 8월 29일의 분위기를 묘사했다. 소년의 눈으로 본 국권 침탈의 풍경이었다. 안창남도 비슷한 심정이었을 것이다.

나는 그때 학교에 갔다가 무슨 큰일이 생겼다고 여기저기서 수군대는 것을 보았다. 궁금한 생각이 들어 집으로 오는 길에 일부러 종로 네거리로 가 보았다. 무장한 일본군인 상당수가 총을 들고 있었으며 여러 대의 기관총도 눈에 띄었다. 주로 종로 보신각 앞에서 행인을 주시하고 있었는데 순경과 헌병은 사방에 흩어져 수상하다고 생각되는 사람을 붙잡고 조사했다. 그 광경이 아직도 머릿속에서 사라지지 않는다. 나는 어렸기 때문에 아무 일도 안 당했다. 보신각 맞은편에 순경 파출소가 있었고, 그 옆에 게시판이 있어서 여기에 한일합방 조약문이 붙어 있었다. 10여 명의 사람들과 더불어 조약문을 전부 한 번 훑어 내려 읽었다. 얼굴을 들 수 없는 부끄러운 글이어서, 우리가 이렇게 못난 백성인가 했다. 맥없이 한참 서서, 보고 또 보았다.[4]

국권 상실이라는 시련 속에서 안창남의 가정에도 평지풍파가 일어났다. 안상준과 숨진 이 씨 사이의 정은 깊었지만 당시 조선의 풍습상 홀로 남은 40대 중후반 남성이 혼자 두 아이를 키울 순 없는 노릇이었다. 안상준은 결국 자신보다 열 살도 더 어린 최 씨(당시 25세)를 두 번째 부인으로 맞았다.

안상준과 결혼한 뒤 최 씨는 전형적인 계모의 모습을 보이기 시작한다. 최 씨는 "안 의관이 조금이라도 남매를 사랑하는 기색을 보이면 얼굴빛이 변하고 금세 집안에 풍파가 불었"고, 그 때문에 "남매의 고생은 날이 갈수록 혹독해"졌다. 최 씨의 구박은 자신의 아이가 태어난 뒤 더 심해졌다. 그 때문에 안창남은 "학교에 다닐 때도 밥을 잘 얻어먹지 못하고 찬밥덩이의 신세를 졌"고, "찬바람이 살을 에는 겨울날도 솜옷하나를 변변히 얻어 입지 못하고 맨발"로 다녔다. 동네 사람들이 이를 보고 모두 측은히 여겼다.

안창남은 1911년 4월 집 근처 미동공립보통학교에 입학해 4년 과정을 마친 뒤 1915년 3월 졸업했다. 이 학교는 1896년 5월 1일 한성부 공립소학교란 이름으로 개교했지만 안창남이 입학하던 무렵엔 이름이 미동공립보통학교로 바뀌어 있었다.

계모의 학대에도 안창남은 동네에서 유명한 장난꾸러기로 성장했다. 또 "욕심이 대단해 무엇이든 많이 주지 않으면, 좋아하지 않"았고, 운동신경이 뛰어나 "뜀뛰기도 좋아하고, 높은 데서 내리뛰기도 좋아하고, 높은 나무에 잘 오르고, 동무를 때려 주기도 잘하기로 유명"했다. 하지만 공부엔 별다른 소질이 없었는지 "학문 닦기를 즐기지 아니하고, 장난을 심하게 쳐 선생에게 꾸지람"을 들었다는 기록도 있다. 얼마나 장난이 심했는지 "하루에도 새 옷을 두세 벌이나 더럽히고" 돌아와 안창남 남매를 마뜩찮게 여기는 최 씨에게 꾸중을 듣기 일쑤였다.

안창남이 얼마나 짓궂은 아이였는지를 보여 주는 일화가 있다. 안창남이 아홉 살이던 해 크리스마스에 있었던 일이다. 예배당에서 단상의 목사가 "하나님 아버지시여!"라고 기도하자 장난기가 발동한 안창남은 그 말을 그대로 따라했다. 목사는 모른 척하고 기도를 이어 갔지만 안창남의 장난은 이어졌다. 참지 못한 목사의 동생이 안창남을 찾아내 교회 밖으로 내쫓았다.

안창남은 당하고는 못 사는 성격이었다. 그 일로 목사의 가족에게 앙심을 품고 자기보다 세 살이나 많은 목사 아들을 찾아가 따귀를 때리며 싸움을 걸었다.[5] 아홉 살짜리 꼬마가 열두 살짜리 형과 싸워 이길 순 없는 노릇이었다. 안창남은 자기보다 덩치가 큰 목사 아들에게 흠씬 얻어터지면서도 매일같이 찾아와 덤벼들었다.

보다 못한 목사가 안창남과 아들을 불러 모아 회개 기도를 시켰다. 안창남은 그 틈을 놓치지 않고 눈을 감은 채 기도에 열중하고 있는 목사 아들에게 또 다시 덤벼들었다. 염근수는 이런 안창남의 성격을 "말하자면 창남은 장난이 심했고 무엇에든지 끝끝내 이겨 보고야 마는 성질을 가지고 있었다"라는 말로 정리했다.

이런 안창남의 특징은 성장한 뒤에도 변하지 않았다. 1926년부터 1년 동안 타이위안에서 안창남에게 비행교육을 받은 류기석은 26~27살 무렵의 안창남에 대해 "키는 약 170센티미터쯤 되고, 눈은 반짝반짝 빛이 났으며 몸이 건장하고 민첩했고, 여러 가지 운동을 다 잘했다"라고 회고했다. 안창남은 비행기 조종은 물론 자전거타기, 스케이트 등 여러 스포츠에 만능이었다.

처음 본 비행기

그 무렵 안창남이 인생 행로를 결정하는 '중대 사건'이 벌어진다. 당대 최고 신문물인 비행기가 땅을 박차고 하늘로 날아오르는 기막힌 광경이 눈앞에 펼쳐진 것이다.

《동아일보》는 안창남이 고국 방문 비행을 앞둔 1922년 11월 22일부터 〈공중용사 안창남〉이라는 제목의 일대기를 6회에 걸쳐 내보낸다. 이를 보면 안창남은 열한 살 때 "조선에 처음으로 모 외국인이 비행기를 타고 와서 경성 하늘에 장쾌하게 돌아다니며 온 나라 사람들이 꿈인지 생시인지 모르고 신기해" 하는 광경을 목격했다. 염근수도 이 기사를 참조했는지 안창남이 처음 비행기를 목격한 것이 '열한 살 때'라고 기술했다. 안창남이 열한 살이던 해는 세는 나이로 따지면 1911년, 만 나이로 따지면 1912년이다. 그러나 현재 확인할 수 있는 기록으로 볼 때 조선 땅에서 처음 비행기가 하늘을 난 것은 그보다 1~2년 늦은 1913년이었다.

조선에서 처음 비행에 성공한 이는 일본인 나라하라 산지奈良原三次와 그의 제자 시라토 에노스케白戶榮之助였다. 나라하라는 1910년대 초 일본 민간항공의 초석을 놓아 '일본 민간항공의 아버지'라 불리는 인물이다. 지금의 가고시마현에서 태어난 나라하라는 오카야마의 6고등학교[6]와 도쿄제국대학 공학부 조병과를 졸업한 뒤 해군에 입대했다. 비행기는 전략적 잠재력이 매우 큰 군수 물자였기 때문에 비행기 개발이 앞선 서양에선 군 당국이 나서서 개발을 주도했다.

일본도 마찬가지였다. 일본 해군이 1902년 임시군용기구연구소를 만들어 비행기 개발에 나서자 나라하라는 위원으로 선발돼 비행기의 설계·제작을 담당했다. 이후 해군을 퇴역한 뒤 자신이 만든 비행기 기체에 프랑스에서 사 온 50마력짜리 엔진을 붙여 '나라하라식 2호기'를 제작했다. 1911년 5월 5일 나라하라는 이 비행기를 타고 일본 최초의 비행장인 사이타마현 도코로자와비행장을 이륙해 일본 민간인 비행사 중 처음으로 비행에 성공했다. 최고 고도는 4미터, 비행 거리는 60미터였다고 한다.[7]

이후 나라하라는 새로운 비행기를 하나둘 개발해 일본 전국을 무대로 비행 일주를 다녔다. 나라하라가 조선 땅을 밟은 것은 1913년 4월이었다. 그는 4월 3일부터 사흘간 경성부 용산연병장에서 조선인들을 상대로 시범비행에 나섰다. 그의 비행을 구경하기 위해 무려 6만 명의 인파가 몰려들었다. 다만 이때 비행기를 조종한 것은 나라하라가 아닌 그의 제자 시라토였다. 당시의 상황을 전하는 기사가 남아 있다.

> 나라하라식 비행기 오토리鳳호 비행대회는 3일 오전 10시부터 5만여 평되는 연병장에 모인 6만 관중의 박수갈채 중에 시작됐다. (비행-옮긴이)기는 (오전-옮긴이) 11시 반부터 1회의 비행을 시도했다.
> -《매일신보》1913년 4월 6일

이런 사실을 돌이켜볼 때 안창남이 목격한 것은 나라하라의 비행기일 가능성이 높다. 그러나 일본인인 나라하라에게 '비행기를 타고 온

나라하라식 오토리호

모 외국인'[8]이란 표현을 쓰진 않았을 것이기 때문에 안창남이 목격한
것은 기록이 남아 있지 않은 서양인 비행사일 수도 있다.

염근수를 비롯해 일부에선 안창남이 이 무렵 목격한 것이 당대 최
고의 곡예비행사였던 아서 스미스Arthur Roy Smith(1890~1926)의 비행이
라고 적고 있다. 하지만 스미스의 조선 방문이 이뤄진 것은 안창남이
열일곱 살 때인 1917년 9월이었다.[9]

흥미로운 것은 난생 처음 비행기가 나는 모습을 목격한 뒤 안창남
이 보인 반응이었다. 그는 하늘을 나는 거대한 물체에 압도되는 대신

"그까짓 것 우리 조선 사람도 배우면 하지"라고 말했다. 남에게 지기 싫어했던 안창남의 성격을 확인할 수 있다. 그러자 친구들은 "이놈아! 네까짓 놈이 무엇을 안다고 (비행기 조종을-옮긴이) 하겠냐"고 비웃었다. 안창남은 친구들의 놀림에도 아랑곳하지 않았다

1910년대 조선에서 비행기의 모습을 보고 혼이 빠진 것은 안창남 뿐만이 아니었다. 안창남과 같은 시기 일본에서 비행술을 배운 장덕창張德昌(1903~1972, 훗날 공군참모총장)의 반응도 비슷했다. 장덕창은 1903년 5월 9일 평안북도 신의주에서 갑부 장춘재의 5남매 가운데 둘째로 태어났다. 이후 경성으로 올라와 경성사범부속보통학교와 양정고등보통학교를 졸업한 뒤 비행사가 되기 위해 일본으로 건너갔다.

장덕창이 처음 비행기를 목격한 것은 양정고등보통학교 2학년이던 1917년이었다. 여의도비행장에 모인 6만 인파 속에서 스미스의 '곡예비행'을 관람한 뒤 가슴속에 번쩍하는 스파크가 일었다.

그(아서 스미스-옮긴이)가 여의도에서 곡예비행을 하던 날 6만 관중이 운집해 그 묘기에 넋을 잃었다. 그 이전에도 일본 민간 비행사들이 몇 차례 서울에서 비행대회를 가졌지만 아서 스미스에 비하면 아무것도 아니었다. 소년은 6만 관중의 환호성 속에 끼어 '나도 비행사가 되겠다'는 결심을 했다.[10]

장덕창과 동갑이자 훗날 조선 최초의 여류비행사가 되는 권기옥權基玉(1903~1988)은 평양에서 스미스의 곡예비행을 목도했다. 평안남도 중화군에서 태어난 권기옥은 1912년 봄 숭현소학교에 입학한 뒤

1915년 봄 4학년을 마치고 3년제 고등과로 진급해 있었다.[11] 스미스의 비행을 본 권기옥도 안창남과 장덕창처럼 비행기에 대한 열병을 앓기 시작한다.

평양에서도 스미스의 비행 시범이 이뤄졌다. 평양 사람들은 흥분에 휩싸여 비행기가 자신의 머리 위를 지날 때마다 경악과 환호를 감추지 못했다. 기옥도 넋을 잃고 하늘을 쳐다보았다. 비행기는 갑자기 흰 연기를 뿜기 시작하더니 하늘에 'SMITH'를 그렸다.[12]

비행사가 되기로 결심한 안창남은 1915년 3월 미동공립보통학교를 졸업하고 4월 휘문의숙(휘문고등보통학교, 현 휘문고등학교)에 입학했다. 휘문의숙은 명성왕후의 외척이자 조선 최고의 갑부로 이름을 날린 민영휘閔泳徽(1952~1935)가 1906년 설립한 학교였다.

안창남이 휘문의숙에 진학한 해인 1915년 말 누나 안창화가 충청도 천안으로 시집갔다. 안창화가 경성을 떠난 날은 그해 '동짓달 14일' 새벽이었다. 남매는 이른 새벽 남대문역[13]에서 작별했다. 《동아일보》는 어머니 없이 살아 온 남매의 이별을 애달파하듯 당시 광경을 "무정한 기차는 처량한 기적소리 한마디에 사정없이 떠나고 넘어가는 새벽 달만 희미했다"라고 묘사했다.

누나 창화가 사라진 뒤 최 씨의 횡포는 날이 갈수록 심해졌다. 아버지 안상준은 "처음엔 집안을 화평하게 하기 위해 최 씨가 뭘 하든지 그대로 내버려 두었"지만, 시간이 지날수록 큰아들인 안창남에게 동정심을 갖게 됐다. 그럴수록 최 씨가 반발하며 집안 내 불화는 커졌다. 또 안상준이 '실수'로 경기도 파주 장단에 있는 땅을 없앤 뒤 "최 씨의 자식에 대한 구박은 (남편인-옮긴이) 안 의관에게까지 옮겨" 갔다.

안창남이 휘문의숙 2학년으로 진학한 직후인 1916년 봄이었다. 건강하던 안상준이 갑작스레 중병에 걸렸다. 안창남은 서둘러 천안 누나에게 귀경을 요청하는 전보를 쳤다. 안상준은 부랴부랴 달려온 딸 창화의 얼굴을 본 뒤 채 두 시간이 못돼 숨졌다. 1916년 4월 22일이었다. 염근수는 안상준의 느닷없는 죽음을 "병석에 눕더니 모든 약의 효험도 없이 세상을 떠났다"라고 묘사했다. 남매는 아버지를 불광리 연서에 있는 어머니 묘에 합장했다.

아버지라는 최후의 바람막이가 사라진 뒤 안창남에 대한 최 씨의 구박은 극에 달했다. "재산에 대한 최 씨의 간섭은 한층 더 심해졌고, 안 의관의 유산은 모두 최 씨의 장중에 들어가고 창남은 다만 붙어 있는 사람" 신세가 됐다. 최 씨는 한 발 더 나아가 "휘문학교도 다니지 말라"고 윽박지르며 안창남의 학업을 중단시켰다. 《동아일보》는 이 시기 안창남이 "학비 관계로 휘문의숙을 못 다니게 되어 근심과 시름 속에 세월을 보냈다"라고 적었다.

1919년이 되어 부친 안상준의 삼년상이 끝났다. 열아홉 살이 된 안창남은 친척들의 소개로 결혼식을 올렸다. 안창남은 "내가 완전한 사람 몫이 안 되어 가정을 유지할 힘이 부족한데 결혼을 하면 뭣하겠느냐"고 반대했지만 가까운 혈육인 고모의 권유를 이기지 못했다. 불행하게 끝맺게 되는, 안창남 인생의 처음이자 마지막 결혼이었다.

3·1운동의 열풍

그 무렵 세계정세는 크게 요동치고 있었다. 가장 큰 변화는 1914년 7월 시작돼 전 유럽을 피로 물들인 1차 세계대전의 종전이었다.

1차 세계대전이 끝나 갈 무렵인 1917년 11월 러시아에서 세계 최초의 사회주의 혁명이 성공했다. 혁명의 지도자 블라디미르 레닌Vladimir Lenin은 러시아의 100여 개 소수민족에 대해 '민족자결'을 원칙으로 삼은 〈러시아 제민족 권리선언〉을 선포했다. 이에 질세라 우드로 윌슨 Woodrow Wilson 미국 대통령도 1918년 1월 피압박 민족의 독립 열망을 반영해 전후 식민지 문제 처리 방안으로서 '민족자결주의'를 내세웠다. 자기 민족의 운명은 스스로 정해야 한다는 윌슨 대통령의 민족자결주의에 식민지배로 신음하던 조선 등 피압박 민족들은 당장이라도 독립이 실현될 수 있을 것이란 희망을 품었다.

이 같은 세계정세의 변화를 재빠르게 포착해 파리강화회의에 대표를 파견한 이는 6년 뒤 상하이에서 안창남과 인연을 맺는 여운형이었다. 훗날 해방정국에서 조선을 대표하는 걸출한 정치인으로 성장하는 여운형은 이 무렵 상하이 조선인 청년 사회의 실질적 지도자 역할을 하고 있었다.

윌슨 대통령은 1918년 11월 파리강화회의에 중국도 대표단을 파견하도록 권하기 위해 찰스 크레인Charles Crane 특사를 파견했다. 여운형은 11월 말 중국 인사의 소개로 상하이 주재 외교관들이 개최한 크레인 특사 환영회에 참석해 그와 직접 면담할 기회를 얻는다. 조선 독립의 필요성에 대해 분명한 의견을 쏟아 내는 여운형에게 크레인 특사는 "조선인이 일본 치하에 있는 것에 대해 불복한다는 의사를 세계에 밝혀야 한다. 나도 그에 대한 성원을 보내겠다"는 긍정적인 반응을 보였다. 여운형은 이 발언에 가슴속 깊은 감동을 받았다.

여운형은 마음속 구상을 실제 행동으로 옮길 수 있는 강력한 추진력을 갖춘 인물이었다. 여운형을 중심으로 한 상하이 청년들은 1918년 11월 신한청년당을 결성해 프린스턴대 영문학 석사 출신으로 영어에 능통한 김규식金奎植(1881~1950)을 파리에 파견하기로 결정했다. 김규식은 조선 독립 청원이란 간단치 않은 임무를 떠안고 1919년 1월 말 상하이를 출발했다.

신한청년당의 작은 움직임은 우리 역사에 거대하고 심오한 연쇄 반응을 일으키기 시작했다. 신한청년당은 김규식을 파리에 파견한 데 이어 1차 세계대전 이후 격동하는 세계정세를 다른 동포들에게 설명하고 청년단 활동에 대한 지원을 끌어내기 위해 조선·만주·일본 등지에 대표단을 파견했다.

이 무렵 도쿄 유학생들도 일본에서 발행되는 영자신문 등을 통해 세계정세의 흐름을 읽고 있었다. 유학생들은 1919년 1월 6일 간다의 조선기독교청년회 회관에서 최팔용崔八鏞 등 열한 명으로 구성된 조선독립청년단 실행위원을 선정하고 이튿날 유학생 명의의 독립선언서를 내놓기로 결의한다. 선언서를 쓸 인물로는 1917년《매일신보》에 연재된 소설 〈무정〉으로 이미 유명 인사의 반열에 올라 있던 이광수李光洙가 뽑혔다. 와세다대 철학과에 학적을 둔 이광수가 3일 만에 〈독립선언서〉 집필을 끝내자 도쿄 유학생들은 인쇄기·등사기·타이프 등 할 수 있는 모든 방법을 동원해 이를 인쇄했다. 마침 신한청년당이 파견한 장덕수張德秀가 2월 3일 도쿄에 도착해 유학생들이 〈독립선언서〉를 발표할 수 있게 독려했다.

조선인 유학생들이 독립선언을 선포할 디데이로 정한 2월 8일은 도쿄에선 1년에 두세 번 있을까 말까 하는 '눈 내리던 날'이었다. 300~400여 명의 조선인 유학생들은 도쿄 유학생 모임인 '학우회' 총회를 연다는 명분으로 정오가 되기 전부터 조선기독교청년회 회관으로 몰려들었다. 아침부터 내리기 시작한 진눈깨비는 오후가 되며 점점 굵어져 도쿄 전체를 뒤덮는 폭설로 변했다.

오후 2시 회장 백남규白南奎가 개회선언을 한 뒤 백관수白寬洙가 재빨리 〈독립선언서〉를 낭독했다. 니시간다경찰서에서 몰려온 일본 형사들이 태극기를 흔들며 거리행진을 시도하려던 이들을 저지하고 집회 해산명령을 내렸다. 그 와중에서 서로 치고받는 난투극이 벌어졌다. 이날 스물일곱 명의 유학생이 체포돼 아홉 명이 기소[14]됐다.

유학생들의 신선한 움직임은 권동진權東鎭·오세창吳世昌 등 국내 천도교 간부들을 자극했다. 이후 천도교가 중심이 돼 다른 종교계 인사들의 동참을 호소하며 3·1운동이 본격 준비되기 시작했다. 〈3·1독립선언서〉를 작성한 것은 이광수와 함께 조선의 3대 천재[15]라 불린 육당 최남선崔南善이었다. 완성된 〈독립선언서〉는 2월 20일부터 비밀리에 인쇄돼 총 3만 5000장이 찍혔다. 천도교·기독교·불교·학생 등이 분담해 전국으로 선언서를 분배했다.

역사적인 3월 1일이 밝았다. 이날 오후 2시 33인의 민족대표[16]는 경성의 요릿집 태화관에 모여 〈독립선언서〉를 낭독했다. 이들은 만해 한용운韓龍雲(1879~1944)의 선창으로 '대한 독립 만세'를 삼창한 뒤 현장에 달려온 일본 경찰에 체포됐다. 같은 시각 서울 시내 중등학교와 전문학교 학생들과 시민은 탑골공원에서 '대한 독립 만세!'를 외치며 거리로 나섰다.

3·1운동이 시작되자 안창남의 마음에 큰 동요가 일었다. 경성의 뜨거운 만세 함성소리는 무기력하게 인생을 보내던 안창남의 정신을 번쩍 뜨게 해 준 '죽비소리'였다. 안창남은 가슴속에 품어 왔던 비행사의 꿈을 실현하기 위해 집을 박차고 나와 도쿄로 떠나기로 결심했다.

가장 큰 장벽은 비행술을 배우는 데 필요한 어마어마한 학비였다. 때마침 안창남의 계모 최 씨는 집에 있던 땅을 한 자락 팔아 3000원이란 거금을 보관하고 있었다. 안창남은 한참을 망설인 끝에 최 씨가 궤짝에 숨겨 둔 돈에 손을 댄다. 죄책감이 없진 않았지만 그 돈은 어차피 자신의 아버지, 어머니가 평생에 걸쳐 일군 재산이었다.

안창남은 최 씨가 잠든 틈을 타 이 돈을 훔쳤다. 1919년 《매일신보》 기사를 보면, 조선에 근무하던 일본인 하급 관리의 월급은 본봉 30원에 식민지 수당 20원을 합친 50원[17]이었다. 또 당대 신문에서 경기도 수원에 사는 한 조선인 월급쟁이가 25원으로 네 식구가 빠듯하게 먹고 산다고 불평한 목소리를 확인할 수 있다.[18] 이런 점을 두루 고려해 보면 당시 1원은 현재 가치로 10만 원 정도에 해당한다고 볼 수 있다. 즉 안창남이 훔쳐 낸 3000원은 현재 가치로 3억 원 정도 되는 거금이었다.

안창남은 일본으로 떠나기 직전 정든 누나를 찾아갔다. 천안으로 시집갔던 누나는 그 무렵 고모가 사는 죽첨정(현 서울시 서대문구 충정로 일대)에 머무르고 있었다. 안창남은 누나가 걱정하지 않게 머리를 깎고 학생복을 새로 사 입은 뒤 작별 인사에 나섰다.

염근수는 《안창남 비행기》에서 안창남이 도일 직전 누나와 재회한 날을 "이태왕 국장이 임박했을 때"라고 적었다. 이태왕 즉 고종의 장례식은 1919년 3월 3일에 열렸으니 안창남이 누나를 만난 날은 2일 또는 3일 당일로 추정된다. 남대문역엔 숨진 고종의 마지막 길을 배웅하려는 군중으로 입추의 여지가 없었다.

오랜만에 누나와 얼굴을 마주한 안창남이 말했다. "나는 이제 공부하러 외국 길을 떠나니 언제나 와서 볼지 모르겠소. 5년이 될는지, 10년이 될는지 모르니 내 염려는 말고 잘 계시오." 안창화는 그런 동생을 보고 말을 잇지 못했다. "누나, 염려 마시오. 가는 대로 편지하리다." 침묵을 지키던 안창화가 겨우 한 마디를 보냈다. "아무쪼록 타국에 가서 몸 성히 잘 있고 목적을 이루기 바란다."

1919년 조선인이 일본으로 가려면 남대문역에서 경부선을 타고 부산에 내린 뒤 부산과 시모노세키를 잇는 부관연락선을 타야 했다. 1919년 통계를 보면 그해 부산에서 시모노세키로 향한 사람은 21만 4413명이었고 그중 조선인은 2만 968명이었다.

안창남보다 3년 앞선 1916년 10월 도쿄로 유학을 떠난 최승만은 경성에서 도쿄까지 가는 데 기차비와 뱃삯을 합쳐 '19원 몇십 전'을 냈다고 회상했다. 3년의 시간이 흘렀으니 안창남의 여비는 그보단 조금 더

비쌌을 것이다. 안창남이 자신을 둘러싼 껍질을 깨고 광막한 세상에
나서는 순간이었다.

02

비행사의
꿈을 이루다

오구리비행학교

1920년 10월 15일 오후 일본 도쿄 혼조구를 흐르는 스미다강의 주요 교량인 료고쿠다리 상공에 작은 비행기 한 대가 떠올랐다. 비행기는 도쿄 시내를 향해 당시 신제품이던 아사히버선의 광고지를 쉴 새 없이 뿌려 댔다.

이 비행기를 조종한 이는, 미국 비행사 글렌 커티스Glenn Curtiss가 미국 캘리포니아주 샌디에이고에 설립한 커티스비행학교를 1917년에 마친 뒤 귀국한 오구리 쓰네타로小栗常太郎였다.《일본항공사日本航空史》등 일본 초기 민간항공사에 관한 자료를 뒤지다 보면 안경을 쓰고 다소 우스꽝스러운 표정을 짓고 있는 그의 사진을 확인할 수 있다.

오구리는 일본 민간항공계의 '이단아'였다. 1920년 6월 자신의 이름을 따 도쿄 동쪽 외곽 스사키에 비행학교를 개교한 뒤 도쿄-시즈오카를 잇는 장거리 비행이나 '10분에 15엔'을 받고 손님을 태우고 도쿄 시내를 한 바퀴 도는 유람 비행 등 특이한 사업을 시도했다. 또 비행기 기체에 검은 고양이를 그려 넣는 기행으로 세인의 이목을 끌기도 했다.

그러다 보니 어처구니없는 사고가 이어졌다. 가장 특이한 사고는 비행기에 게이샤를 태우고 유람 비행을 하다 추락한 사고였다. 사업을 시작한 지 얼마 지나지 않은 1920년 6월 20일이었다. 한 남자가 게이샤 두 명을 데리고 유람 비행을 위해 스사키의 비행장을 방문했다. 오구리는 먼저 남자 손님을 태우고 도쿄 중심가인 니혼바시, 긴자를 한 바퀴 돌아본 뒤 무사히 귀환했다. 그다음 게이샤를 태우고 비행장을 이륙해 왼쪽으로 방향을 바꿔 선회할 무렵이었다. 갑자기 조종간이 뜻대로 움직이지 않았다.

당시 훈련용으로 쓰던 복좌식 비행기는 앞뒤 조종간이 하나로 연결돼 한쪽 조종간이 움직이면 다른 쪽 조종간도 함께 움직이는 구조였다. 처음 비행기를 타 보는 스물한 살의 게이샤가 공포에 질려서 앞에 놓여 있는 조종간을 꽉 붙들고 놓지 않은 것이다. 그로 인해 비행기는 조종불능 상태에 빠져 허무하게 추락하고 말았다. 이 사고로 오구리는 앞니 세 개가 부러지는 큰 부상을 당했고, 평생 "게이샤와 함께 추락한 사내"란 '불명예'를 쓰게 된다.[1]

그로부터 넉 달의 시간이 지났다. 부상에서 회복한 오구리가 조종하는 '오구리 28호' 조수석에 탑승한 이는 1919년 3월 남대문역에서 누나 안창화와 눈물의 작별 인사를 나눴던 "스무 살 홍안"의 청년 안창남이었다. 그는 "바람 잔잔한 도쿄의 공중에 따스한 가을볕을 쪼이며 높게" 날면서 당시 민간 비행사들의 주요 돈벌이 수단이었던 광고전단 뿌리기에 열중하고 있었다. 야간비행과 곡예비행 등 특수비행을 좋아했던 오구리의 야성적인 성격과 장난이 심하고 남에게 지기 싫어하는 안창남의 거친 성격이 잘 어울렸을 거라 짐작된다.

원래 안창남 같은 훈련생은 비행장 밖의 비행이 금지돼 있었다. 그러나 스승 오구리의 인정을 받아 일본인 셋을 포함한 네 명의 훈련생 가운데 유일하게 광고지를 뿌리는 작업을 돕는 조수로 발탁됐다. 처음 하늘 위에서 '제국의 수도'를 내려다보는 안창남의 가슴엔 "무량한 감개가 넘"쳐 났고, 그 때문에 "별다른 생각이 가슴속에 불이 일 듯하는 것을" 억누르느라 애를 먹어야 했다.

1919년 3월 땅을 판 돈 3000원을 훔쳐 내 일본으로 건너간 안창남은 1년 반 뒤인 1920년 10월 어엿한 비행학교 훈련생으로 성장해 있었다. 《개벽》은 1920년 12월호에서 그런 안창남의 모습을 소개하며 "비행술을 연구하는 우리 청년이 많이 있다는 것은 반가운 가운데 가장 반갑고 기쁜 일"이라 환영했다. 안창남은 도일 후 비행학교에 입교할 때까지 어떤 과정을 거쳤을까. 그의 설명을 직접 들어 보자.

처음 비행에 뜻을 두고 즉시 그 첫걸음으로 오사카 니시구에 있는 자동차학교 전수과에 들어가서 발동기에 관한 것을 배웠습니다. 졸업한 후에 도쿄로 와서 아카바네비행기제작소(일본 군용비행기 용구를 공급하는 곳)에 들어가 기체부에서 6개월간 공부하고 나서 곧 스사키해변 오구리비행장으로 비행술을 배우러 왔습니다.

-《개벽》6, 1920

안창남은 도일 후의 행적을 간단히 설명했지만 실제 과정은 그보다 훨씬 복잡하고 어려웠다. 그가 현해탄을 건넌 뒤 처음 향한 곳은 본인 설명대로 '도쿄의 비행학교'가 아닌 '오사카의 자동차학교'였다. 항공 산업의 초창기에 비행기 조종사를 꿈꾸는 이들은 조종술은 물론 엔진 과 기계의 복잡한 작동원리를 이해해야 했다. 안창남도 먼저 오사카의 자동차학교에 입학해 기계의 작동원리를 익힌 뒤 비행기에 앞서 자동 차 운전면허를 취득했다.[2]

경성에서 만들어 간 3000원은 거액이었지만 최첨단 기술인 비행술 을 익히기엔 턱없이 부족한 금액이었다. 안창남은 두 달[3] 만에 자동차 학교를 마친 뒤 학비 부족 때문인지 다시 경성으로 돌아왔다.

비행학교의 엄청난 수업료엔 안창남뿐 아니라 신의주 '갑부집' 아들 장덕창도 혀를 내두를 지경이었다. 그는 양정고등보통학교를 졸업한 뒤 부모님께 일본의 '비행학교에 가고 싶다'며 승낙을 구했다. 그러나 비행학교의 수업료가 일반 대학 학비보다 열 배나 비싸다는 것을 안 집안 어른들은 허락하지 않았다. 그러자 장덕창은 발칙한 꾀를 냈다. 열여덟 살 때이던 1920년 2월 "음악 공부를 한다"며 일본으로 건너간 뒤 덜컥 지바현 쓰다누마에 있던 이토비행기연구소에 입학해 버렸다.

당시 비행학교 수업료는 얼마였을까. 안창남의 모교인 오구리비행 학교의 수업료는 입학금 5엔에 조종술과 비행기 제작술을 가르치는 보통과는 600엔(석 달 과정으로 한 달에 200엔), 곡예비행·원거리 비행·발 동기학 등을 가르치는 고등과는 300엔(두 달 과정으로 한 달에 150엔)이었 다.[4]

앞서 언급대로 1919년 물가 수준으로 25엔은 경기도 수원에 사는 4인 가족이 근근이 생활할 수 있는 돈이었다. 보통과에서 비행술을 다 배우는 데 4인 가구 2년 생활비에 가까운 돈이 드는 셈이었다.[5]

일단 일을 저질러 버린 장덕창은 어쩔 수 없이 매달 20~30엔이면 충분한 다른 유학생들보다 열 배 많은 300~400엔의 송금을 요구했다. 그러자 유명 갑부였던 부친조차 견디지 못하고 '무슨 일 때문에 그리 많은 돈을 쓰냐'며 장덕창을 호되게 꾸짖었다.[6] 장덕창은 결국 부친에게 '비행학교에 다니고 있다'고 실토하며 학비 지원을 요청했다.

하지만 안창남에겐 비싼 학비를 대 줄 부모가 없었다. 오사카의 자동차학교를 마친 뒤 돈이 떨어진 안창남은 일단 경성으로 돌아왔다. 예상대로 집안 꼴은 엉망이 돼 있었다. 안창남이 돈을 훔쳐 가출했다는 사실을 안 최 씨가 홧김에 안상준 명의의 많은 전답을 헐값에 내다 팔았기 때문이다. 최 씨는 항의하는 안창남에게 "네가 무슨 상관이냐. 3000원씩이나 도적질을 하고 가서 무엇이 부족하냐"고 화를 냈다.

안창남은 헐값에 땅을 사 간 사람에게 계약 취소소송을 벌이는 동시에 친구 민 씨와 함께 황금정(현 서울시 중구 충무로 일대) 2정목에서 자동차부[7]를 열어 택시사업[8]을 시작했다. 안창남은 이후 재판에서 이겨 최 씨가 헐값에 내다 판 땅을 돌려받은 뒤 이를 제값에 처분해 만든 돈으로 두 번째 일본행에 나섰다.[9]

일본으로 돌아온 안창남은 1919년 8월[10] 도쿄 북쪽 외곽의 아카바네비행기제작소에 입교해 6개월간[11] 비행기 만드는 법을 배웠다. 도쿄 기타구 아카바네는 도쿄 중심부와 가까운 데다 주변에 에도가와

강이라는 큰 강이 흘러 예부터 군수공업이 발전한 곳이었다. 이 회사
는 한때 육군에 비행기를 제작해 납품하기도 했지만 안창남이 떠난 뒤
1921년 경영 부진으로 문을 닫고 만다.[12]

아카바네비행기제작소는 안창남의 스승인 오구리와 깊은 인연을
맺고 있었다. 오구리는 1919년 미국에서 비행기 부품 일부와 도면을
이곳으로 가져와 비행기를 만들었다. 이 인연이 안창남이 오구리비행
학교에 입학하는 데 긍정적인 영향을 끼쳤을 것으로 추정된다.

안창남은 1920년 8월[13] 본격적으로 비행술을 익힐 수 있는 오구리
비행학교에 입교했다. 1919년 3월 일본으로 떠나온 지 1년 5개월의 시
간이 흐른 뒤였다. 조선인 안창남의 입교는 호락호락하지 않았다. 오구
리는 일본으로 건너와 '밑도 끝도 없이' 비행기 타는 법을 배우겠다는
안창남을 자세히 관찰했다. 그 결과 "기계에 대한 지식이 뜻밖에 정확
하고 무슨 일이든지 아주 긴밀하고 자세한 성격"임을 확인한 뒤 입학
을 허가했다.

오구리비행학교는 도쿄만을 형성하고 있는 도쿄 동쪽의 외곽 해안
지대인 스사키에 있었다. 오랫동안 꿈꿔 온 비행학교에 입학한 안창남
은 근처 여관에 숙소를 정해 놓고 "매일 날이 좋으면 기계를 가지고 공
중연습을 하고, 비가 오면 안에서 조종술에 대한 경험 또는 새로운 지
식을 토론"하는 등 오로지 비행술 연구에만 몰두했다. 그는 《개벽》 기
자에게 "도쿄에서도 맨 끝 바닷가 비행장에 파묻혀 비행연습에만 골몰
을 하니까 세상일은 자연히 멀어지게 되는데 그럴수록 궁금해지는 것
은 조선에 계신 여러 어른의 안부"라고 말했다.

1920년대 초 비행술 교육은 어떻게 이뤄졌을까. 안창남의 설명을 좀 더 들어 보자.

제일 처음 선생이 비행기에 (학생을-옮긴이) 함께 태워 높은 공중을 한 바퀴 돌아 내려옵니다. 그때 선생이 그의 동작을 보고 비행사가 될 만한지 못한지 판단합니다. 그래서 그 판단에 낙제가 되면 그 자리에서 (비행학교 입교를-옮긴이) 거절합니다. 다행히 급제가 된 사람은 처음에는 몇 차례나 선생과 함께 타서 뜨고 내리는 구경만 합니다. 비행기 위에는 사람이 들어앉을 구멍이 둘 있고, 그 자리와 자리 사이의 간격은 꽤 떨어져 있습니다. 조종 운전기가 2중식으로 돼 뒷자리에 원기계가 있고, 그와 조금도 다르지 않고 똑같은 가설기계가 앞자리에도 있어 뒤에서 선생이 원기계를 잡아당기면 앞의 가설기계도 같이 잡아당겨지고 뒤에서 원기계를 옆으로 틀면 앞의 것도 옆으로 틀어집니다. 그래서 앞자리에 앉은 학생은 가만히 그 기계의 움직이는 것만 주의해 봅니다. 이렇게 조종술을 배우는 것입니다. 기체 조직을 연구하는 데 노력이 들고 오랜 시일이 걸리지 조종술 배우기는 그다지 복잡하거나 곤란하지는 않습니다.
―《개벽》6, 1920

안창남의 도쿄 유학 시절 모습을 보여 주는 기록이나 증언은 많지 않다. 그나마 같은 비행사의 길을 걷던 장덕창과 신용욱愼鏞項(1901~1961, 해방 후 대한국민항공사 사장)이 이곳저곳에 짧은 회상을 남겼다.

먼저 장덕창의 증언이다. 장덕창이 안창남을 처음 만난 것은 유학생활이 시작된 지 3개월 정도 지난 뒤였다. 안창남이 어느 날 이토비행기 연구소를 방문했을 때 둘의 만남이 이뤄졌다. 그가 본 안창남은 "인상 좋고 몸이 튼튼하고 침착하고 숙성한 성인" 같았고 "갓 스물을 넘은 나이였지만 퍽 어른다워 우리를 이끌었고, 민첩하고 단호한 성품"이었다.

조금 뒤 안창남의 오구리비행학교에 또 한 명의 조선인 신용욱이 입교한다. 신용욱은 안창남과 같은 해인 1901년에 태어나 전북 고창의 흥덕보통학교를 졸업한 뒤 안창남이 2년간 몸담았던 휘문고등보통학교를 졸업했다. 그는 한때 경성법학전문학교의 전신인 경성전수학교에 입학해 법률가를 꿈꿨지만 비행기에 대한 꿈을 버리지 못하고 스물한 살 때 학교를 때려치웠다. 이후 택한 길이 도쿄 유학이었다.

같은 꿈을 가진 10대 말~20대 초의 젊은이들은 곧잘 만나 어울렸다. 안창남과 신용욱은 동갑인 데다 같은 휘문고등보통학교 출신이었고 장덕창은 이들보다 세 살 어린 동생이었다. 셋의 교류에 대한 장덕창의 증언이다.

안 씨를 처음 만난 것은 1920년 3월. 그는 그때 오구리비행학교, 나는 지바 비행학교에 갓 입학했을 때였다. 얼마 후 고 신용욱 씨가 오구리에 입학했다. 같은 길을 걷는 우리 세 사람은 곧잘 함께 모여 서로의 어려움을 호소하기도 하고 서로 격려하기도 했다.

-《동아일보》1965년 4월 3일

신용욱은 1935년 7월 잡지《삼천리》와 인터뷰하면서 자신의 도쿄 유학생활을 길게 술회했다. 신용욱도 장덕창처럼 "10만 섬이나 되는 대부호의 외아들"로 태어났지만 엄청난 학비로 도쿄에서 큰 고생을 했다.

처음엔 비행기 공장에 들어가 일개 직공이 되어 기름 묻은 옷을 입고 남이 시키는 심부름을 하면서 '가솔린' 냄새 맡는 낙으로 지냈다. 그 사이 남들이 비행하는 모양도 구경하고 누가 잘 타더란 소문도 얻어 들으며 아침에 날이 밝으면 비행기 공장에 달려가 일몰할 때에야 차디찬 하숙에 돌아오곤 했다.
-《삼천리》7, 1935

신용욱도 엄청난 비행학교 수업료를 대느라 돈을 물 쓰듯 써 댔다. 그러자 그의 조부는 손자가 "노망난 짓을 한다"며 생활비와 학비를 끊어 버렸다. 그러자 '의지의 조선인'이었던 신용욱은 고학에 나선다. 이후 신용욱의 인생 여정을 통해 확인되지만 그에겐 사업 수완이 있었다. 1925년 아이스크림 3엔어치를 받아 도쿄 길가 네거리에서 온종일 팔고 나면 보통 땐 12~13엔, 축제 같은 날 한몫 잡으면 18엔을 벌었다.

안창남은 건강하고 날렵한 사람이었지만 막대한 학비를 마련해야 하는 고된 유학생활로 자주 병을 앓았다. 신용욱은 《삼천리》와 인터뷰하면서 자신의 고생담을 길게 늘어놓은 뒤 "안 군도 병으로, 생활난으로, 학비 난으로 온갖 고생을 했다"며 "안창남 군이 신병을 얻어 병석에서 신음하고 있을 즈음 같은 비행사를 목표로 수학하고 있는 처지"인 자신이 "아이스크림 장사를 하여 (안창남을-옮긴이) 도왔다"라고 술회했다.

비행학교에 다니는 것만큼 큰돈이 들지는 않았지만 평범한 조선인 유학생들에게도 도쿄 유학은 자신의 인생을 업그레이드할 수 있는 '소중한 관문'인 동시에 힘겨운 고학생활이 기다리고 있는 '고통의 시간'이었다.

1916년 10월 부모님께 50엔의 여비를 받아 도쿄에 도착한 최승만도 암담함에 긴 한숨을 내쉬어야 했다. 그가 유학하던 무렵 도쿄에서 생활을 유지하려면 수업료·옷값 등을 빼고도 최소한 매달 20엔[14]이 필요했다. 그러나 도쿄에 도착한 뒤 수중에 남은 돈은 25엔밖에 없었다.

결국 최승만은 도쿄 중심부 고지마치의 옛 조선공사관 터에 세워진 조선총독부 기숙사로 발길을 옮겼다. 조선총독부는 옛 조선공사관 사무실 앞뜰에 목조로 된 2층짜리 기숙사를 지어 도쿄에 유학 온 80명 정도의 조선인 학생을 수용했다. 이곳엔 총독부의 관비를 받은 친일파 학생이 많았지만, 돈이 떨어진 최승만은 찬밥 더운밥을 가릴 처지가 아니었다. 이곳에선 일반 하숙보다 훨씬 싼 7~8엔에 식비를 때울 수 있었기 때문이다. 최승만은 친일적 분위기에 휩쓸리지 않게 정신을 똑바로 차리기로 결심하고 입사를 결정했다.

유학 시절 최승만은 돈을 아끼려고 온갖 궁리를 다했다. 15전짜리 싸구려 게다를 신고 다니다 발 사이가 벗겨져 피가 나기 일쑤였고, 이발할 돈이 아까워 머리를 방치하다 보니 금세 덥수룩하게 자랐다. 그러나 조선인의 자존심만은 버릴 수 없었다. 당대 일본의 양심적 지식인이었던 정치학자 요시노 사쿠조吉野作造(1878~1933, 도쿄제대 교수)가 일본인 독지가에게 받은 돈이라며 "매달 40엔의 학비를 제공하겠다"고 하는데도 "일본인의 돈을 받을 순 없다"며 단칼에 거절했다.

최승만은 이후 도쿄 조선인 유학생들의 자치 모임인 '학우회'에서 내는 잡지 《학지광學之光》의 편집위원을 맡는다. 도쿄 조선인 유학생 사회의 주요인물로 떠오른 것이다. 당시 학우회의 주요 행사는 잡지 발간과 송년회 개최였다.

학우회 활동에 적극적으로 나서다 보니 자연스레 일본 경찰의 이목을 끌었다. 도쿄 경시청 내에 일본에 있는 조선인들의 동향을 감시하기 위해 만들어진 특별고등경찰과 내선계 형사 선우갑鮮于甲이 그에게 자주 연락을 해 왔다. 최승만은 2·8독립선언 때 체포는 피했지만 이후 경찰의 미행이 따라붙는 '요시찰 인물'이 됐다.

내무성 경보국이 1916년부터 간행한 《조선인개황朝鮮人槪況》에는 일본에 거주하던 조선인들의 동향이 자세히 기술돼 있다. 1916년 당시 일본 내 조선인은 5624명이고, 그 가운데 유학생은 485명이었다. 일본은 배일사상을 가진 이들을 '갑호'와 '을호'로 구분해 감시했다. 갑호로 지정된 이들은 특별고등과의 집중 감시를 당했다.

특별고등과의 유학생 감시는 혹독하기로 이름났다. 1914년 창간된 《학지광》 7~9호가 잇따라 압수되자 편집부가 대책회의를 열었는데, 특별고등과는 이 대책회의에서 누가 무슨 말을 했는지도 확인하고 있었다. 유학생들 내부에 밀고자가 있었던 것이다.[15]

안창남은 오구리비행학교에 입학한 지 3개월[16] 만인 1920년 11월 졸업했다. 1920년대 초 조선인들에게 도쿄 유학생의 동향은 신문기사

《동아일보》1921년 7월 11일
안창남이 도쿄 오구리비행학교 교관으로 활동 중이라는 내용. 당시 스물한 살이던 얼굴이 앳돼 보인다.

로 취급되는 중요 뉴스였다. 안창남이 오구리비행학교를 졸업한 이듬
해인 1921년 3월 도쿄에서 학업을 마친 '조선인 졸업생'으로 지면에
이름이 오른 이는 안창남을 포함해 총 36명이었다.[17] 비행학교 졸업이
란 안창남의 이력이 특이했던지《동아일보》는 "안창남 군은 경성 정동
사람이며 조선 사람으로 비행학교를 졸업한 것은 김경규金景圭 씨를
효시로 군이 둘째"라고 언급했다.

　안창남은 "비행연습에만 골몰"하느라 세상일에 큰 관심을 두지
않았지만 도쿄 유학생 사회와 완전히 단절해 살진 않았다. 학우회가
1924년 4월 27일 도쿄 농과대학 운동장에서 연 춘계 육상대운동회

비행사의 꿈을 이루다

에 안창남이 비행기를 몰고 가 축하 비행을 한 사실이 확인된다. 안창남은 지상에서 그를 올려다보는 학생들과 서로 바라보며 함께 만세를 불렀다.[18]

오구리비행학교를 졸업한 안창남은 1921년 4월 이 학교의 교관이 됐다.[19] 《동아일보》는 이 사실을 과장된 영탄조의 문장으로 전했다.

아! 이십 세의 조선 청년으로 일본학계에 교편을 잡기는 안 군이 처음이오, 넓고 넓은 도쿄 전 시민에게 조선인의 재주가 이렇다는 것을 보인 것도 안창남 군이 처음이오.
- 《동아일보》1922년 11월 27일

1921년 3월 당시 안창남의 도쿄 주소는 도쿄 후카가와구 후루이시바 23번지 모리시마관 오구리스사키매립지[20]였다. 후카가와구 후루시이바는 현재 도쿄도 고토구에 속한 매립지다. 이곳에서 남쪽으로 조금 가면 거대한 건담 모형으로 유명한 관광지 오다이바가 나온다. 모리시마관은 안창남이 머물던 여관 이름으로 추정된다.

비행사 면허 취득

안창남이 처음 비행술을 배우던 1910년대 말~1920년대 초는 일본 항공산업이 걸음마를 떼던 '여명기'였다. 이 무렵 일본에서 사용되던 비행기들은 내구성과 안전성이 담보되지 않은 '날틀' 수준의 기체였다. 이런 비행기로 공중을 날기 위해선 상당한 모험심과 영웅심이 필요했다. 이 시대 파일럿들에겐 생사의 기로에 선 이들에게서 풍기는 독특한 낭만이 있었고, 그렇기에 동시대인들은 이들을 영웅으로 떠받들었다.

일본 민간항공 발전에 초석을 놓은 나라하라 산지는 1912년 5월 일본 최초의 민간 비행학교를 개설했다. 그가 학교 터로 선택한 곳은 도쿄 근교의 휴양지였던 지바현 이나게해변이었다. 그가 육지가 아닌 '해안'에 비행학교를 만든 것은 해변을 활용해 활주로 매입비용을 줄이기 위해서였다. 이듬해인 1913년엔 민간이 중심이 돼 일본 항공산업을 진흥하자는 취지에서 제국비행협회(현 일본항공협회)가 창립됐다.

이후 나라하라의 제자인 시라토 에노스케와 이토 오토지로伊藤音次郎(1891~1971) 등이 스승의 뒤를 이어 이나게해변에 자신들의 비행학교를 만들어 독립했다.[21] 이나게해변은 단숨에 일본 민간항공의 요람이 됐다. 그런 이유로 현재 이나게해변이 내려다보이는 지바시 미하마구 이나게공원엔 이곳이 일본 민간항공의 발상지임을 알리는 조촐한 기념탑이 서 있다.

나라하라의 뒤를 이어 일본 민간항공계를 이끈 주요 인물로 성장한 이는 장덕창의 스승 이토였다. 이토는 스물세 살이던 1915년 1월 이나게에 자신의 비행학교인 이토비행기연구소를 설립했다.[22] 이후 1917년 10월 1일 태풍으로 막심한 피해를 입은 뒤 1918년 4월 지바시 서쪽의 쓰다누마해변으로 학교 터를 옮겼다.[23] 이후 1921년 5명, 1922년엔 22명 등 초기 일본 항공계를 이끌어 갈 인재들을 배출해 낸다. 그가 양성한 졸업생 가운데 조선인은 장덕창·민성기·이상태·김치관金治瓘, 중국인은 홍원중洪雲中(훗날 저장성 항공사령),[24] 타이완인은 셰원다謝文達가 있었다. 일본 최초 여류비행사 효도 다다시兵頭精[25]도 그의 제자다.

　민간항공이 조금씩 틀을 잡아 가자 일본 정부는 1920년 8월 1일 육군성 산하에 항공국을 설치해 본격적인 육성정책을 펴 나간다.[26] 항공국은 이듬해인 1921년 4월 8일 〈항공단속규칙〉을 만들어 비행사 자격을 1~3등급으로 세분화하고 항공국이 정한 소정의 시험에 합격한 이에게만 면허증을 발급하는 자격증제도를 신설했다. 이에 따르면 3등 비행사는 20시간, 2등은 50시간, 1등은 100시간 이상 연습시간을 확보해야만 시험을 치를 수 있었다. 또 2~3등 비행사는 여객용 비행기가 아닌 자가용 비행기만 몰게 했다.

　1921년 5월 16일부터 3일 동안 치러진 1회 시험에 총 17명[27]의 비행사가 응시했다. 시험 과목은 세 가지였다. 첫째 도쿄에서 10킬로미터 떨어진 지바현 마쓰도를 찍고 돌아오

이나게공원에 세워진 기념탑

기, 둘째 2000미터 상공에서 1시간 이상 머물기, 셋째 500미터 상공에서 비행 기기를 모두 멈추고 무동력으로 착지하기였다.[28] 이 시험에서 오구리비행학교의 후지나와 에이이치藤繩英一와 안창남, 이토비행기 연구소의 세원다 등 네 명이 합격했다. 그에 따라 후지나와가 제국비행협회 1번 면허장, 안창남이 2번 면허장, 세원다가 5번 면허장을 받았다. 그러나 면허 번호가 비행실력이나 성적을 말해 주는 것은 아니기에 안창남이 받은 2번 면허장에 '일본에서 두 번째로 뛰어난 비행사'와 같은 의미를 부여할 순 없다. 다만 조종사들이 죽을 사死 자와 발음이 같은 4번을 기피해 4번 면허장은 공석으로 남았다.[29]

안창남이 3등 비행사 자격을 취득했다는 소식은 1921년 7월 11일 《동아일보》 등을 통해 조선에 전해진다. 이 기사를 보면 안창남이 매우 힘든 도쿄 유학생활을 견뎌 냈으며 그래서인지 비행사가 되려는 조선인 청년을 육성해야 한다는 의무감에 불타고 있었음을 알 수 있다. 그는 이때 처음 조선 청년을 위한 비행학교를 만들고 싶다는 소망을 밝힌다.

나는 더더욱 공부를 계속해 장래 조선 청년에게 비행술을 가르쳐 주고 싶은 생각이 간절하다. 돈 1만 원만 누구의 보조를 받았으면 비행기 한 대를 내 눈으로 보고 구입해 가르칠 터인데. 내 현재 형편으로선 어쩔 수 없다.
-《동아일보》1921년 7월 11일

안창남은 이후에도 이따금 비행학교 설립에 대한 포부를 밝혔다.

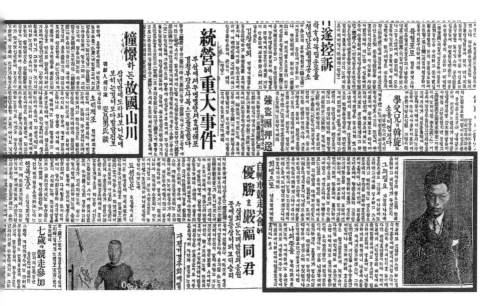

《매일신보》 1921년 11월 8일
일본에서 3년 동안 비행술을 배운 안창남이 동포들에게 후원을 청하기 위해 고국을 방문했다.

조선에 비행학교라도 건설했으면 하는 생각이 흉중에 떠날 새가 없다. 그러나 이것은 더욱 용이치 않은 일이라 다만 탄식할 따름이다.
-《매일신보》 1921년 11월 8일

안창남과 같은 초창기 비행사들의 공통 소원은 크게 세 가지였다. 첫째 3등 비행사 면허장 얻어 한 사람의 비행사로 인정받기, 둘째 자신만의 비행기를 소유해 '이치조노아루지一城之主'(한 성의 주인)가 되기, 셋째 2등 비행사 면허장을 받아 고향 방문 비행을 하기였다.[30]

그렇지만 당시 안창남의 형편은 녹록지 않았다. 몇 해 동안 비행학교에 다니며 공부하느라 "거의 가산을 탕진"해 돈이 떨어졌기 때문이다. 안창남은 결국 조선의 동포들을 찾아가 후원을 청해 보기로 결심했다. 1921년 11월 경성 관철동 조선여관에 방을 잡고,[31] 마음속에 간직한 비행학교 설립과 고국 방문 비행이란 꿈을 위해 "우리 동포의 서로 사랑하는 동정에 의뢰"했다.

후원회 모임은 1921년 11월 12일 밤 경성 서린동 해동관에서 열렸다. 후원회는 비행기 구입비용으로 1만 5000원과 기타 부속 값으로 5000원을 모으기로 결정했다. "한 사람의 유력자가 5000원을 내어 예정 액수를 다 모았다"는 언론 보도도 나오지만 모금 액수가 얼마나 됐고 이것이 안창남에게 전달됐는지 등 이후 일의 진행 상황을 확인할 방법은 없다.

후원회 모집을 위해 경성을 들렀다 도쿄로 돌아가는 안창남을 막아선 사람들이 있었다. 1919년 초 결혼한 뒤 방치해 두고 있던 아내의 가족이었다. 그들은 남대문역까지 안창남을 쫓아가 "아내를 데리고 도쿄로 가거나 이혼장을 쓰라"고 항의했다. 안창남은 "지금 가정을 이룰 형편이 못 된다"며 순순히 이혼에 응했다. 이혼장은 남대문역 대합실에서 썼다. 일본으로 돌아간 안창남은 이듬해인 1922년 6월 11일 오전 10시 30분에 치러진 시험에 합격해 2등 비행사 면허장을 손에 쥐었다.[32]

현상우편비행대회

안창남의 이름이 본격적으로 일본 항공계와 조선에 알려진 것은 1922년 11월 제국비행협회가 시행한 5회 현상우편비행대회에서 좋은 성적을 내면서부터다.

민간항공을 실생활에 활용할 때 반드시 필요한 것은 도쿄-오사카 또는 서울-부산 등 주요 대도시를 잇는 안정적인 '정기항로' 개척이었다. 이 작업에 제일 적극적이었던 곳은 신문 '배달'이 사업의 핵심인《아사히신문朝日新聞》등 일본 신문업계였다. 아사히신문사는 1923년 육군이 팔아넘긴 비행기 일곱 대 등 총 아홉 대의 비행기를 밑천 삼아 도쿄-오사카 구간에 첫 민간 정기항공로를 개설했다.

항공로 개통 첫날인 1923년 1월 11일 오사카에서 도쿄로 가장 먼저 배달된 물건은 천황에게 바칠 신선한 도미와 바닷가재였다. 아사히신문사는 애초 한 주에 한 번 왕복을 계획했지만 수요가 폭발하자 운항 횟수를 이내 주 3회로 늘렸다. 시간이 지나며 비행기 성능과 조종사 기량이 개선돼 곧 500킬로미터인 도쿄-오사카를 2시간대에 주파할 수 있게 됐다.[33]

그 직전인 1922년 11월 제국비행협회는 도쿄-오사카 구간을 왕복하는 5회 현상우편비행대회를 개최했다. 대회 개최 소식이 전해진 것은 5월 상순[34]께였다. 안창남은 전해인 1921년 5월 2회 대회와 8월 3회 대회[35] 때에도 참가를 희망했지만 뜻을 접을 수밖에 없었다. 스승인 오구리가 자신이 직접 참가하겠다는 뜻을 굽히지 않았기 때문이다. 안창남은 "한 대뿐인 비행기를 주인이 쓰겠다는데 무리해 참가하겠다고 할 염치가 없었"기에 대회 참가의 꿈을 접어야 했다.

안창남은 해를 넘긴 "이번 대회엔 꼭 참여하겠다"고 결심했다. 이번에도 문제는 비행기 확보였다. 안창남은 "비행기를 구하기 위해 여름이 되도록 힘을 써" 보았지만, 낯선 식민지 청년에게 선뜻 비행기를 빌려주겠다고 나서는 이가 없었다. "이번에도 참가하지 못하고 창피만 당하게 되는가" 몹시 초조하던 터에 10월 초 육군항공국이 도움의 손길을 뻗어 왔다. 신예 비행사들에게 널리 기회를 준다는 취지로 도코로자와육군비행학교에서 성능시험 결과가 나빠 쓰지 않던 150마력짜리 나카지마中島식 비행기를 빌려주겠다는 뜻을 전해온다.[36]

그러나 이 비행기는 "뜰 때마다 고장이 나 조종사가 서너 명이나 참사한 뒤 폐물과 같이 창고에 버려져" 있는 불길한 물건이었다. 불량품답게 프로펠러가 1분에 1350회 도는 다른 비행기들과 달리 1200회밖에 회전을 못했다. 주변인들은 "이 기체로 장거리 비행은 위험하다"며 안창남을 만류했다. 그러나 안창남은 "발동기만 고장 없이 잘 견뎌 주면 비행은 염려" 말라고 고집을 부리며 대회에 나섰다.

이 대회에 참가한 비행사는 열다섯 명(한 명은 번외비행)이었다. 도쿄-오사카를 최단거리로 왕복하는 게 아니라 ① 시즈오카현 미시마 ② 아이치현 도요하시 ③ 시가현 요카이치 등 3개 도시를 경유해 오사카에 도착해야 했다. 세 경유지엔 시험관이 배치돼 비행사들의 통과 여부를 확인했다.

제국비행협회가 주최하는 중요 대회인 만큼 일본인 참가자들은 치밀하게 대회를 준비했다. 이동 경로의 주요 지형지물을 확인하기 위해 기차를 타고 3개 도시를 여행하며 비행 진로와 방향을 눈에 익히는 이들도 있었다. 안창남에겐 그럴 만한 경제적 여유가 없었기 때문에 방에 지도를 펼쳐 놓고 비행 경로를 파악하려 애썼다.[37]

추첨으로 출발 장소와 시간이 정해졌다. 참가자들은 도쿄 출발조와 오사카 출발조로 나뉘었다. 안창남은 '11월 5일 도쿄 출발'조에 편성됐다. 대회가 열린 지 90년 넘는 세월이 흘렀지만 이 대회 진행경과를 설명한《일본항공사》해당 부분을 읽어 보면 지금도 심장 박동이 빨라진다.

> 비행협회는 올 가을 우편비행(대회-옮긴이)을 발표했다. 이번엔 신진 2등 비행사가 10여 명 이상으로 늘었다. 그래서 항공국에서는 특별히 (비행기가 없는 신진 비행사들을 위해-옮긴이) 항공기를 대여하는 편법을 강구했다. 상금은 편도 비행에 성공하면 1500엔을 받게 된다. 참가 자격은 1~2등급 비행사로 제한됐다. 미시마·도요하시·요카이치비행장 상공을 통과해야 한다.[38]

이어 대회 출전자를 하나씩 거명하며 소개를 이어 갔다. 제국비행협회는 안창남에 대해선 "이번 경기에 처음 등장하는" 신예라며 "오구리 비행학교에서 수업한 반도 출신의 인재"라는 설명을 달았다.

안창남은 애초 11월 5일 도쿄 출발조에 속해 있었다. 그러나 참가 결정 당시 우려했던 대로 비행기 엔진이 문제를 일으킨다. 주변에선 안창남에게 "출발도 하기 전에 고장을 일으키는 비행기다. 대회를 포기하는 게 좋다"고 만류했다. 그렇지만 물러설 안창남이 아니었다. 일단 출발 날짜를 6일로 하루 미루고 배수진을 쳤다. 그 소식에 5일 오사카연병장으로 나가 안창남의 도착을 눈이 빠져라 기다리던 조선 유학생들은 실망을 감추지 못했다.[39]

이튿날 안창남은 결국 칼을 뽑아 들었다. 위험한 고물 비행기를 급한 대로 수리한 뒤 6일 출발지인 요요기연병장 활주로로 나섰다. 이날 안창남의 비행 파트너는 세윈다였다. 둘은 두 대의 비행기에 637통의 우편물을 나눠 싣고 출발 준비를 마쳤다.

그런데 다시 예상치 못한 시련이 닥쳐 왔다. 애초 오전 출발 예정이었지만 비바람이 너무 심해 비행기가 이륙할 수 없었기 때문이다. 오후가 되어 날씨가 조금 개자 대회가 속개됐다. 세윈다는 오후 12시 37분 안창남은 11분 뒤인 48분 땅을 박차고 날아올랐다.

대회에서 좋은 성적을 내려면 비행 경로의 지형지물을 잘 확인해야 했다. 도쿄에서 첫 경유지인 미시마에 가려면 남서쪽으로 기수를 틀어 일본 간토 지역에서 험난하기로 유명한 하코네산을 넘어야 했다. 이후 기수를 서쪽으로 돌려 스루가만을 건넌 뒤 아이치현의 해변을 따라 비행하면 도요하시에 도착한다. 그곳에서 비행기의 방향을 서북쪽으로 돌려 일본 최대 호수인 비와호를 겨냥하면 아쓰미만과 와타무키야마·가마가다케·노보리야마 등의 봉우리를 넘어 요카이치에 닿는다. 거기서 마지막으로 서남쪽으로 기수를 돌려야 최종 목적지인 오사카에 도착할 수 있었다.

공중으로 날아오른 안창남의 가슴은 쿵쾅댔다. 오랫동안 바랐던 비행이지만 "지명조차 처음 듣는 곳을 공중에서 찾아갈 생각을 하니 적잖이 염려"됐기 때문이다. 일단 이를 악물고 하코네산이 있는 서남쪽으로 기수를 틀었다.

이륙한 지 10분쯤 지날 무렵 짙은 구름이 안창남의 기체를 덮치며 시야를 가렸다. 레이더가 없던 시기 비행기 조종사는 오로지 육안에 의지해 시계를 확보할 수밖에 없었다. 구름에 휩싸인 비행기는 앞을 볼 수 없는 시각장애인 같은 신세가 된다. 안창남은 "어디가 위인지 아래인지 어디가 동인지 서인지도 모른 채 그저 캄캄함 속에서 시계와 시침만 보고" 전진을 이어 갔다. 이런 경우라면 해발 1438미터인 하코네산과 충돌을 피하기 위해 고도를 높여야 하지만 안창남이 탄 고물 비행기는 프로펠러의 회전수가 적어 그럴 수도 없었다.

안창남은 불안한 마음을 억누르며 각도를 남쪽으로 2도 정도 더 틀어 전진을 계속했다. 계산대로라면 도쿄를 떠난 지 35분이 지났으니 하코네산을 넘어야 했다. 그러나 40분이 지나도록 눈앞에 컴컴한 어둠이 이어졌다. '만약 산허리에 충돌한다면….' 안창남의 머릿속에 불길한 예감이 넘실대기 시작했다.

다행히 잠시 뒤 구름 밑으로 동전만 한 파란 호수가 눈에 들어 왔다. 하코네산 건너편에 위치한 유명 관광지 아시노호였다.

'하코네산을 무사히 통과했구나.' 안창남은 안도의 한숨을 내쉬었다. 산을 넘자 눈앞을 가로막았던 구름이 조금씩 걷히기 시작했다. 안창남은 미시마에 무사히 도착해 심사위원들이 지켜보는 가운데 미시마연병장에서 저공비행을 했다. 다음 목표는 도요하시였다. 안창남은 북쪽으로 각도를 33도 틀었다.

> 미시마를 떠난 지 10분쯤 되자 또 캄캄한 구름 속으로 들어가게 됐습니다. 그러나 이번에는 잠깐 그 구름을 뚫고 나아가니 이상하게 구름과 구름 사이가 뚫려, 구름은 상하 2층이 되어 비행기 밑으로 구름이 쭉 깔리고 위에도 구름이 쪽칼로 벤 듯이 놓여 있어서 상하 구름 사이로 비행기가 나아갈 틈이 틔었습니다. 그리고 그 끝에 희망의 빛같이 파란 하늘이 보였습니다. 그 파란 하늘을 멀리 바라보면서 구름과 구름 사이로 질주해 갈 때는 참으로 유쾌했습니다.
> ─《개벽》12, 1922

도요하시까지는 무난한 비행이 이어졌다. 다시 한번 심사위원이 잘 볼 수 있게 도요하시연병장을 저공으로 통과했다. 이어 시가현 요카이치八日를 향해 기수를 북으로 38도 틀었다. 요카이치를 향해 이세만 위를 비행할 무렵 우려하던 사태가 발생했다. 엔진이 말을 듣지 않았다. 주변의 만류를 뿌리치고 '악으로 깡으로' 대회 참가를 고집했던 안창남은 진심으로 낙담했다. 프로펠러의 회전수가 급격히 줄어들며 실의에 빠져 있을 새도 없이 비행기 고도가 뚝뚝 떨어지기 시작했다.

"바다에 떨어지면 죽음이다." 안창남은 바다 위 추락만은 피하기 위해 무작정 기수를 북쪽의 대도시 나고야를 향해 돌렸다. 모든 것을 포기하고 비상착륙을 준비하기 직전 최후 수단으로 "깨진 장난감을 어린

이가 주무르듯이 한참이나 고쳐 보느라고 주"물렀다. 그러자 기적같이 프로펠러의 회전력이 살아나며 기체가 떠오르기 시작했다.

욧카이치四日(미에현에 위치한 도시)의 공중을 지날 때 별안간에 비행기의 발동기에서 이상한 소리가 나는 고로 '만사는 이제 그만인가 보다. 발동기의 고장이 정 심하면 할 일 없이 중도에 불시착을 할 수밖에 없다'고 생각했다. 착륙하기 쉬운 해안선으로만 쫓아서 진행하던 중 요카이치 부근에서 다행히 발동기의 이상한 소리가 없어지고 비행기의 운전은 여상히 되었다.

－《동아일보》1922년 11월 8일

기적적으로 생사의 고비를 넘겼지만 비행은 끝난 게 아니었다. 이번엔 폭풍이 안창남을 덮쳐 왔다. 기진맥진해진 안창남은 "하늘이 나를 죽이려는가 보다 하며 한없이 야속한" 마음을 감출 수 없었다. 강한 맞바람의 저항으로 기체는 앞으로 나아가지 못했다. 하필 안창남은 미에현의 험산인 와타무키야마와 가마가다케 상공을 날고 있었다. 그는 다시 한번 불시착에 대비하기 위해 오던 길을 다시 지나 활주로 역할을 해 줄 수 있는 이세만의 해변을 찾기 시작했다. 그는 이번엔 "기어이 떨어져 죽는구나"라는 비참한 생각을 떨쳐 내기 위해 몸부림을 쳤다.

그 순간 안창남은 생각한다.

착륙을 하려고 착륙할 만한 곳을 찾으면서 생각했습니다. 아무리 해도 일본 사람과 타이완 사람만 성공을 하게 하고 자기 혼자만 실패한다는 것은 견딜 수 없는 치욕이었습니다. 이에 이왕 죽는 몸이면 죽는 때까지 돌진하리라 결심하고 다시 발동기를 주물러 뒤집어 돌아섰습니다. 이렇게 방황하면서도 어떻게 하든지 기체를 지면에 닿지 않게 하느라고 애쓴 고생은 실로 다른 사람은 꿈에도 짐작하지 못할 참담한 고생이었습니다.

-《개벽》12, 1922

짙은 구름과 엔진 고장에 이어 거센 폭풍우까지 뚫어 낸 안창남은 이미 정신적 한계에 다다라 있었다. 위치 감각을 상실한 안창남은 자신이 미에현과 시가현 중간쯤에 있다고 결론을 내리고 무작정 오사카가 있는 서쪽으로 기수를 돌렸다. 그렇게 잠시 나아가다 보니 옆으로 푸른 비와호의 물결이 보였다. 요카이치 통과 지점을 놓친 것이다.

안창남은 다시 길을 되돌아가 요카이치 상공을 비행한 뒤 오사카로 향했다. 그러나 제국비행협회 심사위원들은 안창남의 모습을 확인하지 못했다. 결국 안창남은 요카이치를 통과하지 못한 것으로 처리됐다.

온종일 공중에서 사투를 벌인 탓에 시간이 많이 지나 있었다. 저만치 아래 어둑해지는 교토와 오사카의 시가지엔 하나둘씩 불이 들어오기 시작했다. 조금 더 나아가자 한 줄기 강물이 눈에 띄었다. 오사카의 하천 요도가와였다.[40] 목표 지점에 도착한 안창남은 착륙을 준비했다. 다른 때였으면 비행장 위를 몇 번 돌아 기다리고 있던 사람들에게 인사를 했겠지만 이번엔 서둘러 착륙해 버렸다. 안창남은 그때 감정을 "지옥에서 살아 나와서 인간 세상을 밟는 것 같"다고 표현했다. 동료

《동아일보》1922년 11월 15일
안창남은 생사의 고비를 넘기며 도쿄-오사카를 왕복하는 5회 제국비행협회 현상우편
비행대회를 완주했다.

세원다가 도착한 시각은 오후 4시 31분, 안창남은 5시 9분이었다.

비행시간은 뒤졌지만 고물 비행기로 최악의 기상 조건을 이겨 낸 안창남의 작은 승리였다. 안창남이 완주에 성공하자 일본 육군 내에서 파문이 일었다. "육군비행학교에서 쓰지 못한 비행기로 민간에서는 이같이 성공했으니 육군 측에서 실패한 것은 비행기가 불완전한 이유냐 조종술이 미숙한 이유냐"라는 지적이 나온 것이다.

생사의 고비를 넘어 오사카에 도착한 안창남은 동포들의 따뜻한 환대를 받았다. 오사카 동포들은 이튿날인 7일 오후 6시 기타구 텐만식당에서 성대한 환영 행사를 열었다. 그 자리에서 안창남은 다시 "장래 조선에 비행학교를 만들고 싶다"는 포부를 밝힌다.

도쿄 귀환 비행은 11일에 이뤄졌다. 오전 9시 3분 오바大場, 9시 7분 안창남, 9시 16분 세원다, 10시 20분 가토加藤, 10시 38분 이시바시石橋가 출발했다. 오사카의 조선직업부인구제회朝鮮職業婦人救濟會 회원들이 안창남에게 따뜻한 송별 인사를 건넸다.[41] 날씨가 좋아 귀환 비행엔 큰 어려움이 없었다. 안창남은 오후 12시 32분에 도쿄 유학생과 다수 관중의 환호를 받으며 요요기연병장에 도착했다.[42] 비행시간은 불과 3시간 25분이었다.

2주 뒤인 26일 오후 3시 일본 해군 장교의 친목단체인 도쿄 수이코샤水交社[43]가 개최한 시상식에서 안창남은 왕복 비행에 성공한 상금으로 3000엔을 받았다. 항공국은 그와 별도로 1000엔의 상금을 추가 지급했다. 안창남은 요카이치시 한 곳을 통과하지 못했지만 악천후를 뚫고 선전한 끝에 총 왕복 시간은 7시간 46분을 기록했다. 조선인 비행사의 첫 장거리 비행 성공이었다.

안창남은 최초의 조선인 비행사일까? 결론부터 말하자면 '아니오'다. 안창남은 1922년 12월 고국 방문 비행을 통해 조선의 하늘을 최초로 비행한 조선인 비행사다.

지금까지 알려진 최초의 조선인 비행사는 이응호(미국명 George Lee)다. 그는 1896년 제물포에서 태어나 아버지 이두형을 따라 1903년 3월 30일 인천에서 이민선 게일릭Garlic호에 올라 미국으로 떠난 재미동포다.

고향인 조선을 떠났지만 이두형은 명확한 독립의식을 가진 인물이었다. 그와 탁월한 독립운동가였던 도산 안창호安昌浩(1878~1938)의 인연을 보여주는 자료가 남아 있다. 이두형은 1913년 8월 안창호를 자기 집으로 초대하며 "왕복 여비는 못 드려도 편도 여비는 부담하겠다. 오시면 마차로 마중하겠다"는 편지를 보냈다. 그는 1910년 미국에서 조직된 독립운동단체인 대한인국민회 회원으로 활동하기도 했다.*

이응호는 1차 세계대전 중이던 1917년 6월께 미국 육군항공대에 '자원입대'했다. 이후 텍사스주 샌안토니오에 있는 켈리필드Kelly Field비행장에

---

* 한우성·장태한,《1920, 대한민국 하늘을 열다》, 북이십일, 2013, 32~33쪽.

서 6개월에 걸쳐 비행훈련을 받은 뒤 1918년 5월 말 뉴욕주 미첼필드Mitchell Field비행학교를 졸업해 조선인 최초의 비행사가 됐다. 이후 1차 세계대전에서 무려 156회나 출격하는 기록을 세운 것으로 알려져 있다. 이응호의 희미한 발자취는 일제강점기 미주 지역 한인 신문이었던《신한민보》를 통해 확인할 수 있다. 다음은 1918년 12월 26일 〈한인비행사 리 조지 씨 … 6개월 동안의 경력〉이란 기사의 일부다.

이두형 씨의 영랑 조지 씨는 이번 전쟁(1차 세계대전-옮긴이)에 비행사로 종군하여 저명한 터이라. 유럽에 건너가 6개월 동안 공기선을 타고 공중 비행으로 법덕(프랑스·독일-옮긴이) 양계를 주행하다가 이번 휴전조약 이후에 그 부친께 근친차로 돌아와 본월 15일에 당지에 도착하여 그 부친께 근친하고 유럽전쟁의 큰 경력담을 진술했다더라.

이 기사를 통해 이응호가 1차 세계대전 때 미국 육군의 비행선 조종사로 프랑스와 독일 전선에서 활약했음을 확인할 수 있다. 그는 전쟁 이후 제대해 뉴욕에 사는 미국 여성과 결혼한 것으로 확인되지만 이후 경력은 추적되지 않는다.

03

조선의
하늘을 날다

고국 방문 비행

안창남이 1921년 11월 해동관에서 동포들에게 후원을 요청하며 밝힌 소원은 두 가지였다. 하나는 고국 방문 비행, 다른 하나는 조선 청년을 위한 비행학교 설립이었다.[1]

첫 번째 소원인 고국 방문 비행과 관련해 안창남은 오구리비행학교 실습생 신분이던 1920년 말부터 큰 열의를 보여 왔다. 안창남은 자신을 처음 조선에 소개한 그해 12월《개벽》기사에서 "나의 졸업이 머지않았으니 졸업 후 즉시 우리 고국에 방문 비행을 해 세계비행사상의 원조인 조선 사람의 비행술을 여러분께 고하고자 합니다"라고 말했다. 안창남은 이후 고국 방문 비행을 위해 다양한 이를 접촉하며 후원을 요청했다.

해동관에서 후원 요청을 한 지 6개월이 지난 1922년 5월《동아일보》에 안창남이 조선인 최초로 고국 방문 비행을 할 것이란 예고기사가 실렸다.

도쿄 오구리비행학교 교수 안창남 씨는 고등비행으로 유명하며 더욱이 야간비행으로는 일본에서 셋째로 명성이 매우 많다. 그는 작년부터 모국 방문을 하기 위해 오랫동안 계획 중이더니 이번에 비행기까지 준비가 되어 5월 중에는 그의 제자 되는 김용서金容瑞 씨와 같이 도쿄를 떠나 경성을 방문하고 계속해 각 지방에도 비행할 것이라 한다.
-《동아일보》1922년 5월 1일

하지만 5월 고국 방문 비행은 실현되지 않았다. 정확한 이유를 알 순 없지만 후원자를 찾지 못했기 때문으로 추정된다.

그로부터 다시 다섯 달이 지난 10월 19일 두 번째 보도가 나왔다. 이번엔 막연한 예고가 아닌 당대 쟁쟁한 지사들이 모여 있던 민족 신문인 동아일보사가 직접 나서 안창남의 고국 방문 비행을 개최한다는 사고 형식의 기사였다.《동아일보》는 이 기사에서 "방금 도쿄 오구리비행학교 교사로 다수의 비행사를 양성하고 있는 안 씨가 반가운 고국의 공중에 날아 보려는 간절한 희망을 갖고 지난여름부터 여러 차례 본사에 직접과 간접으로 주선해 주기를 간청했다"며 "이 일이 비록 매우 거창하고 많은 비용이 드는 일이지만 매우 의미가 깊다는 것을 생각해" 회사 주최로 행사를 열기로 했다는 뜻을 밝혔다.

흥미로운 사실은 안창남이 처음엔《동아일보》가 아닌《조선일보》를 통해 고국 방문 비행 의사를 타진했다는 점이다. 그는 11월 6일 도쿄-

오사카 현상우편비행대회 때 이륙하기 직전 "고국 방문 비행에 관한 조선일보사의 회신이 아직 오지 않았다"며 취재를 위해 비행장까지 나온 조선일보 기자에게 해약 사실을 통보한다.

안창남이 고국 방문 비행에 도전한 1920년대 초에 비행기를 공중에 띄운다는 것은 매우 까다롭고 돈이 많이 드는 일이었다. 직접 비행기를 타고 일본에서 조선까지 날아올 수 없는 시기였기 때문에 기체를 분해해 배로 싣고 와야 했다. 당연히 이를 감당할 만한 기술과 행정 인력이 필요했다. 또 비행장 사용허가를 얻으려면 조선총독부와 조선 주둔 일본군의 협조가 필수였다.

다행히 조선총독부는 매우 협조

《동아일보》 1922년 11월 15일
동아일보사는 안창남의 고국 방문 비행 사실을 사고로 전했다.

적인 자세를 보였다. 3·1운동 직후인 1919년 9월 부임한 사이토 총독은 식민통치방침을 기존의 무력통치에서 문화통치로 바꾸는 등 "문화의 발달과 민력의 충실"을 강조하는 인물이었다. 그는 "조선인 세 명만

《동아일보》1922년 11월 18일
안창남의 고국 방문 비행이 결정된 뒤《동아일보》는 대회 준비 상황을 수시로 보도했다.

모여도 불법 집회로 잡아간다"던 헌병경찰제를 없애고 보통경찰제를
도입했고 〈2차 조선교육령〉을 통해 조선인이 고등교육을 받을 수 있는
기회를 넓혔다. 그러는 한편 언론·출판·집회의 자유 등을 일부 허용해
그동안 금지했던 조선어 신문의 발행을 인정했다.

　고국 방문 비행의 실무를 떠안은 것은 안창남의 오구리비행학교 동
료들이었다. 이들은 선발대로 미리 조선으로 이동해 조선 주둔 일본군
사령부,[2] 함경북도 나남에 주둔하고 있던 19사단, 평양항공대와 구체
적인 일정과 비행 장소를 협의했다.[3] 안창남은 어렵게 성사된 비행인
만큼 경성뿐 아니라 "사정이 허락하면 평양, 대구 등 지방도 방문하고
싶다"며 큰 열의를 보였다. 오구리비행학교와 조선 주둔 일본군이 협
의한 결과 일단 첫 비행은 1922년 12월 10일 여의도비행장에서 진행

하는 것으로 결정됐다.

안창남이 탑승할 비행기 '금강호'는 11월 17일 도쿄를 출발했다.[4] 안창남은 《동아일보》에 기고한 수기에서 이 비행기에 대해 "(프랑스의-옮긴이) 뉘포르식인데 크기가 다른 보통 비행기의 반밖에 되지 않는 아주 작은 비행기며 '론Rhône'[5] 80마력에 1시간에 110비행마일의 속력을 가졌습니다"[6]라고 소개했다. 게다가 "기계가 경쾌해 조종하기에 극히 주의하지 않으면 위험"했기 때문에 "다른 이는 별로 타지 않던" 헌 비행기였다. 가장 중요한 엔진도 "또 다른 헌 비행기의 것을 떼어 내어 여기다 뜯어 맞춰 놓"은 것이었다.[7]

장덕창도 비슷한 회상을 남겼다. 그도 금강호에 대해 자기 비행기를 갖지 못한 안창남이 "쓸 만한 비행기를 찾아 1년 남짓 애쓰다가 가까스로 빌린 비행기"로 "사실 부속품을 여기저기서 주워 모아 맞춘 잡동사니"에 지나지 않았다고 증언했다. 그래도 안창남은 날개에 노란색·파란색 점을 찍고, 양 날개엔 조선반도, 꼬리 날개엔 금강산의 모양을 본떠 그려 넣었다.[8] 꼬리에 그려 넣은 산 모양이 핵심이었는지 비행기의 이름은 금강호로 정했다. 이런 비행기 치장은 기체에 검은 고양이를 그려 넣었던 안창남의 스승이자 비행기 주인인 오구리 쓰네타로의 취향에도 맞았다.

비행기 조립을 위해 오구리비행학교의 다카하시 벤지高橋弁治 주임 기사, 일본인 도리쓰카鳥塚와 혼다本田, 조선인 박용섭朴容燮이 한 발 앞서 경성에 도착했다. 안창남은 11월 26일 도쿄 수이코샤에서 열린 도쿄-오사카 현상우편비행대회 상금 수여식에 참석하느라 이들과 동행하지 못했다.

다카하시는 인터뷰에서 조선인이 궁금해 하는 안창남의 비행 실력에 대해 "안 씨의 기술은 일본 민간 비행사 중에 누구와 비교해도 결코 뒤지지 않는다. 특히 어렵다는 고등비행술에는 안 씨를 당할 자가 없다 해도 과언이 아니다"라고 말했다. 이어 "안 씨는 성질이 극히 대담해 아무리 위험한 일도 두려워하지 않는 한편, 극히 침착해 아무리 위급한 때라도 결코 당황치 않는다"고 극찬했다.

다카하시는 이어 조선인의 자존심을 긁는 작심 발언을 한다.

다른 비행사들은 기술이 안 씨만 못하지만 의례히 고향에서 비행기를 사 줘 고향 방문 비행을 성대히 거행하는 게 전례다. 안 씨 같은 기술을 갖고도 지금까지 고국 방문 비행을 못 했다는 사실에 대해 그를 아는 사람들은 매우 유감으로 생각했었다. 이번에 뜻을 이루어 실로 장하고 기쁘다.

– 《동아일보》 1922년 11월 28일

다카하시는 또 다른 인터뷰에선 도쿄-오사카 현상우편비행대회에서 안창남과 나란히 완주에 성공한 셰윈다를 예로 들며 "타이완 사람들은 셰윈다의 성공을 감사히 여기고 4만여 원의 기부금을 모아 3만 5000여 원짜리 훌륭한 비행기를 사 줘 타이완 일주 대비행을 했다"고 말했다. 실제 셰윈다는 안창남보다 2년 앞선 1920년 10월 고국 방문 비행을 끝냈다.

이 발언에 자극을 받았는지 전 조선이 움직이기 시작했다. 갓 스물

《동아일보》 1922년 11월 28일
안창남 고국 방문 비행을 준비하기 위한 선발대가 경성에 도착했다.

두 살이 된 조선 청년이 일본인도 어렵다는 비행사가 되어 조국에 돌아왔다는 사연이 당대 조선인의 심금을 울렸다. 이번 행사를 주최한 동아일보사 역시 "안창남 씨의 고국 방문 비행은 안 씨 개인만의 일이 아니고 민족적으로 의미 있는 좋은 사업"이라며 '고국 방문 비행 후원회' 조직에 팔을 걷어붙였다. 2000만 조선인은 안창남의 비행을 모두

《동아일보》1922년 12월 2일
안창남의 후원회원이 되어 달라는 호소문.

가 한목소리로 축하해야 할 '민족적 쾌거'로 받아들였다.

1922년 11월 29일 오후 3시 반 종로 조선기독교청년회관YMCA에서 '안창남 군 고국 방문 비행 후원회'가 발족했다. 이 자리에서 조선의 명사 중의 명사라 할 수 있는 박영효朴泳孝(1861~1939, 개화파였지만 강제 병합 뒤 일제 식민지배에 협력, 중추원 고문 등 지냄)·고원훈高元勳(1881~?, 전라북도 지사 등을 거친 친일파)·권동진權東鎭(1861~1947, 민족대표 33인 중 하나)·구자옥具滋玉 등 실행위원 10명이 선출됐다.[9]

이들은 이튿날인 30일 오후 1시에 다시 모여 박영효를 위원장으로 뽑은 뒤[10] 행사 준비를 위한 중요 사항을 결정했다. 실행위원들은 사흘 뒤인 12월 3일 오후 2시에 종로구 3정목 명월관[11]에서 이날 결정한 안건들을 통과시키기 위한 임시회의를 열었다. 핵심의제는 후원금을 어떻게 모을까였다. 후원회는 회원 모집을 통해 후원금을 만들기로 하고 그 기준을 일반회원은 2원 이상, 특별회원은 10원 이상, 명예회원은 50원 이상으로 정했다. 조선의 '일그러진 지성'이라 할 수 있는 윤치호尹致昊(1866~1945)는 자신의 일기에 이렇게 걷힌 후원금이 4만 원[12]이라고 적었다.

비행 준비도 착착 진행됐다. 평양항공대는 12월 1일 실무협의를 위해 방문한 다카하시에게 안창남의 고국 방문 비행을 위해 "될 수 있는 한 편의를 도모"하겠다고 약속하며 여의도육군비행장과 격납고 사용을 인가했다.[13] 다음 날인 2일 새벽 안창남의 금강호가 조선우선회사 사쿠라지마마루를 타고 인천에 도착했다. 비행기는 다카하시 등의 감독을 받으며 세관을 통과한 뒤 3일 여의도비행장이 있는 노량진으로 옮겨졌다. 이들은 곧바로 여의도 육군항공대비행장 격납고에서 기체 조립을 시작했다.

안창남 열풍

안창남과 스승 오구리 쓰네타로는 1922년 12월 3일 도쿄를 출발했다. 이들은 부관연락선 게이후쿠마루를 타고 4일 밤 9시 40분 부산항에 도착했다.

늦은 시간이었는데도 부산항엔 500명이나 되는 환영 인파가 대기하고 있었다. 부산 시민들은 안창남이 모습을 드러내자 크게 반가워하며 "안 군 만세"를 세 번 외쳤다. 갑작스러운 환영 인파에 놀란 안창남은 "감사하다"는 말을 연발하며 화답했다. 오구리도 부산 시민들에게 안창남의 "비행술은 일본에서도 일류다. 그가 비행술의 천재인 것은 이번 우편비행에서 명백히 증명됐다. 장래 조선에 다수의 안창남이 생기리라 믿는다"라고 말했다. 일행은 환영 행사에 참석한 뒤 자동차로 동래온천으로 이동해 1박을 한 뒤 이튿날 오전 부산역에서 경성행 열차에 올랐다.

안창남은 5일 오전 11시 특급열차[14]로 부산을 출발했다. 경부선 연도의 도시들에서도 환영이 이어졌다. 오후 1시 반께 도착한 대구에선 청년 유지 50여 명이 일행을 환영했고, 오후 5시 대전에선 대전상업학교 학생들과 일반인 400여 명이 플랫폼까지 나와 "만세"를 불렀다. 평택·수원·영등포 등에서도 크고 작은 행사가 이어졌다.

안창남을 태운 열차가 최종 목적지인 남대문역에 도착한 것은 예정 시각을 한 시간 정도 지난 밤 8시 50분이었다. 한겨울 밤 날씨가 살을 엘 듯했는데도 도착 두어 시간 전부터 "남대문역을 향하는 사람이 물밀 듯하는 통에 넓은 거리에는 실로 혼잡이 여전한 게 아니"었다. 남대문역 앞마당에 모인 수만 명의 인파 때문에 "도무지 발을 옮길 수 없"는 혼란이 몇 시간째 이어졌다.

환영 나온 단체들은 미리 준비한 깃발을 높이 들어 올렸다. 학생 수천여 명이 정성을 모아 만든 환영 등불로 남대문역 광장에 "때 아닌 꽃밭"이 조성됐다. 환영 인파에는 안창남의 모교인 미동공립보통학교 재학생 200여 명과 졸업생 100여 명, 또 다른 모교인 휘문고등보통학교생 750명도 포함돼 있었다. 당시 상황을 전하는 《동아일보》 기사를 보면 휘문고등보통학교 후배들은 이날 행사를 위해 교문부터 "군악을 울리며" 남대문역 앞 광장까지 행진했다. 그 밖에 경성고등공업학교·중앙고등보통학교·보성고등보통학교·남대문상업학교·협성학교·중동학교·숙명여자고등보통학교·진명여학교 등 당시 경성에 있던 거의 모든 학교 학생이 총출동했다. 또 조선의 주요 기업인, 종교계 인사, 언론계 인사, 조선총독부에 근무하는 조선인 직원과 대정권번·한성권번·대동권번·한남권번 등 경성 4대 권번의 기생도 환영 대열에 함께했다. 말 그대로 2000만 동포가 '한마음 한뜻으로' 안창남을 맞았다.

안창남, 오구리, 《개벽》의 도쿄 특파원이던 소파 방정환 方定煥 (1899~1931)[15]이 광장에 운집한 인파 앞에 모습을 드러냈다. 안창남의

《동아일보》 1922년 12월 6일

안창남의 금강호가 여의도에 도착했다. 표면의 알파벳 글자(J-TIAD)는 금강호의 식별 번호다. 제일 앞의 J는 일본 국적 비행기를 뜻한다.

얼굴을 알아본 이들은 한목소리로 "하늘이 무너질 듯한 만세" 소리를 냈다. 광장을 메운 인파에 갇혀 안창남 일행은 발길을 옮길 수 없었다. 어쩔 수 없이 '주최 측'인 《동아일보》 기자들이 투입됐다. 기자들은 경호원처럼 안창남을 전후좌우로 감싸며 사람들 사이를 뚫고 나갔다. 안창남은 잠시 역장실에 들러 송진우 동아일보사 사장, 마키야마 고조牧山耕藏 조선신문사 사장, 11월 29일 발족한 후원회 및 일본 우익단체인 대일본국수회大日本國粹會 간부 일행과 간단히 인사했다. 역 귀빈실에 선 "어린 양과 같이 유순하고 천진난만한" 숙명여학교 학생 박소선과 전금순이 화환을 건넸고, 국수회 이사의 딸인 오노 모토에小野基枝는 악수를 청했다.

조선의 하늘을 날다

《동아일보》1922년 12월 7일

따뜻한 환영을 받으며 경성 남대문역에 도착하는 안창남. 역 앞 광장에는 인파가 가득했다.

안창남은 자신을 열렬히 환영하는 동포 앞에서 감격 어린 목소리로 소감을 밝혔다.

제가 일본에 있을 때에 하루도 끊임없이 바란 것은 비행기를 타고 고국의 형제를 만나 보는 것이었습니다. 그러다 오늘 이렇게 여러분의 뜨거운 사랑으로 바라던 바를 이루었으니 뭐라 감사한 말씀을 드려야 할지 모르겠습니다. 일일이 여러분의 손을 잡아 보고 싶습니다만 상황이 허락지 아니하여 뜻대로 못하니 용서해 주시기를 바랍니다.
-《동아일보》1922년 12월 6일

안창남의 고국 방문을 축하하는 환영회는 이틀 뒤인 7일 오후 7시 하세가와마치(현 서울시 중구 소공동) 공회당에서 열렸다. 200여 명이 모인 가운데 후원회 위원장 박영효가 오후 7시 30분 개회를 선언했다.[16] 철도 당국은 10일 행사를 위해 남대문-노량진 사이의 임시열차를 오전·오후 2차례 편성했고, 경성 내 전차를 운영하는 경성전기회사도 용산 방면 전차 수를 평소보다 크게 늘렸다.[17]

예상보다 후끈 달아오른 '안창남 열풍'에 동아일보사와 후원회는 감격했다. 애초 관람료를 받을 예정이었지만 민족적으로 응원하는 행사고 일반과학에 관한 지식과 취미를 더 많은 이에게 보급하게 하려는 기획 의도를 살리자는 취지에서 무료 개방을 결정했다.[18]

여의도비행장

안창남은 1922년 12월 8일 오후 금강호를 끌고 여의도비행장 활주로에 나섰다. 비행기 상태와 비행장 주변 지형을 확인하는 시험비행이었다.

조선 최초의 비행장은 1911년 5월 문을 연 일본의 첫 비행장인 도코로자와비행장[19]보다 5년 늦은 1916년 3월 여의도에 조성됐다. 이 무렵엔 비행기에 무선장치가 달려 있지 않았기에 비행장이라 해도 관제시설 없이 활주로와 간단한 격납시설만 있으면 됐다.

비행은 "겨울날 따뜻한 햇빛이 서산에 걸릴" 무렵인 오후 5시 5분에 시작됐다. 경쾌한 비행복을 착용한 안창남은 금강호와 함께 "고요한 공기를 그리며 육지를 떠났"다. 처음엔 저공비행으로 주위를 한 번 돈 금강호는 동쪽으로 점점 고도를 높여 용산 상공을 지난 뒤 남대문 문루 위에 도착했다.

안창남의 고국 방문 비행 소식은 전 조선이 기다리던 '빅 이벤트'였다. 지상에서 안창남의 비행기를 발견한 이들이 환호성을 지르며 박수를 쳤다. 때마침 용산에선 야구 경기가 진행 중이었다. 경기장에 모인 수천 관중도 소리를 질렀다.[20] 안창남은 이후 서쪽 공덕리 부근을 돌아 다시 여의도비행장으로 돌아왔다. 비행장 위에선 고등비행기술 가운데서도 어렵다고 꼽히는 송곳질(錐揉み, 송곳이 회전하듯 비행기가 뱅뱅 돌면서 낙하하는 기술)[21] 묘기를 두 번이나 선보인 끝에 착륙했다. 비행시간은 15분이었고 최고 고도는 1800미터를 기록했다. 안창남은 첫 비행에

1922년 12월 10일 금강호
안창남이 고국 방문 비행에 사용한 금강호. 왼쪽 사진에서 금강호 뒤로 여의도비행장 격납고의 모습이
보인다.

만족감을 드러냈다.

오늘 같은 일기는 도쿄에는 별로 없을 것이외다. 기류도 적당하고 착륙장
도 매우 넓고 훌륭해 참 상쾌하외다. 10일에는 여러분이 기대하시는 만 분
의 일이라도 나의 기술을 다해 날아 보려 합니다.
─《동아일보》1922년 12월 10일

본 행사가 열리는 10일이 밝았다. 이날은 시험비행을 했던 이틀 전
과 달리 거센 바람이 불어 체감온도가 뚝 떨어지는 매서운 날이었다.
《동아일보》는 이 비행에 대해 "반만년 역사가 있은 뒤 처음으로 우리

《동아일보》1922년 12월 10일

안창남의 고국 방문 비행 행사를 무료로 공개한다는 사실을 전하고 있다.

의 사람이 우리의 하늘에서 가장 새로운 문명의 놀음을 하는"것이라
는 역사적인 의미를 부여한 뒤 "한강물이 노래를 부르고 남산의 천년
솔이 춤을 추는 것 같은 여의도 넓은 벌에 우리 안 군이 묘기를 자랑하
는 거룩한 광경을 누가 능히 보고 싶다 아니하리요!"라고 외쳤다. 과한
영탄조 문장이 촌스럽게 느껴지지만 식민지로 전락한 조국의 운명에
시름했던 조선인에게 '자존심 회복'은 매우 절박한 문제였다.

　이 같은 축제 분위기를 한심하게 바라본 이가 없진 않았다. 윤치호
는 안창남의 고국 방문 비행이 이뤄지기 전날인 12월 9일 일기에 다음
과 같이 적었다.

　안창남이라는 청년이 일본에서 비행기 조종술을 배웠다. 매우 장한 일이
다. 그러나 그렇게 엄청난 일은 아니다. 안창남 군이 새로운 형태의 비행기
를 발명했거나 1만 명 가운데 한 명이 나올 정도로 훌륭한 비행사가 되었다
면 우리 조선인은 그를 자랑스럽게 여길 만하다. 그러나 안창남 군은 그저
다른 사람이 발명한 비행기의 조종술을 배운 1000명 가운데 한 명일 뿐 그
렇게 수선을 피울 일은 아니다. 그러나 《동아일보》는 지난 몇 주 동안 많은
지면을 할애해 안창남 군을 추켜세웠다. 비행기를 몰고 조국을 방문하는
안 군을 지원하는 단체가 결성되었다. 성금이 모였다. 정말이지 말문이 막
힐 정도의 바보들이다! 이런 일은 조선인의 유치함을 세계만방에 알리는
일일 뿐이다. 안창남 군이 오늘 비행기를 몰고 날아온다. 이 비행사에게 비
행기 한 대를 사주려고 4만 원을 모았다고 한다.[22]

늘 찌뿌둥한 표정으로 식민지로 전락한 조선 사회를 관조하던 윤치호다운 문장이다. 당대 조선 명사들은 이런 사실을 몰랐을까. 그렇진 않다. 한용운은 "구미 각국에선 비행기가 극히 왕성해 도처에서 이를 쓰는데 조선인 중에 오직 한 사람인 안창남 군이 처음으로 하늘에서 난다는 것은 남의 형편과 내 형편을 비교해 볼 때 통절한 수치를 느끼는" 일이라 말했고, 이후 안창남과 짧은 인연을 맺는 월남 이상재李商在(1850~1927)도 "남들은 비행기가 몇천 대씩 있는데 우리 조선에 겨우 한 사람쯤 있는 것이 그리 장할 것은 없다"면서도 "좋은 뜻으로 공부해 세계 문명에 공헌하기를 바란다"는 격려를 잊지 않았다. 이들은 조선이 세계 첨단의 흐름에 크게 뒤쳐진 사실을 알면서도 그 틈을 메우려 애쓰는 젊은이를 격려하며 민중과 함께 만세를 외쳤다.

이후 세월은 '관찰자' 윤치호와 '행동가' 안창남의 인생 행로를 갈라놓는다. 안창남은 일본인 밑에서 적당히 살아가는 삶을 포기하고 1924년 말 중국 대륙으로 망명해 독립운동에 뛰어들지만, 윤치호는 1937년 중일전쟁이 시작되자 일제에 '애국기' 헌납금으로 500원을 내놓는 등 친일의 길을 걷는다.

안창남을 태운 자동차가 오전 10시 반쯤 여의도에 도착했다. 식전 행사로 이번 비행을 주최한 송진우 사장과 사이토 총독이 단상에 올라 축사를 건넸다. 특히 사이토 총독은 비행 전날인 9일 오후 3시 총독부 고위 관료들을 배석하게 한 채 안창남을 관저로 불러 다과회를 베푸는 등[23] 이 행사에 깊은 관심을 보였다. 이후 동명사·조선신문사·국수회·후원회·광영동우회 등 각종 단체의 화환 전달, 용산군 사령부의 기념

품 증정이 이어졌다. 저만치에선 경성악대(이왕직양악대洋樂隊의 후신)가 연주하는 웅장한 음악이 울려 퍼졌다. 여의도 이곳저곳에서 축하 폭죽이 터졌다.

그러나 이날은 비행엔 적합지 못한 날씨였다. 가장 큰 문제는 80마력짜리 고물 비행기가 감당하기 힘든 거센 바람이었다. "공중은 고사하고 평지에서도 넓은 벌판에서 불어오는 찬바람이 얼굴을 때려 정신을 차릴 수 없"는 형편이었다. 사전 행사가 끝났는데도 강한 바람은 잦아들지 않았다. 오구리비행학교 기술요원들은 어쩔 수 없이 안창남에게 비행 연기를 요청했다. 수많은 동포의 기대를 한 몸에 받고 있는 안창남 입장에선 상상도 할 수 없는 일이었다.

안창남은 바람이 잦아들길 조금 더 기다리다 참지 못하고 격납고 안에서 비행기를 끌어냈다. 까치발을 하고 이 광경을 지켜보던 관중들이 큰 함성을 질러 댔다.

비행기는 활주로로 나왔지만 이번엔 프로펠러가 돌지 않았다. 추운 날씨로 '카스톨'이란 이름의 윤활유가 얼어붙은 탓이었다. 다카하시 등이 긴급 투입돼 복구에 나섰다. 오후 12시 22분이 되어서야 프로펠러가 힘찬 소리를 내며 돌기 시작했다. 그와 동시에 안창남을 태운 금강호가 활주로를 박차고 날아올랐다.

여의도비행장에 모인 5만 군중이 일제히 환호성을 질렀다. 안창남은 비행기 고도를 1000미터로 높인 뒤 남산을 돌아 동대문 쪽으로 향했다.

안창남의 시선이 향한 곳은 저문 왕조의 정궁이던 경복궁이었다.

"거무튀튀한 북악산 밑에 口(입구-옮긴이) 자처럼 둘러싼 담 안의 넓고 넓은 옛 대궐은 우거진 잡초에 덮어 버린 집같이 사람 하나도 보이지 않고 몹시도 한산하고 쓸쓸해 보였다."[24] 안창남은 안타까운 마음을 담아 순종이 머물고 있던 창덕궁 상공으로 이동했다. "검푸른 수림 속에 지붕만 보이는 창덕궁 위에서 한 발 휘휘 돌아 (순종에게-옮긴이) 공중에서 경의를 표했다." 대궐 안의 순종이 이 모습을 지켜봤는지 이튿날인 11일 안창남을 궁으로 불러 금일봉을 하사했다.[25]

비행장으로 돌아온 안창남은 관중들을 위해 송곳질 등 그동안 갈고 닦은 특수비행을 선보였다. "거꾸로 내리박히다 다시 두어 번 가로 재주"넘는 묘기와 일반 내빈석과 부인석 쪽으로 급 저공비행을 시도한 뒤 가볍게 날아오르는 기술 등이 이어질 때마다 객석에선 환호성이 이어졌다. 금강호는 15분에 걸친 첫 비행을 마치고 오후 12시 40분 활주로에 내려앉았다.

애초 이날 비행은 세 차례에 나눠 진행될 예정이었다. 첫 번째는 여의도를 출발해 경성을 한 바퀴 돌며 시민에게 인사하는 일반 비행, 두 번째는 경성-인천 간 왕복 비행, 세 번째는 경성 하늘에서 본격적으로 다양한 고급기술을 선보이는 고등비행이었다.[26] 그러나 바람이 너무 심해 경성-인천 간 왕복 비행은 취소할 수밖에 없었다.

1차 비행을 마친 안창남은 격납고에서 밥을 먹은 뒤 오후 2시부터 2차 고등비행에 나섰다. 2차 비행 때 안창남은 과학 발달에 힘쓰기를 바라는 글을 담은 전단 1만여 장을 네다섯 차례 경성 시내에 나눠 뿌렸다. 오색 종이로 만든 전단은 태양 빛을 받아 "무엇이라고 형용할 수 없이 영롱하고 찬란하게 번쩍번쩍하며 바람에 펄펄 날렸"다. 안창남은 이날 고등비행 가운데 가장 위험한 횡전비행(옆으로 빙글빙글 회전하며 날기), 재주넘기(위아래로 한 바퀴 회전하기), 600미터 높이에서 30미터까지 엔진을 끈 채 서서히 떨어지는 자유낙하 등 여러 기술을 선보였다. 안창남이 비행을 마치자 군중은 구름떼처럼 격납고 앞으로 모여들었다. 이들에게 안창남이 짧은 소감을 전했다.

경성에 도착하던 날 여러분이 남대문역에서 성대한 환영을 해 주셔서 큰 영광이었습니다. 당일 일일이 인사를 여쭙지 못해 죄송합니다. 오늘 날씨가 불순해 위험한 중에 두 번의 비행을 무사히 마칠 수 있었습니다. 추운 날씨와 모진 바람에도 이같이 많은 분이 오셔서 한목소리로 원조해 주신 덕이라고 감히 감사를 드립니다. 그러나 오늘 날씨 때문에 예정했던 경성-인천 왕복 비행을 중지하게 된 것은 큰 유감입니다. 공연히 기다리시게 한 인천 부민 여러분께 뭐라 미안한 마음을 표현할 수 없습니다. 다음번에 반드시 여러분의 기대를 받들어 응할 때가 있을 것 같습니다.

-《동아일보》1922년 12월 11일

이날 여의도에 모인 인파는 경성 인구의 6분의 1인 5만 명이었다. 추운 겨울이 아니었다면 더 많은 사람이 몰려들었을 것이다. 10일 무산된 안창남의 인천 방문은 13일 이뤄졌다. 안창남은 오후 3시 55분 여의도비행장을 이륙해 경성 하늘을 11분간 휘저은 뒤 여의도에 돌아왔다. 이후 오후 4시 23분 다시 날아올라 인천 부민에게 인사를 건넨

《매일신보》1922년 12월 11일
행사장을 방문한 사이토 마코토 총독이 안창남을 격려하고 있다.

뒤 오후 5시 5분께 귀환했다.

안창남은 애초 경성뿐 아니라 평양·대구 등 다른 대도시도 방문할 계획이었지만 추운 날씨와 열악한 비행기 사정으로 포기할 수밖에 없었다. 《동아일보》는 "금강호는 구조가 따뜻한 지방에서 비행하기엔 적당하나 추운 지방에는 적당치 못하다. 후원회의 활동과 일반 동포의 열성으로 완전한 비행기 한 채를 얻을 수가 있다면 그땐 이번보다 계획을 크게 해 주요 도시로 연락 대비행을 실행"하겠다고 밝혔다. 안창남도 "약간 위험이 있더라도 방문 비행을 계속하고 성사는 운명에 맡길 생각이었다. 하지만 후원회나 기타 사랑해 주시는 여러 선배의 권유로 완전한 비행기를 장만하기까지 비행을 중지"하겠다며 이를 받아들였다. 그는 이어 "비행기만 좋은 것을 얻을 수 있다면 오는 봄엔 도쿄에서 비행해 의주까지 다녀올 수 있게 뒷날을 기약하겠다"고 말했다. 지키지 못할 약속이었다.

안창남은 12일 오후 4시 반엔 모교 미동공립보통학교에서 열린 환영회에 참석했다. 그리고 22일 오후 3시 남문통의 식당 식도원에서 '길고도 짧았던' 고국 방문 비행 일정을 마무리하는 전별 모임에 참석했다.[27] 이 모임에 불려온 조선권번의 유명 기생 김난주는 안창남에게 "키스 한 번만 허락해 달라"고 덤벼들어 당대 호사가들의 화제를 모았다. 안창남은 응하지 않았다.

안창남은 조선인 최초로 비행기를 타고 경성 시가지를 하늘에서 바라본 인물이었다. 누군가 그 감상을 묻자 잠시 뜸을 들인 뒤 "경성은 일본 도쿄보다 좁기는 하지만 몹시도 깨끗하고 어여뻐 보였다"라고 답했다. 조국에 대한 사랑이 절절이 담긴 답변이었다.

고국 방문 비행을 위해 경성에 도착한 5일 밤 안창남은 남대문역에 모여든 열화와 같은 환영 인파를 보며 감격해 웃음을 터뜨렸다. 그 모습을 옆에서 지켜보던 《동아일보》 기자는 "하얀 전등 빛 아래 끝없이 광채 나는 화환의 꽃 그림자는 기쁨에 찬 안 군의 얼굴 위에 힘 있게 비치어 보는 이에게 일순 이상한 감상이 생기게 했다"라고 적었다.

서른에 요절하고 마는 안창남 인생의 정점이었다.

04

대지진이
발생하다

고물 비행기

고국 방문 비행으로 조선 팔도를 한차례 '들었다 놨던' 안창남의 동정이 고국에 다시 전해진 것은 해를 넘긴 1923년 6월이다. 안창남은 제국비행협회가 2~3일에 개최한 4회 현상비행경기대회에 참가해 2위라는 뛰어난 성적을 거뒀다.

이 대회는 지바현 시모시즈를 출발한 비행기들이 해군 해군항공대 비행장이 있는 이바라키현 가스미가우라와 육군항공대가 있는 사이타마현 도코로자와비행장을 잇는 거대한 삼각형(총 길이 177킬로미터)을 정해진 시간에 빨리 도는 경기였다.[1]

안창남은 승부욕이 강한 이들이 대개 그렇듯 엄살이 심하고 투덜거리는 성격이었던 것 같다. 안창남은 이 경기에 미국 홀-스콧Hall-Scott사의 150마력 엔진을 장착한 나카지마식-5형 연습기를 타고 출전했다. 안창남이 이 비행기를 어떻게 구했는지 알 수 없지만 "나만의 비행기가 없어 힘들다"는 푸념이 없는 것으로 봐 이 무렵엔 자신의 비행기를 마련했던 것으로 보인다.

비행기가 생기니 시작된 것은 '성능 타령'이었다. 안창남은 대회가 끝난 뒤 인터뷰에서 애초 이 대회에선 좋은 성적을 기대하지 않았다고 말했다. "남들은 400마력, 300마력 되는 훌륭한 비행기를 가졌지만 나는 150마력의 구식 비행기를 가져서 아무리 해도 상을 탈 수 있다는 생각"이 들지 않았기 때문이다. 그럼에도 대회 참가를 결심한 것은 "비행기를 타는 사람이 처음부터 경기에 참가하지 않는다는 것은 너무 비겁한 일인 것 같아 승부는 불고하고 참가한 것"이라고 설명했다.

안창남의 이 '엄살'은 대회 진행 상황을 담은 1956년 판《일본항공사》기술과 일치한다. 안창남의 말대로 대회 참가를 신청한 일곱 명 가운데 일본인 비행사 스기모토 신조杉本信三의 엔진은 400마력, 강력한 우승자로 꼽혔던 가토 간이치로加藤寬一郎의 엔진은 360마력, 후쿠나가 시로福永四郎의 엔진은 300마력이었다.

이 대회의 경기 시작 시각은 2일 오전 7시로 정해졌다. 출발 시각이 지나자 다른 경쟁자들의 비행기는 웅장한 소리를 내며 하나둘 활주로를 떠났다. 하지만 안창남의 구식 비행기의 시동은 걸리지 않았다. 안창남은 "오전 9시 반까지 죽을 애를 쓰고 엔진을 돌리기 위해 애썼"지만 기체는 미동도 하지 않았다.

출발 시간은 이미 2시간 반이나 지난 뒤였다. 이대로는 대회에 참가해도 좋은 성적을 거둘 수 없었다. 어쩔 수 없이 '참가 포기'를 선언하려는 순간 기적적으로 엔진 시동이 걸렸다. 안창남은 "공중에 검은 구

《동아일보》1923년 6월 5일
안창남은 제국비행협회가 주최한 4회 현상비행경기대회에서 2위를 차지했다.

름이 가득하고 간혹 빗방울이 떨어져서 방향을 가리기에도 매우 곤란"
한 날씨 속에서 "기왕에 참가했으니 끝까지 다투어 보리"라는 각오로
점심도 물 한 잔으로 거르고 맹렬하게 비행을 거듭했다.

　결국 안창남의 고집이 통했다. 이 대회의 1등은 10시간 10분 동안
1239킬로미터를 비행한 가타오카 분자부로片岡文三郎, 2등은 8시간
20분에 무려 1105킬로미터를 비행한 안창남, 3등은 안창남과 거의 비
슷한 8시간 18분에 885킬로미터를 비행하는 데 그친 오바 토지로大場
藤次郎였다.

　물론 운도 따랐다. 강력한 우승 후보였던 가토는 대회 전날 시모시
즈비행장에서 착륙사고를 일으켜 조기 탈락했고, 성능 좋은 엔진을 장
착한 다른 경쟁자들의 비행기는 모두 1~3바퀴를 돌고 기체 이상을 일

으켜 경쟁 대열에서 이탈했다.

안창남의 기록은 처음에 시간을 허비한 것을 참작하면 놀라운 것이었다. 이 대회 심판이었던 한 육군 대좌(대령)는 《동아일보》와 인터뷰에서 "안 군은 참 대단한 천재 비행사다. 안 군이 이번에 늦게 날지만 않았다면 당연히 1등을 했을 것이다. 2등을 했지만 성적으로 봐선 1등보다 훨씬 낫다"며 안창남의 비행 실력에 혀를 내둘렀다. 안창남도 선전한 이유에 대해 다른 선수들이 "한 회에 1시간 40분가량을 허비한 사이에 나는 1시간 20분에 돌아 앞선 사람을 따라"갔기 때문이라고 설명했다. 이로써 일본 항공계는 안창남의 비행 실력을 한층 더 높게 평가하게 됐다.

시상식은 10일 오전 10시 도쿄 구단에 있는 일본 육군 퇴직자들의 친목 모임인 가이코샤偕行社에서 열렸다. 안창남은 상금으로 현금 2000엔, 부상으로 나카지마식 150마력짜리 비행기 한 대와 10시간분의 연료를 받았다. 그는 수상 소감을 묻는 질문에 "내가 이와 같이 성공한 것은 본국에 계신 여러 선배의 정성스러운 후원" 때문이라며 조선에 비행학교를 세우고 싶다는 포부를 다시 밝혔다.

그러나 실상을 말씀하면 비행기[2]들을 둘 곳도 없는 처지라 어찌하면 좋을지 모르겠습니다. 일곱 대의 비행기만 가지면 비행학교 하나는 넉넉히 할수 있는데 사소한 설비가 어려워 조선에 학교를 세우지 못하는 것이 매우유감입니다. 일본에서라도 학교를 설립하려면 못할 까닭은 없겠으나 이왕이면 본국에 가서 사랑하는 형제에게 가르쳐 주고자 하는 생각이 더욱 간절합니다.

-《동아일보》1923년 6월 17일

다음 달인 7월 4일 안창남은 육군항공국에서 무시험으로 1등 비행사 면허장을 받았다. 일본 전체에서도 1등 비행사는 단 일곱 명밖에 없던 시절이었다.[3] 비행사 안창남의 미래는 한없이 밝아 보였다.

간토대지진

그로부터 두 달이 지난 1923년 9월 1일이었다. 그날 새벽 도쿄와 요코하마 주변엔 새벽부터 강한 남풍을 동반한 비가 쏟아졌다. 거센 바람의 원인은 태풍이었다. 이날 기상 상황을 보여 주는 일본 기상청 자료를 보면 1923년 8월 31일 규슈 아리아케해에 상륙한 태풍은 세력을 잃어 가며 동해 쪽으로 빠져나가고 있었다. 그와 함께 도쿄 북쪽에 있는 사이타마현 지치부 지방에서 발생한 소규모 저기압이 동쪽으로 이동 중이었다. 이 저기압의 영향으로 도쿄 주변엔 새벽부터 오전 10시께까지 강한 비바람이 불었다. 그렇지만 이내 구름이 걷히고 다시 찌는 듯한 9월의 무더위가 시작됐다. 다만 태풍과 근처에 발생한 저기압으로 이날 간토 지방엔 행인의 모자가 날아갈 정도의 강한 바람이 불었다. 더 특이했던 것은 태풍과 저기압의 영향이 겹치며 바람 방향을 종잡을 수 없었다는 점이었다.[4]

이날은 토요일이기도 했다. 정오가 다가오자 반일 근무를 끝낸 직장인들이 서둘러 귀가 준비를 시작했다. 각 가정에선 점심을 짓기 위해 아궁이에 불을 피웠다. 거리엔 두부장수의 종이 울리고 밀짚모자를 쓴 이들이 바쁘게 움직였다. 대도시 도쿄의 평범한 오후가 부산스레 시작되는 중이었다.

일본 정계로 눈을 돌리면 정국이 다소 혼란스럽긴 했다. 가토 도모사부로加藤友三郎 총리가 8월 24일 돌연 숨지면서 후임 총리로 해군대장 출신인 야마모토 곤베에山本權兵衛가 지명됐다. 그가 이끄는 2차 정권이 9월 2일 출범 예정이었는데, 1일 당시 일본을 이끌던 것은 우치다 야스야內田康哉 임시 총리가 이끄는 기존 내각이었다.

정오가 되기 1~2분 전, 정확히는 오전 11시 58분 44초였다. 규모 7.9의 대지진이 간토 일대를 급습했다. 처음엔 큰 지진이라기보다 일상적인 지진의 진동 같았다고 한다. 지진은 점점 강하고 더 격심해졌다.[5] 당시 도쿄 스미다구와 고토구에 해당하는 지역에서 진도 '6강'의 강진이 관측됐다. 사람들의 증언이 엇갈리지만 초기 미동은 12.4초, 주된 격동은 10분 동안 이어졌다. 집의 기둥이 휘고 천장과 벽이 떨어져 나갔다.

도쿄 조선기독교청년회 총무로 근무하던 최승만은 전날인 8월 31일 그동안 세 들어 살던 요쓰야의 나가스미초에서 나가사키마치에 단독 셋집을 얻어 이사를 막 마친 뒤였다. 전날 어둑할 무렵 새집에 도착해 짐도 풀지 않고 바로 잠자리에 들었다. 이튿날 아침 9시 넘어 눈을 떠 보니 집 서쪽에 있는 채소밭이 밤새 내린 비에 젖어 있었다.

아침을 아무렇게나 한술 뜨고 성선(현 JR) 메지로역으로 향했다. 집에서 역까지는 도보로 꼬박 20~30분이 걸리는 거리였다. 열차를 잡아타고 신주쿠역에 다다를 무렵 갑작스러운 진동으로 열차가 펄쩍펄쩍 뛰기 시작했다. 얼마 되지 않는 승객들은 핼쑥하고 불안한 얼굴이었다.

거센 진동에 열차는 '가다 서다'를 반복했다. 처음엔 탈선사고인가 생각했지만 아니었다. 지진이었다. 저만치 신주쿠 북쪽 시가지를 내려다보니 홀쭉한 6층 건물에서 화재인지 검은 연기가 솟아오르고 있었다. 신주쿠역 앞 도로는 온통 금이 가고 움푹 패여 직원들이 주변에 급히 새끼줄을 치고 통행금지 간판을 세워 놓았다.[6] 거대 지진으로 인한 공포의 시간이 지나고 정신을 찾은 사람들은 "이건 단순한 지진이 아니다", "아무래도 큰일 난 것 같다"고 수군대기 시작했다.

더 큰 문제는 진동이 아닌 화재였다. 집마다 점심 준비를 위해 피워 놓은 불이 당시 도쿄의 일반적인 가옥 형태였던 목조 건물로 옮겨붙었다. 이날 하루에만 도쿄 전역 187곳에서 불이 났다. 여기에 간토 지방을 휩쓸던 강력한 바람이 불을 키웠다. 지진이 발생하던 정오께 도쿄에선 남남서 방향에서 초속 12.3미터의 강풍이 불었다. 태풍이 동쪽으로 이동함에 따라 바람의 방향은 서풍, 북풍으로 바뀌어 갔다. 이날 밤 최대 풍속은 무려 22미터에 달했다. 바람 방향이 수시로 바뀌는 바람에 불길도 수시로 변했다. 대지진의 혼란 속에서 소방 당국이 할 수 있는 일은 많지 않았다. 도쿄 전역에서 일어난 불은 거대한 바람을 타고 순식간에 도시 전체를 '불바다'로 만들었다. 불길이 가장 빠를 때 시가지를 침식하며 옮겨붙는 속도는 무려 시속 800미터에 달했다.[7]

당황한 사람들은 가재도구를 짐수레에 싣고 피난길에 올랐다. 피난민은 어디로 가야 할지 몰라 우왕좌왕하며 엉켰다. 그 사이에 사람들이 넘어지고 넘어진 사람들에 걸려 다시 사람들이 넘어졌다. 남편과 아내가 헤어지고 아이들은 부모의 손을 놓쳤다. 아비규환 속에서 사람들은 일단 몸을 피할 수 있는 공원과 같은 너른 터로 몰려들었다. 도쿄 동북부의 큰 공원인 우에노공원엔 무려 50만 명, 천황이 사는 황거 앞엔 30만 명 등의 피난민이 쏟아져 나왔다.

도쿄 스미다강 동안의 혼조구 사람들이 피난갈 수 있는 공터는 육군 피복창(의류공장) 터였다.

피복창 터로, 피복창 터로!
그래 피복창 터로 가면 살 수 있다.[8]

7만 9000제곱미터(약 2만 4000평)이던 혼조구 요코아미초에 있던 혼조요코아미초 피복창 터는 금세 사람들과 그들이 들고 온 짐으로 가득 찼다. 이곳에 무려 3만 8000명이 몰려들었다. 너무나 많은 사람이 한꺼번에 쏟아져 나와 사람들이 옴짝달싹 할 수 없는 거대한 혼돈 상황이 만들어졌다.

사람들이 빽빽이 들어찬 터에 오후 4시부터 맹렬한 화재선풍fire whirl이 불기 시작했다. 화재선풍이란 거대한 불이 바람에 섞여 돌풍처럼 변하는 현상이다. 화재선풍이 사람들과 그들이 싣고 온 가재도구를 하늘 높이 들어 올렸다가 땅 위로 내리꽂았다. 피복창 터에 몰려든 이들은 하나둘씩 주검으로 변해 갔다. 주검 더미에서 아직 숨이 끊어지지 않은 이들의 가느다란 신음 소리가 들려 왔다.

일본 화가 도쿠나가 히토오미德永仁臣(1871~1936)는 간토대지진 때 도쿄 곳곳에서 벌어진 여러 참상을 서글픈 필치의 그림으로 기록했다. 그가 요코아미초에서 발생한 비극을 그린 그림을 보면 온 세상을 가득 채울 듯 활활 타오르는 화재선풍이 사람들과 그들의 짐을 잔인하게 집어삼키고 있다. 그림 속 세상의 빛깔은 빨간색과 주검을 상징하는 검은색뿐이다. 불이 꺼진 뒤 상황을 그린 그림에선 군인들이 수북이 쌓인 주검 더미에서 생존자를 구하고 있다.[9] 일본 애니메이션의 거장 미야자키 하야오宮崎駿도 2013년 작품 〈바람이 분다風立ちぬ〉에서 대지진과 화재로 지옥으로 변한 도쿄의 모습을 실감 나게 묘사했다.

도쿄 전역을 잿더미로 만든 화재가 잡힌 것은 이틀 뒤인 3일 오전 7시께였다. 간토대지진과 뒤이은 대화재로 도쿄부 7만 387명, 가나가와현 3만 2838명, 지바현 1346명, 사이타마현 343명 등 총 10만 5385명이 숨졌다. 그중에 화재로 인한 사망자가 절대 다수인 9만 1781명이었다. 10만 9713채의 가옥이 지진으로 무너졌고 그보다 두 배 많은 21만 2353채의 주택이 불에 타 사라졌다. 도쿄 전체 면적의 50퍼센트와 전체 가구의 70퍼센트에 해당하는 주택이 불에 탔다. 당시 피해를 입지 않은 신문사는 도쿄니치니치신문사東京日日新聞社(현 《마이니치신문每日新聞》)가 유일했다. 이 신문의 9월 2일 기사 제목은 〈도쿄 전 시가 불바다: 니혼바시·교바시·아사쿠사·혼조·후카가와·간다 대부분 전멸 … 사상자 십 수만 명〉이었다. 2011년 3월 동일본대지진의 가장 큰 피해 원인이 쓰나미였다면 1923년 9월 간토대지진의 주요 피해 원인은 화재였다.

도쿄를 덮친 끔찍한 재해 소식이 조선에 전해진 것은 9월 3일이었다. 《매일신보》는 이날 4면에 〈초토화한 도쿄 전 시가〉라는 제목으로 "1일 정오부터 계속해 붙은 화재로 전 시가가 아주 불덩어리가 되어 각 공원에 모여드는 피난민은 이미 많지만 나아갈 틈도 없이 밀집해 그 참혹한 형상은 차마 볼 수가 없다"고 보도했다. 2일 오전 8시 52분에 도쿄가 아닌 오사카에서 황급히 보내온 긴급 전보였다.

안창남의 생사

그로부터 열흘 남짓 지난 9월 14일 충격적인 뉴스가 조선에 전해졌다. 아홉 달 전 고국 방문 비행을 무사히 마치고 도쿄로 돌아간 '천재 비행사' 안창남의 부고 기사였다. 그로 인한 충격을 드러내듯 《동아일보》는 1923년 9월 14일 3면에 굵은 글자로 〈안창남 씨 사거〉란 제목과 사진을 넣어 갑작스러운 비보에 놀라움을 표현했다.

도쿄 후카가와구 스사키의 일본항공학교[10] 교원으로 있던 1등 비행사 안창남 씨는 금번 진재 중에 사망했다더라.
-《동아일보》 1923년 9월 14일

《동아일보》는 이튿날인 15일엔
〈사거를 전하는 안 씨, 22세의 단촉
短促한 일생: 조선의 과학상 위대한
공로자, 비행기술은 일인도 감탄〉이
라는 제목의 짧은 일대기를 실었다.

《동아일보》 1923년 9월 14일
안창남이 간토대지진에 휩쓸려 사망했다
는 부고 기사. 나중에 오보로 확인된다.

> 조선의 비행사 안창남 씨가 이번 재
> 변 중에 무참히 죽었다는 도쿄의 전
> 보는 필경 우리에게 야속한 소식을
> 전하고 말았다! 아직도 우리의 가슴
> 에는 그가 설마 참으로 불행했으랴
> 하는 생각이 사라지지 아니한다. 안
> 씨의 죽음은 실로 민족의 대손실이다.
> -《동아일보》 1923년 9월 15일

기자들이 앞다퉈 서울 수송동에 살고 있던 안창남의 누나 안창화의
집을 찾았다. 어린 나이에 부모를 잃고 남편과도 사별[11]한 뒤 유명인이
된 동생만을 바라보며 살아온 안창화는 "내 동생 어디 갔니", "내 동생
내놓으라"며 "거의 실신한 사람처럼 울며불며 몸부림"을 쳐 주변에서
"그 참혹한 형상을 차마 볼 수 없었"다.

안창남과 특별한 인연이 있는 동아일보사는 죽음의 진상을 확인하
기 위해 현지에 취재팀을 급파했다. 특파원으로 나선 이는 편집국장

이상협李相協[12]이었다. 23일 이상협이 도쿄에서 보내온 전보에 따르면 안창남은 간토대지진이 있기 두 달 전 병에 걸려 도쿄 간다구에 있는 병원에 입원 중이었다. 병이 거의 완치돼 퇴원하려던 무렵 갑작스러운 지진으로 숨졌다는 것이다.[13] 사람들은 '천재 비행사'의 요절에 가슴을 쳤다.

조선 전체를 경악하게 한 안창남 사망 1보가 전해진 지 5일 만에 후속 보도가 나왔다. 이번엔 낭보였다. 죽은 줄로만 알았던 안창남은 살아 있었다. 이번에도 기사를 보내온 이는 이상협 특파원이었다.

안창남 씨 무사판명
진재 중 군마현 마에바시로 피난했다가 일시 사거설을 전해 일반의 가슴을 놀라게 했던 비행사 안창남 씨는 진재가 있던 즉시 군마현으로 무사히 피난했다가 9월 25일에 도쿄로 돌아왔음.
-《동아일보》1923년 9월 28일

생존 사실은 확인됐지만 대지진 중에 안창남의 신상에 뭔가 심상치 않은 일이 벌어졌음이 분명했다. 그에게 어떤 일이 벌어진 것일까. 왜 사망 보도가 나왔으며, 또 어떻게 살아 돌아온 것일까.

일본의 프롤레타리아 시인 쓰보이 시게지壷井繁治[14]는 1948년 〈주고엔+五円 고주센五十錢〉이란 이름의 장시를 발표했다. 이 시엔 그가 1923년 9월 1일 간토대지진 직후 몸소 경험한 조선인 학살과 관련한 참상이 서글픈 필치로 잘 표현돼 있다.

대지진이 발생하다

주고엔 고주센

...

기차가 역에 도착할 때마다

칼을 꽂은 총이 홈에서 차 안으로 들여다본다

수상한 인간이 몰래 숨어 있는지

저것은, 도대체 어느 역이었을까

우리들의 열차는 어떤 작은 역에 멈추면서

말했듯이 검을 꽂은 총을 멘 병사가 차내를 검색하러 들어왔다

그는 소처럼 큰 눈을 갖고 있었다

그 큰 눈으로 차내를 힐끔힐끔 눈알을 돌려 대더니만

갑자기 내 곁에 쪼그리고 있는 시루시반탱印半纏[15]을 입은 남자를 가리켜

소리 질렀다

-주고엔 고주센이라고 해 봐!

손짓 당한 그 남자는

군인의 질문이 너무도 갑작스러워

그 의미를 그대로 알아듣지 못해

잠깐, 멍하게 있었지만

곧 확실한 일본어로 대답했다

-주고엔 고주센

-좋아!

칼을 총에 꽂은 병사가 사라진 뒤에

나는 뒤에 남자의 얼굴을 곁눈질로 보면서

주고엔 고주센

주고엔 고주센

이라고 몇 번씩이나 마음속으로 반복해 보았다

그래서 그 질문의 의미를 겨우 이해할 수 있었다

아아, 젊은 그 시루시반텡이 조선인이었다면

그래서 "주고엔 고주센"을

"츄코엔 코츄센"이라고 발음했더라면

그는 그곳에서 곧 끌어내려졌을 것이다

나라를 빼앗기고

말을 빼앗기고

마침내는 생명까지 빼앗긴 조선의 희생자여

나는 그 수를 셀 수가 없구나

그로부터 벌써 24년이 지났다

그래서 그 뼈들은

이제 흙이 되어 버렸을까

가령 흙이 되었더라도

아직 사라지지 않은 증오에 욱신거리고 있을지도 모르지

대지진이 발생하다

당신들을 그리워하며

여기에 모인 우리들 마음의 쓰라림과 함께

당신들을 죽인 것은 구경꾼이라고 할까?

구경꾼에게 죽창을 갖게 하고, 소방용 손도끼를 쥐게 하고, 일본도를 휘둘

게 한 자는 누구였을까?

나는 그것을 알고 있다

"쟈부통"이라고 하는 일본어를

"사후통"으로밖에 발음할 수 없었던 탓에

칙어勅語를 읽게 해서

그것을 읽을 수 없었기 때문에

그저 그것 때문에

무참히 살해된 조선의 친구들이여

그대들 자신의 입으로

그대들 자신이 살아 있는 몸으로 겪은 잔학함을 이야기할 수 없다면

그대들을 대신하여 말할 자에게 전하시오

지금이야말로

강제로 강요되었던 일본어 대신에

다시 탈취한

부모로부터 받은

순수한 조선어로[16]

간토 지역을 강타한 엄청난 지진과 뒤이은 화재로 도쿄가 잿더미로 변하고 있던 1일 오후부터 도쿄 시내엔 유언비어가 돌기 시작했다.

요코하마 방면에서 센징鮮人[17]이 무리 지어 밀려오고 있다!
메구로경마장 부근에 삼사백 정도의 '불령선인不逞鮮人'이 모여 뭔가 불온한 기세를 올리고 있다!
센징이 집집마다 우물에 독약을 던져 놓고 있으니 먹는 물을 주의하라!
사회주의자가 폭동을 일으키려고 하니 경계하라!

지진이 도쿄를 강타한 다음 날인 1923년 9월 2일 당시 와세다대 영문과 학생이었던 스물여섯 살의 쓰보이는 친구의 안부를 확인하기 위해 대학 근처 하숙촌인 신주쿠 우시고메벤텐초에 있던 친구 집을 찾았다. 그곳에도 이미 조선인들이 난동을 피운다는 소문이 쫙 퍼져 있었다. 쓰보이는 친구와 함께 하숙집에서 나와 대혼란에 빠진 도쿄의 거리를 걸었다. 그가 목격한 것은 지진의 참혹함과 '총검'으로 무장한 군경이 내뿜는 살기였다. 다리를 건너려는데 그 앞에 설치된 계엄둔소屯所에서 한 병사가 일행을 불러 세웠다.

"이봐! 거기 서!"
검을 꽂은 총을 어깨에 멘 병사가 물었다.
"네놈! 센징이지?"
"아니요, 일본인입니다. 일본인입니다."

대지진이 발생하다

도시 곳곳에 배치된 일본 기병이 오가는 이들을 감시했다. 온 도시에 살기가 등등했다. 그는 또 다른 친구의 하숙집에서 "어디선가 조선인 한 무리가 철사로 줄줄이 묶여 시냇가 한가운데 처박혀 죽어 간다"는 소문을 들었다. 쓰보이는 이 상황에서 쏘다니면 위험하다는 생각에 서둘러 자신의 하숙집으로 발길을 돌렸다. 그는 귀갓길에 소방용 손도끼(鳶口)가 등 한복판에 꽂힌 채 숨져 있는 '조선인 노동자'로 보이는 남자의 주검을 발견했다.

쓰보이가 지진과 뒤이은 화재로 폐허가 된 도쿄를 벗어나 지방으로 피난을 떠난 것은 그로부터 나흘 뒤인 9월 5일이었다. 그는 도쿄 기타구 다바타역에서 피난열차에 오른 뒤 정차한 한 작은 역에서 일본 병사와 한 사내 사이에 벌어진 '주고엔 고주센' 소동을 목격하게 된다.

조선인 당사자의 눈에 비친 9월 1일의 풍경은 어땠을까. 신주쿠로 가는 열차 안에서 지진을 만난 최승만은 마음을 진정한 뒤 일터인 조선기독교청년회 회관으로 이동을 계속했다. 회관 건물의 상태와 그곳에 머물던 하숙생들의 안부가 걱정됐기 때문이다. 신주쿠역에서 도보로 간다 근처까지 도착했지만 거센 연기와 불길로 더는 접근할 수 없었다. 간다 쪽 피난민이 몰려든 곳은 근처의 야스쿠니신사 광장이었다. 최승만은 그곳에서 평소 안면이 있던 조선인 청년 우호익禹浩翊을 만났다.

"다들 무사하셨소? 우리 회관은 어찌 되었죠?"
"기숙사에 있던 사람들은 다 일이 없었으나 회관은 모두 타 버렸습니다."

최승만은 야스쿠니신사가 있는 구단자카에서 내려와 재차 회관의 상황을 확인하려 애썼다. 가까스로 근처까지 접근해 보니 우호익의 말대로 건물은 모두 타 버리고 앙상한 뼈처럼 기둥 한 개가 남아 타고 있었다.[18]

당시 도쿄 유학생 사회에서 최승만이 맡고 있던 조선기독교청년회 총무의 존재는 절대적이었다. 유학생들은 기쁘거나 슬픈 일이 있으면 조선기독교청년회관에 모여 울고 웃었으며, 난처한 문제가 생기면 먼저 총무와 의논했다. 이처럼 조선기독교청년회관 총무는 유학생들이 믿고 의지할 수 있는 아버지이자 형, 오빠 같은 존재였다. 최승만은 회관에서 기숙하던 조선인 청년들을 자신의 집이 있는 나가사키마치에 데려가 함께 머물며 당분간 사태를 지켜보기로 했다.

지진과 화재로 대혼란에 빠진 도쿄 시내를 가로질러 걷다가 최승만 일행은 자신들을 바라보는 일본인들의 미묘한 시선을 감지하기 시작한다. 일행을 노려보는 남자들의 손엔 예외 없이 죽창·철봉·톱·낫 등의 흉기가 들려 있었다. 두세 시간 발걸음을 재촉해 집에 도착했을 무렵 날은 이미 어둑해져 있었다.

집을 50~60미터 정도 앞둔 지점에서 자신들을 재향군인·자경단·청년단이라 밝힌 이들이 커다란 등불을 들고 일행을 가로막았다. 이들은 일행을 집 마당으로 끌고 가 번호를 부르게 했다. 새로 이사 간 2층 목조 집은 지진으로 무너진 뒤였다. 최승만은 "무슨 일로 이러느냐"며 항의했지만 죽창을 든 이들은 대꾸하지 않았다.

잠시 후 남자들은 조선인 무리를 한쪽으로 이끌었다. 최승만은 "아무 죄 없는 우리를 저희들이 어떻게 하랴"고 생각했지만 이들이 내뿜는 살기에 압도돼 최악의 상황을 각오할 수밖에 없었다. 오래 길을 걸은 뒤라 피곤마저 온몸을 덮쳐 왔다. 최승만 일행은 자경단에 이끌려 인가 없는 어둑한 길을 한참이나 걸었다.

한 시간 이상 걸어 도착한 곳은 '천만다행'히도 '어둑한 공터'가 아닌 이타바시경찰서였다. "꽤 큰 2층집"이었던 경찰서는 마을 자경단에게 끌려 들어온 조선인들을 군말 없이 받아들였다. 경찰은 일행을 경찰서 강무당(체육관)의 너른 다다미방에 수용했다. 이어 한 사람 앞에 주먹밥 두 개와 된장을 지급했다. 일행은 허겁지겁 주먹밥을 받아먹었다. 길고 길었던 9월 1일이 마무리되고 최승만 일행이 '운 좋게' 목숨을 건지는 순간이었다.[19]

대지진이 발생한 1923년 9월 1일 일본 치안의 총책임자였던 이는 미즈노 렌타로水野鍊太郎 내무대신(한국의 행정안전부 장관)과 아카이케 아쓰시赤池濃 경시총감(한국의 경찰청장)이었다. 둘이 한 부서에서 손발을 맞춘 것은 이번이 처음이 아니었다. 둘은 3·1운동 직후인 1919년 9월 조선에 부임해 조선총독부 정무총감과 그 밑의 경무국장으로 3·1운동의 처리 과정을 담당한 '조선통'이었다. 대지진이 발생한 뒤 이들이 가장 먼저 확인한 것은 "폐하의 옥체가 안전한가"였다. 이들은 황거로 뛰어가 다이쇼 천황을 만난 뒤 "감격을 이기지 못하고 무사하심을 축하"했다.

천황은 무사했지만 도쿄의 상황은 절망적이었다. 미즈노와 아카이케가 우려한 것은 화재보다 치안 공백이었다. 1일 오후 도쿄 시내

63개 경찰서 가운데 25개가 불타거나 무너진 상태였다. 둘의 머릿속 엔 1918년 7~9월 일본 전역을 떠들썩하게 한 '쌀폭동'[20]과 3·1운동의 끔찍한 기억이 떠올랐다. 게다가 미즈노 내무대신에겐 떨쳐 내기 힘든 악몽이 있었다. 사이토 신임 총독과 1919년 9월 2일 남대문역에 도착한 직후 조선 노인 강우규姜宇奎(1855~1920)가 던진 폭탄에 큰 부상을 당했기 때문이다. 이 폭발로 현장을 취재하던 《오사카아사히신문大阪朝日新聞》기자 다치바나 고키츠橘香橘와 일본 경찰 스에히로 마타지로末弘又二郎가 숨졌다. 미즈노는 생각했다.

조선인들이 이 무질서를 기회로 삼아 일본인에 대한 복수에 나선다면 어떻게 할 것인가.

도쿄를 폐허로 만든 불길은 일본 경찰의 심장부인 경시청 건물까지 집어삼켰다. 오후 2시께 경시청 건물이 불길에 휩싸이자 히비야공원 앞 유라쿠몬에 있는 도쿄부립 1중학교에 임시청사를 만들었다. 지진과 치안 공백이란 '국난의 위기'에 대응하기 위해 긴급 내각회의가 열렸다. 회의가 끝난 뒤 내각은 오후 4시 수도 방위를 담당하는 모리오카모리시게森岡守成 근위사단장에게 도쿄로 출병할 것으로 요구했다. 그리고 그다음 날인 2일 미즈노 내무대신은 담화문을 통해 〈계엄령〉을 발동했다는 사실을 알린다. 그 내용이 사뭇 시사적이다.

다음 날 아침(9월 2일-옮긴이)이 되니 인심이 흉흉한 가운데 어디서부터인

지도 모르게 생각지도 못한 조선인 소요까지 발생했다. 오키 (엔기치 大木遠吉 - 옮긴이) 철도대신 같은 이도 '조선인이 공격해 온다는 소문이 한창 다마강변을 소란스럽게 하고 있다'는 소식을 가지고 왔다. 급히 경시총감 (아카이케 아쓰시 - 옮긴이)을 불러 물어 보니 그러한 유언비어가 어디서부터라고 할 것 없이 떠돌아다니고 있다고 했다. 그렇다면 어떻게 조처할 것인가. 경우가 경우인 만큼 여러 가지로 생각해 보았지만 결국 〈계엄령〉을 시행할 수밖에 없다고 결정했다.[21]

미즈노 내무대신이 담화문이란 공식문서에서 〈계엄령〉을 발동해야 하는 명분으로 내세운 것은 '조선인의 소요'였다. 평소 조선인에 대한 차별과 멸시의식을 품고 있던 일본인들이 이 담화를 보고 어떻게 행동할지는 뻔한 일이었다. 이들은 '언제 공격해 들어올지 모를' 조선인들에게서 자신의 안전을 지키기 위해 끔찍한 예방 조처에 나서기 시작한다. 이는 곧 무차별 살육을 의미했다.

하루 뒤인 3일 오전 6시 고토 후미오後藤文夫 내무성 경보국장이 이 흐름에 기름을 부었다. 그는 각 지방에 "도쿄 부근의 지진을 이용해 조선인들이 각지에서 방화하고 불평의 목적을 수행하려 하고 있다"며 "각지에서는 충분하고도 면밀한 시찰을 더하고 조선인의 행동에 대해서는 한층 더 엄밀히 단속하라"는 통달을 내렸다. 이 통달을 접수한 각 지역에선 말단 행정조직까지 동원해 본격적인 '조선인 사냥'에 나섰다.

미즈노 내부대신이 〈계엄령〉을 발령한 2일 안창남은 도쿄 스미다 강 언저리에 머무르고 있었다. 안창남의 사망 소식을 전했던《동아일보》 보도대로 안창남은 대지진이 발생하기 3주 전인 1923년 8월 건강이 악화돼 도쿄 교바시 이케다병원에 입원 중이었다. 지진이 발생했을 때 안창남은 병실에서 친구, 옆방 환자, 간호사 등과 점심을 먹으려던 참이었다. 느닷없이 시작된 진동은 쉽게 그치지 않았다. 점점 진동이 커지며 방바닥이 들썩거리고 방 네 귀가 어긋나기 시작했다. 창문으로 병원 앞에 있던 3층 벽돌집이 무너지는 모습이 보였다. 놀란 네 사람은 밖으로 나가지 말고 방 안에서 죽더라도 같이 죽자고 약속했다.

하지만 진동이 그치자 일행은 안전한 곳을 찾아 거리로 뛰쳐나갔다. 거리는 이미 피난민으로 가득 차 있었다. 인파 속에서 "돌아가는 지진(여진-옮긴이)이 또 있을 것이고 의례히 불이 날 것"이라는 목소리가 쏟아져 나왔다. 안창남은 주변을 흐르던 하천에 빈 배가 정박해 있는 것을 보고 그리 뛰어들었다. 안창남이 지진을 만난 것이 교바시기 때문에 이 하천은 그곳에서 동쪽으로 1킬로미터 정도 떨어진 스미다강으로 추정된다.

안창남의 뒤를 따라 병원에 함께 있던 환자와 간호사 몇 명이 배에 올랐다. 얼마 지나 스미다강을 따라 쓰나미가 밀려 왔지만 수위가 높지 않아 큰 피해는 없었다. 1일 밤 일행은 온통 불바다로 변한 육지로 상륙하는 대신 상대적으로 안전한 강기슭인 시나가와와 시바우라 부근에서 보냈다.

2일 정오께 안창남 일행은 식량을 얻기 위해 시나가와에 배를 댔다. 오후 2시가 되자 소방대의 종소리가 사방에서 요란하게 울렸다. 종소리에 놀란 피난민은 다시 해안 쪽으로 밀려났다. 아직 도쿄를 휩쓸던 화재가 잡히기 전이었기 때문에 처음엔 이 소동이 불 때문인가 생각했지만 다른 이유가 있었다. 안창남과 인터뷰한 것을 토대로 그의 조난기를 기사화한 《동아일보》는 종소리의 이유를 "어떠한 일이 생겼기 때문"이라고만 설명했다.

안창남 일행은 다시 배에 올랐다. 이때쯤 되어 안창남은 자신을 둘러싼 '불온한 공기'를 눈치챘을 것으로 보인다. "청년단인지 누구인지 알 수 없는 사람들"이 배에 다시 오르려는 안창남을 상대로 "조사를 너무 심하게" 했기 때문이다. 화가 난 안창남은 "나는 이제 그만이다!"라고 화를 내며 배를 타고 스미다강으로 빠져 나왔다. 불안해진 안창남은 2일 밤에도 뭍에 오르지 않고 배 위에서 날을 보냈다. 그리고 이튿날인 3일 다른 환자들과 함께 시나가와병원에 수용된다.

지진 직후 안창남이 머물던 시바우라와 시나가와의 분위기는 어땠을까. 시바우라에서 민간 피난소를 만들어 피난민을 돕던 이마이 아키라今井諦의 증언이다.

2일 저녁 무렵 갑자기 조선인 폭동문제와 관련한 유언비어가 시시각각 전해져 왔다. 이 소식은 수용돼 있던 이재민의 마음에 공포감을 안겨 줬다. 큰 길가나 철도 주변 등 폭도의 주력이 습격할 만한 곳은 방어단과 충돌·교전하는 지역이 될 거라 생각했다. 그러나 '배로도 온다'는 얘기를 들었을 때는 방어 병력이 부족해 우리 집의 안전을 보장할 수 없다는 생각이 들어 혼란스러웠다.[22]

배를 타고 시바우라에 상륙한 안창남을 청년단이 호되게 취조한 이유를 짐작할 수 있다. 부친이 시나우미병원장이었던 쓰게 히데오미柘植秀臣의 증언이다.

2일 조선인 소동이라는 유언이 전해져 왔다. 저녁 4시께 조선인이 대거 가와사키 방면에서 밀려온다는 소문이 시작됐다. 조선인을 경계하라고 자경단원이 소리치며 다녔다. 어떤 사람은 칼을 빼 들고 어떤 이는 죽창이나 쇠갈고리를 들고 도로를 우왕좌왕했다. 밤이 되자 광란이 점점 더 심해졌다. 자경단원과 재향군인이 친구와 나에게 주변 공터나 묘지 등에 조선인이 몰래 있을지 모른다고 둘러보라고 했다. … 2일 오후부터 전해진 조선인 폭동 소문 때문에 생겨난 희생자가 속속 병원으로 (이송돼-옮긴이) 들어왔다.[23]

조선인을 노리는 살벌한 분위기 속에서 안창남은 "어찌할 수 없이" 안도 마사오安藤昌男란 이름으로 일본인 행세를 시작했다. 안창남은 시나가와병원에서 3~4일을 지냈지만 더는 "있지 못할 형편이 되어 이제는 어디로 갈지를 모르"는 절체절명의 위기에 내몰렸다. 주변 일본인들이 그가 조선인이란 사실을 눈치채기 시작했던 것 같다. 그 순간 안창남은 생명의 은인을 만났다. 같은 병원에 입원해 있다가 이곳까지 함께 온 다케다竹田라는 일본 청년의 아내가 도움의 손길을 뻗친 것이다. 그는 안창남이 "조선 사람인 것을 알고 살아날 도리가 없는 것을 동정"했다.

"자 안도 씨 별 수 없으니 나와 같이 갑시다. 나와 같이 부부처럼 하고 갑시다."

"그렇게 합시다."

안창남은 고맙다는 말을 할 겨를도 없이 그의 제안을 받아들였다. 안창남은 다케다 부인과 함께 상인으로 변장한 뒤 시나가와에서 차를 타고 7일[24] 군마현 마에바시에 있는 다케다의 집에 도착했다. 지진이 발생한 지 6일째 되던 날이었다. 안창남은 마에바시에서 3주 동안 머무르며 학살 소동이 잦아들길 기다렸다. 자칫하면 생명을 잃을 수 있다는 두려움 때문에 "3주나 머문 집 주인에게도 자기가 조선 사람인 것을 알리지 않"았다. 이런 사정으로 "아무 데도 통신할 자유가 없어 도쿄에서 죽었다는 소문이 난 것"이었다.

시간이 흐르며 일본 경찰도 '조선인 폭동설'이 사실무근이며 무고한 학살이 감당할 수 없을 정도로 커지고 있다는 사실을 깨달았다. 지진이 발생하고 '며칠'이 지나 〈계엄령〉 선포의 주역이었던 아카이케 경시총감이 이타바시경찰서에 수감 중이던 최승만을 불러냈다.[25] 최승만은 "비가 부슬부슬 내리는 오후 퍽 음산한 날"이었던 그날의 날짜를 기억진 못했다. 경찰서에 갇혀 외부 사정을 알 수 없었던 최승만은 아카이케 경시총감이 보낸 자동차를 타고 이동하며 전멸된 도쿄 시내를 처음으로 목격했다. 최승만을 태운 자동차가 도착한 곳은 경시청이 임시청사로 쓰던 도쿄부립 1중학교였다.

아카이케는 최승만을 보자 친절한 태도를 보이며 "유언비어가 널리

퍼져 우리나라(조선-옮긴이) 사람에게 해를 많이 끼쳐 미안하다. 경시청에서 이 일을 막기 위해 몹시 애를 쓰고 있다"고 말했다. 최승만은 아카이케의 이 발언이 "자기들이 저질러 놓은 일이 의외로 크게 번지자 당황한 나머지 변명을 하고자 시침을 뚝 떼고 아니한 척하는 간특한 꾀"임을 간파했다. 최승만은 아카이케가 권하는 물과 밤이 늦었으니 "자고 가라"는 권유를 모두 거절하고 경찰서로 돌려보내 줄 것을 요구했다. 아카이케는 경시청 자동차를 내주며 경관 한 명에게 최승만을 배웅하게 했다.

귀갓길은 죽음의 길이 됐다. 자동차의 전조등 불빛을 확인한 청년단·재향군인·자경단 등이 히비야부터 100미터씩 간격을 두고 길을 막으며 조선인이 없는지 검문을 시도했다. 그 때문에 최승만은 "몇십 번이나" 자경단의 거친 검문을 받아야 했다. 일본 경찰이 동행하고 있는데도 몇몇 검문소에선 죽창을 든 이들이 차 주변을 에워싸고 "조선인을 내리게 하라", "우리한테 넘겨라"라고 고함을 질러 댔다. 일본 군중이 차 문을 열고 들어와 최승만의 양복 자락을 붙잡고 끌어내리려 한 적도 있었다. 함께 탑승한 일본 형사가 "조선인이 아니다"라고 큰 소리로 만류해도 소용없었다.

최승만은 모든 것을 포기하고 "이미 죽을 바에야 꼴 흉하지 않게 죽자"라고 각오했다. 견디다 못한 운전사가 군중을 헤치며 거칠게 차를 몰아 위기에서 벗어났다. 최승만이 차 없이 혼자 경찰서로 돌아오려 했다면 일본도에 베이거나 죽창에 찔려 살해당했을 것이다.

최승만 일행이 경찰서에 머문 시간은 지진 발생 이후 총 30일 동안이었다. 최승만은 이후 "다른 데 있었더라면 혹 무슨 위험한 일이 있었을지 몰랐다. 경찰서에 있었던 게 잘됐다"라고 당시를 회고했다.

총독부의 입막음

도쿄 주변에서 발생한 끔찍한 학살 관련 소문이 조선에 전해져 오자 조선총독부는 정보 통제를 시도한다. 이를 위해 6일부터 조선인들의 일본 도항을 일시 금지하고 현지에서 피난 온 이들에게 철저한 함구령을 내린다.

수법은 일본 특별고등경찰의 특기인 '일대일' 전담이었다. 품은 들지만 효과는 확실한 방법이었다. 마루야먀 쓰루키치丸山鶴吉 정무총감은 7일 밤 부산 경찰서장이 대지진 이후 피난을 오는 조선인을 어떻게 다루면 좋겠냐고 전화로 질의하자 "조선인 특히 배일사상이 농후한 유학생들이 도시에 들어가 선전선동을 해 혼란을 일으킬 가능성이 있다"고 경계하며, 이들이 도시로 가지 못하게 부산에 도착하는 즉시 '무료'(!)로 기차에 태워 고향에 가게 하고 각 관할 경찰서에 이들의 도착 시각을 알려 현지 경찰이 인수하게 했다. 고향에 돌아간 뒤에는 현지 경찰이 각 가정을 직접 찾아가 이들이 도시로 나가거나 지진에 대해 발언하지 못하도록 강력한 주의를 주게 했다.[26] 그뿐만이 아니었다. '소동의 정보'를 듣고 분노해 대중을 선동하고 동란을 일으킬 가능성이 있는 각 지방의 이른바 '지사적 인물'까지 감시 대상을 확장했다. 각 경찰

서장에겐 이들이 도시로 이동하지 못하게 하고, 이동하면 체포하라고 명령했다.[27]

간토대지진을 직접 겪은 이들 가운데 가장 먼저 조선에 피난 온 이는 메이지대 유학생 한승인韓昇寅이었다. 지진으로 하숙집이 불타자 한승인은 이런 상황에서 "반년 내엔 개학이 불가능할 것"이라고 판단하고 귀국을 결심했다. 호주머니에 '땡전 한 푼' 남아 있지 않은 절박한 상황에서 한승인은 친구 이주성李周盛과 함께 조선을 향한 '무전無錢 피난길'에 나섰다. 한승인은 여러 선량한 일본인의 도움으로 여러 차례 죽을 위기를 넘겨 가며 5일 부산에 도착했다. 시모노세키를 출발해 부산으로 향하는 부관연락선에서 일본 고등계 형사들은 한승인에게 "지진에 관한 유언비어가 많이 떠돌고 있으니 말을 삼가라"[28]고 경고했다.

한승인을 태운 경부선 열차는 6일 오전 해뜰 무렵 경성에 도착했다. 한승인과 이주성은 한 기자의 안내를 받아 동아일보사로 이동했다. 일행을 맞은 송진우 사장은 "도쿄에서 경험한 사실을 하나도 빼놓지 말고 다 이야기하라"고 권한다. 한승인 등은 현장을 지키고 선 고등계 형사들의 날카로운 눈초리를 의식하면서도 "잔인무도한 악성 일본인의 한국인 학살을 폭로할 자리가 바로 여기"라는 생각에 자신들이 지금까지 겪은 참상을 모두 털어놓았다.

《동아일보》는 이 인터뷰 내용을 '호외'로 찍어 보도했지만, 총독부의 검열로 조선인 학살과 관련한 부분은 대거 삭제됐다. 한승인과 이주성은 이날 오후 8시 조선기독교청년회관에서 〈관동대지진 경험담〉 강연회를 열어 진실을 폭로하기로 결심한다.

행사장으로 이동하려는 이들을 막아서는 이들이 있었다. 종로경찰서 형사들이었다. 형사들에게 끌려 경찰서에 도착하니 "머리를 죄수처럼 깎아 버리고 얼굴에 독기가 가득한 마흔 살가량의 일본인" 서장[29]이 두 젊은이를 강하게 질타했다. 그는 "간토대지진에 대한 허위선전을 하고 다니는 악질분자"는 당장 "중형에 처해야 하지만 정상을 참작해 용서한다"며 "당장 고향으로 돌아갈 것"을 명령했다. 결국 그날 밤을 경찰서에서 보낸 한승인은 다음 날 사복형사의 호송을 받으며 고향으로 쫓겨났다.[30]

조선총독부의 정보 통제가 이어지던 10월 3일 아침 안창남은 부관연락선 게이후쿠마루를 타고 부산에 입항했다. 일본 경찰은 '요시찰 인물'의 움직임을 철두철미하게 감시했으니 당대 유명 인사인 안창남에게도 전담 인원이 붙었을 것이다. 다만 관할구역을 넘지 않는다는 요시찰 원칙상 도쿄에서 경성에 이르는 장거리 구간엔 '일대일'과 '지역방어'를 적절히 혼용했다.

지역방어가 이뤄지는 방식에 대해 같은 요시찰 인물이던 방정환이 재미있는 회고를 남겼다.

제일 불쾌한 꼴을 보게 되는 것은 여행을 할 때다. 귀국할 때는 도쿄역에서 경성역까지 한 사람의 형사가 줄곧 붙어 오지 않고 전선을 몇 구역으로 나누어 이 구역 형사가 다음 구역까지 가서 그곳 형사에게 넘겨주고 받고 하는고로 재미도 있지만 몹시 불쾌한 꼴을 보는 것이었다. 도쿄에서 몇 시발몇 호 열차에 타는 줄 알면 도쿄에서 경성까지 여러 구역의 각 적임 경찰서에서 일일이 전보를 치든지 전화를 하든지 '모일 모시 도쿄발 모열차에 주의 인물이 타고 가니 받아넘길 준비를 하라'고 예통豫通하는 모양이었다.

－《별건곤》3, 1930

3일 오전 9시 부산발 급행열차를 탄 안창남은 오후 6시 50분에 경성에 도착했다. 안창화는 살아 돌아온 동생의 손을 잡고 아무 말도 못하고 눈물만 흘렸다.[31] 안창남은 환영 인파를 뒤로 하고 일단 서대문 밖 미근동 친구 집으로 들어갔다.

《동아일보》는 5일 당시 안창남의 모습에 대해 "진재 중에 여러 가지 고생을 했지만 원기는 매우 왕성해 보였다"라고 묘사했다. 그러나 다음 날인 6일엔 총독부의 보도 통제를 피해 안창남이 조선인으로 몰려 학살당할 위기에 빠졌었다는 사실을 암시하는 인터뷰를 실었다. 그에 비해 《매일신보》는 5일 〈양 볼에 웃음을 띠고, 왕성한 원기로〉라는 제목의 기사에서 안창남이 "서대문 밖 미근동"의 친구 집에 들어갔다는 소식을 단순 소개하고 만다. 안창남은 귀국하는 이유를 묻는 《매일신보》기자의 질문에 "누나를 안심하게 하기 위해 시급히 떠나왔다. 아직 알 수 없지만 1~2개월 안에 (도쿄로-옮긴이) 다시 돌아가겠다"고 말했다.

겉으론 태연한 척했지만 안창남의 마음속엔 죄 없는 조선인을 무자비하게 학살한 일본에 대한 분노가 들끓고 있었다. 이에 대해 류기석은 다음과 같이 기록했다.

日本人으로變裝하고

◇安昌男氏經驗談◇

四人이坐而待死

船便으로芝浦에

虎口에서虎口에

商人으로變裝하고

通信도不自由하야

包圍中의犯人

警戒線을

金相玉同志는
二人샷

《동아일보》1923년 10월 5일
간토대지진에서 구사일생으로 살아남은 안창남이 경성에 도착했다. 누나 창화가 그를 맞이하고 있다.

1921년 9월 1일 일본 간토 지역에 대지진이 발생했다. … 일본 정부는 기회를 타 조선인과 사회주의자를 살육하기 위해 '불법의 조선인이 우물에 독을 넣고 폭동을 일으켰다'는 유언비어를 퍼뜨렸다. 그리하여 무지한 시민은 그대로 믿고 '자위단'을 조직해 일본도와 죽창을 들고 조선인을 보면 바로 살해했다. 그 결과 수천 명의 조선인이 참살됐다. 당시 폭도가 사방에서 나타나 안창남을 찾았다. 그러나 안창남은 계속해 일본 친구 집에 숨어 있어서 화를 면했다.

원래 안창남은 단순한 청년으로 소년 시기에 받은 것은 일본 제국주의의 식민교육이었다. 그는 조선의 역사·지리를 읽어 본 경험이 없었다. 그러나 일본 사회 곳곳에 나타난 민족 차별대우와 식민지 민중을 박해하는 야만 때문에 그는 점차 조선 민중의 적이 누구인가 인식하게 되었다. 그가 매번 우승[32]했을 때 조선 민중은 남녀노소를 막론하고 그렇게 열정적으로 그를 찬양했지만, 일본인은 그에게 냉혹하고 무정했으며 심지어 그를 살해하려고 했다. 그러므로 그의 머릿속에는 점차 민족의 자각성이 살아났으며, 생활 속에서도 조국을 사랑하는 마음이 표현되었다.[33]

안창남이 숨진 뒤인 1930년 5월 《삼천리》 기자 김동진金東進은 이 무렵 안창남의 모습을 회상하는 짧은 기록을 남겼다. 신문기자가 되어 D사(동아일보사)에 입사한 지 이틀째 되던 날이었다. "맑게 갠 하늘 아래 가을바람이 가벼이 어깨를 쳤"던 상쾌한 날이었다.

"비행사 안창남 군이 귀국해 안국동에 있다 하니 인터뷰하고 와요." 사회부 책임자의 지시를 받고 난생 처음 인력거를 타고 도착한 집

엔 "선이 뚜렷뚜렷하게 생긴 청년 하나"가 서 있었다. 안창남은 취재차
방문한 김동진에게 다시 "애기愛機를 가지고 고국 방문 비행을 통해
13개도의 상공을 주유한 뒤 서울에다 비행학교를 만들어 후진을 양성
하겠다"고 포부를 밝혔다.

> 김동진: 그러다가 비행학교가 뜻과 같이 잘 안 되면요?
> 안창남: 그런다면 가 버리지요.
> 김동진: 어데, 또 일본으로?
> 안창남: 아녀요. 그러나 아직 묻지 마세요.
> ─《삼천리》6, 1930

안창남이 가 버린다고 한 곳은 일본이 아니었다. 길고 가망 없는 고
통이 기다리는 땅, 중국 대륙이었다.

간토대지진과 조선인 학살

1923년 9월 간토대지진 직후 조선인에 대한 광범위한 학살이 발생한 이유는 뭘까. 크게 두 갈래 설명이 가능하다.[*]

첫 번째는 대지진이란 극한 상황에서 일본인이 조선인에 대해 갖고 있던 편견과 차별의식이 극단적인 행태로 분출됐다는 설명이다. 이에 따르면 학살은 일본 민중이 자연발생적으로 일으킨 '우발적 사고'가 된다.

실제 그런 측면이 있었다. 조선이 일본에 강제병합된 뒤 적잖은 조선인이 더 나은 임금과 생활조건을 찾아 일본으로 건너갔다. 일본 노동시장에 갑작스럽게 쏟아져 들어온 값싼 조선인 노동력은 일본인 하층 노동자에게 적잖은 생계 위협이 됐을 것으로 보인다. 이런 상황에서 3·1운동이 일어나자 조선총독부는 1919년 4월 경무총감부령 3호 〈조선인 여행단속에 관한 건〉을 통해 조선인의 내지(일본) 도항을 통제했다. 새 제도에 따라 조선인이 일본에 가려면 주거지 경찰서나 주재소의 직인이 찍힌 도항증명서를 발급받아야 했다.

하지만 1차 세계대전 이후 시작된 경제호황으로 일본 내 노동 수요가 다

---

[*]　印藤和寬, 〈研究ノート 關東大震災時の朝鮮人虐殺はなぜ起こったか: 朝鮮獨立戰爭と日本帝國〉, 《教育科學セミナリー》, 關西大學教育學會, 2013.

시 증가한다. 조선인에 대한 도항 제한은 점차 완화되다 1922년 12월 완전 폐지됐다.[*] 그러자 조선인 도항자 수가 또다시 급증했다. 1922년 일본 거주 조선인은 5만 9865명이었지만 이듬해인 1923년엔 8만 617명으로 1년 사이 2만 명 넘게 늘었다.

대지진 당시 도쿄 인근에 살던 조선인은 일부 유학생을 빼고 대개 토목현 장에서 일하던 저임금 노동자였다. 이들은 일본 거주 경력이 짧고 대부분 일 본어를 구사하지 못했다. 이들과 일본인 하층 노동자 사이에 크고 작은 갈등 이 생겨났을 것이고, 이는 조선인에 대한 일본인의 차별과 편견을 강화하는 쪽으로 작용했을 가능성이 높다.

3·1운동 이후 조선을 야만적이고 폭력적으로 묘사하는 일본 언론의 영향 도 상당했다. 일본인에게 조선인은 언제든 위해를 가할 수 있는 '불령한 존 재'였다. 그 때문에 내무성 경보국 특별고등경찰과 내선계는 일본에 사는 조 선인의 동향을 실시간 감시했고 몇몇 학생이 모이는 작은 집회도 불허하며 참가자를 체포하는 등 과잉대응을 일삼았다. 이 같은 차별과 편견의 결과는 조선인 집단 학살이었다.

두 번째 설명은 근본적이다. 간토대지진 연구의 1인자인 시가현립대학 강 덕상 명예교수는 학살은 '조선은 일본의 적'이라 생각했던 일본 지도부가 일 본에 치안상 심각한 위기가 발생하자 혹시 모를 조선인들의 소요 가능성을 사전 차단한다는 명확한 의도를 갖고 유도한 것이라 설명했다.

1910년 8월 한국을 강제병합한 일본은 헌병경찰제도를 통치의 기본으로 삼았다. 이는 조선인에게 '복종이냐 죽음이냐'를 선택하게 하는 가혹한 통치

---

[*] 구교형, 〈부관연락선과 도항증명서 제도〉, 《부관연락선과 부산》, 논형, 2007, 92~94쪽.

였다. 이 구도를 흔든 것이 1919년 3·1운동과 그 뒤를 이은 만주의 무장투쟁이었다.

간토대지진 당시 일본 정부를 이끌고 있던 이들은 3·1운동과 그 이후 만주에서 진행된 조선인의 무장투쟁을 직접 경험했다. 조선인의 소요를 명분삼아 〈계엄령〉을 발동한 미즈노 내무국장은 3·1운동 직후 조선총독부 정무총감, 경찰 통수권자인 아카이케 경시총감은 그 밑의 경무국장으로 재직했다. 지진 당시 일본 육군 1사단장이었던 이시미쓰 마오미 石光眞臣는 3·1운동을 현장에서 겪은 조선총독부 현병사령관(1918년 6월~1919년 8월), 계엄사령부 참모장이었던 아베 노부유키 阿部信行(훗날 조선의 마지막 총독)는 시베리아 출병군 참모장(1918~1919)이었다.

강덕상 명예교수는 "이런 경력의 보유자들이 '적은 조선인'이라고 생각해 계엄 출동을 했으니 아무것도 모르는 조선인은 앉아서 죽음을 기다리기만 할 뿐"이었다고 말한다. 나아가 "조선인은 독립을 위해 투쟁하고 있었다. 그리고 그 투쟁은 제국주의자의 간담을 서늘하게 했다. 만약 이 점을 간과한다면 이 사건(간토대지진 이후 조선인 학살-옮긴이)은 가련한 조선인의 비극으로서 기껏해야 동정의 눈물을 사는 것이 되고 말 것"이라 결론 내린다. 조선은 일본을 상대로 투쟁하고 있었고, 그래서 일본 위정자들에게 체제에 대한 위협으로 인식됐으며, 그 때문에 학살될 수밖에 없었다는 것이다.

간토대지진 이후 학살된 조선인 수는 6000여 명이라는 게 정설이지만 2만명이 넘는다는 주장도 있다. 학살 직후 도쿄 조선기독교청년회 총무로서 이재동포위문반 罹災同胞慰問班에서 피해 조사에 참여했던 최승만은 당시엔 희생자 수를 '5000여 명'이라고 결론 냈다. 그와 함께 조사를 진행했던 한세복은 상하이 임시정부 기관지 《독립신문》을 발행하는 독립신문사 사장 김승학 金承

學에게 희생자 수를 그보다 많은 6661명(부상자를 합치면 약 1만 명)*이라 전했다.

그러나 최승만은 1985년 출간한 회고록에서 좀 다른 주장을 편다. "당시 (위문반이-옮긴이) 조사한 날수가 1개월에 지나지 않았다"며 1923년 말 도쿄와 요코하마 부근에 조선인이 약 3만 명 정도 있었고, 학살 이후 간토 지방 각 지역에 수용돼 있었던 인원이 7580명이었다며 "(3만 명에서 7580명을 뺀-옮긴이) 2만 2420명은 학살당했다고 봐도 과언이라고 할 수 없지 않을까"라고 결론 내린다. 어떤 수치를 택하든 끔찍한 대량 학살이 있었음은 엄연한 사실이다.

어처구니없는 학살이 잦아든 뒤 일본 사회에선 이 사태의 진상을 규명하자는 목소리가 터져 나온다. 최승만에게 학비를 대 주겠다고 제안했던 정치학자 요시노 사쿠조는 1923년 11월 《주오공론中央公論》에서 "살해된 다수는 노동자 등이기 때문에 이름도 알 수 없고 유족도 밝혀지지 않은 경우가 많다. 선인 학살에 대한 내지인의 국민적인 회한을 표하기 위해서라도 어떤 형태로든 구체적 방책을 강구할 필요가 있다"라고 주장했다. 나가이 류타로永井柳太郎 의원도 그해 12월 국회 대정부 질의를 통해 "내각이 유포한 유언비어로 다수의 조선인이 불행한 희생자가 됐다면 이에 대해 애도의 뜻을 밝히고 그 희생자의 유족을 위안하는 게 정부의 도덕적인 책임이 아닌가"라고 물었다. 난처해진 야마모토 곤베에 총리는 "정부는 일어난 일에 대해 목하 조사를 진행 중"이라는 말로 즉답을 피했다. 일본 정부의 침묵은 그로부터 90여 년이 지난 지금까지 이어지는 중이다. 일본 정부가 간토대지진 이후 발생한 조선인 학살에 대해 공식적인 입장을 낸 적은 지금껏 한 번도 없다.

---

* 《독립신문》1823년 12월 5일.

05

일본을
탈출하다

학살 이후
- - - - - - - - - - - - -

1925년 10월 상하이 독립운동가들의 동향 파악에 촉각을 곤두세우던 프랑스조계 담당 일본 헌병대의 정보망에 흥미로운 움직임이 포착된다. 일본 헌병대는 이 정보를 1925년《상하이 프랑스조계 헌병대 월보》 10월호에 〈상하이 재류 선인 정황〉[1]이란 이름의 보고서로 게재했다. 주요 등장인물은 둘이었다. 한 명은 상하이대한인거류민단장으로 상하이 동포 사회에서 중추 역할을 하던 여운형, 또 한 명은 조선이 낳은 '천재 비행사' 안창남이었다.

10월 5일 여운형 씨가 유명한 청년 비행사 안창남을 동반해 베이징으로 가 (안창남을-옮긴이) 평위상군에 채용시키는 데 성공했다. 안은 일본의 한 비행학교에서 연구하는 과정에서 다수의 일본인에게 박해를 받아 중국으로 피난해 이 나라에서 비행면허를 취득했다. 평위상군에는 그 말고도 서

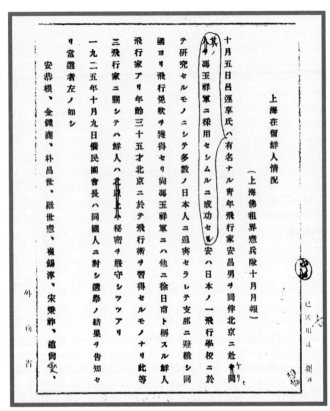

안창남 관련 내용이 실린《상하이 프랑스조계 헌병대월보》1925년 10월호 〈상하이 재류 선인 정황〉

왈보徐日甫(1886~1926)[2]라 불리는 선인 비행사가 있어 나이가 서른다섯 살이다. 베이징에서 비행술을 습득했다. 이 두 비행사에 대해 선인은 비밀을 엄수하고 있다.

일본을 탈출하다

1923년 9월 간토대지진 직후 벌어진 조선인 학살의 광풍 속에서 살아남은 안창남은 2년 뒤인 1925년 10월 초 도쿄나 경성이 아닌 상하이에 머물고 있었다. 이 보고서를 통해 안창남이 상하이에서 독립운동가 여운형과 함께 베이징으로 가 중국 군벌 펑위샹군에 합류했다는 사실을 확인할 수 있다. 3년 전 고국 방문 비행으로 전 조선을 열광하게 했던 유명 인사의 수상한 움직임에 상하이 일본 헌병대가 잔뜩 긴장했을 것임이 틀림없다.

간토대지진 직후인 1923년 10월 3일 조선으로 일시 귀국했던 안창남이 언제 일본으로 되돌아갔는지에 대한 기록은 분명치 않다. 다만 귀국 직후 《매일신보》 기자에게 "1~2개월 안에 (도쿄로-옮긴이) 다시 돌아가겠다"고 말했으니 1923년 말엔 생활의 기반이 있는 도쿄로 돌아갔을 것이다. 끔찍한 학살을 경험했지만 모든 생활 기반이 도쿄에 있으니 어쩔 수 없는 선택이었다.

물론 지진으로 일본 생활을 포기한 이들도 적지 않았다. 시 〈모란이 피기까지는〉의 작가 김영랑金永郎을 비롯해 김동환金東煥·김소월金素月·박용철朴龍喆·양주동梁柱東·이장희李章熙·유엽柳葉·이기영李箕永·이상화李相和·채만식蔡萬植 등 수많은 문인이 간토대지진 이후 일본 생활을 포기하고 영구 귀국했다. 이들의 갑작스러운 귀국으로 1920년대 한국 문단에 새로운 르네상스가 펼쳐질 지경이었다.[3]

도쿄로 돌아온 안창남은 학살의 충격을 극복하고 원래 생활로 복귀하려 노력했던 것으로 보인다. 그러나 도쿄 전체를 쑥대밭으로 만든 큰 재해로 신상에 적잖은 변화가 있었다. 먼저 그가 몸담았던 일본항공학교(옛 오구리비행학교)가 문을 닫았다. 1923년 9월 간토대지진으로 학교가 궤멸될 정도로 피해를 입었기 때문이다.

《일본항공사》는 당시 일본항공학교가 입은 피해를 다음과 같이 설명하고 있다.

스사키비행장은 대지진 후 쓰나미가 몰려와 침수된 데 이어 불길에 휩싸였다. 그로 인해 오구리의 일본항공학교와 함께 쑥대밭이 됐다. 마침 (일본항공학교에-옮긴이) 대기 중이던 슌카이春海호, 가와사키川崎호는 물론 나카지마식 150마력 1대와 항공국에서 받은 뉘포르식 24형 80마력 (엔진-옮긴이) 등의 발동기부와 그 밖의 금속 부분이 까맣게 녹아 버렸다.[4]

명확히 단정할 순 없지만 지진으로 파괴된 일본항공학교의 '나카지마식 150마력 비행기'는 안창남이 1923년 6월 4회 현상비행경기대회에서 준우승한 뒤 받은 부상이었을 것으로 추정된다. 이 지진으로 안창남은 몸담고 있던 직장과 목숨만큼 소중히 여기던 비행기를 잃게 된 셈이다.《매일신보》는 이 무렵 안창남의 상황에 대해 "오구리비행학교에서 교편을 잡고 열심히 교수하던 터에 불행히도 작년 지진으로 그 학교가 전소해 활동할 곳이 없을 뿐 아니라 주위의 사정으로 정신적 고통도 적지 않았다"고 적었다.

안창남의 동정이 지면에 등장하는 것은 해를 넘긴 1924년 3월이다. 그를 지탱해 준 것은 비행기와 비행학교 설립에 대한 꿈이었다. 안창남은 이 무렵 만난《매일신보》기자에게 재차 비행학교 설립 구상을 밝

힌다. 장소는 그동안 희망했던 '조선'이 아닌 '도쿄'였다.[5]

안창남은 왜 조선이 아닌 도쿄에 비행학교 설립을 준비한 것일까. 정확한 이유는 알 수 없지만 짐작해 볼 실마리는 있다. 그가 비행학교 개교 밑천으로 삼으려 했던 '두 대의 비행기'와 '세 개의 엔진'은 일본 육군의 교부품이었다.[6] 육군항공국은 대지진으로 궤멸된 민간항공계를 되살리기 위해 안창남 같은 유능한 비행사들이 비행학교를 만들어 후진 양성에 나서기를 희망했다.

비행기와 엔진을 확보한 안창남은 "학교 건물을 건설할 돈" 4000원을 구하기 위해 백방으로 돌아다녔다. 학교를 조선이 아닌 도쿄에 만드는 만큼 비행술을 배우러 도쿄로 유학 오는 조선인 학생을 적극 받아들이겠다는 각오도 잊지 않았다. "개교의 서광을 보게 되는 때엔 조선에서 희망하는 자도 적지 않을 것이다. 내가 오랫동안 친히 교편을 잡고 있던 오구리비행학교에서도 연습생 희망자가 상당했다. 항공국에서 받은 비행기가 있으니 학교 건물만 건설하면 즉시 개교할 예정이다."[7]

그러나 이 계획은 수포로 돌아간다. '돈만 모이면 개교하겠다'는 구상이 틀어진 것으로 봐 자금 모집에 실패한 것으로 보인다. 그 대신 안창남은 장덕창이 비행술을 배웠던 이토비행기연구소에 교관으로 취직했다. 안창남은 일자리를 옮긴 뒤에도 비행술 연구를 이어 갔다. 1924년 9월 8일 이 학교 비행장 500미터 상공에서 45도의 각도로 나는 경사모험비행에 성공했다.[8]

잇따르는 망명설

1920년대 조선에선 조선어와 일본어로 쓰인 신문이 나란히 발행됐다. 조선어는 《동아일보》·《조선일보》, 일본어는 총독부 기관지이던 《경성일보》와 민간에서 발행하던 《조선신문》이 쌍벽을 이루는 구도였다. 조선신문사를 1919년 인수한 마키야마 고조 사장은 1922년 12월 안창남의 고국 방문 비행 환영식에 참석한 기록이 확인되는 인물이다. 이마키야마의 《조선신문》이 1924년 3월 19일 매우 기묘한 '특종'을 내놓는다.

> 향토 방문 비행에 성공해 선인 청년이 동경하는 존재가 된 1등 비행사 안창남이 부정 도배에게 부추김을 당해 상하이 가정부(임시정부-옮긴이)에 남선 출신 이상태李商泰와 함께 달아난다는 상하이 전보에 대해 (조선총독부-옮긴이) 경무국의 다나카 다케오田中武雄(1891~1966-옮긴이) 고등과장은 말했다.
>
> "당국은 아직 전혀 아무런 통보도 정보도 (받은 바-옮긴이) 없으며 또 도쿄에 오래 살던 청년으로서는 '완전히 망한 상태(眞逆窮亡甚だしい)'인 가정부로 망명한다는 것은 받아들이기 힘들다. 이번 일은 저 일파의 선전이거나 만일 정말 망명을 한다 해도 아마도 (안창남은-옮긴이) 비행기에 타는 것조차 힘들 것이라고 생각한다."

이 보도의 경위가 무엇이며 얼마만큼 '팩트'에 충실한 것인지 이제와 검증할 방법은 없다. 다만 다나카 고등과장은 당시 임시정부의 사정에 대해 '완전히 망했다'는 표현까지 써 가며 비하한 뒤 안창남이 침체기에 접어든 임시정부에 합류하기 위해 상하이로 망명할 리 없고, 간다 해도 도쿄에서 익힌 비행술을 활용해 일본에 위해를 가할 일은 없을 것이라 단정한다.

하지만 이 기사는 이후 안창남의 인생 행로를 예견한 '특종'이 됐다. 보도 내용이 정확하다고 가정하면 안창남은 간토대지진이 발생한 지 6개월 뒤인 1924년 3월께부터 임시정부 쪽과 접촉하며 망명을 준비한 게 된다. 물론 1924년 3월 당시 '기능 부전' 상태에 빠져 있었을 임시정부가 적극적으로 안창남에게 접촉해 망명을 유도했을 가능성은 낮다. 누군가 먼저 접촉을 시도했다면 임시정부가 아닌 안창남이었을 것이다.

조선총독부의 강력한 부인에도 안창남 망명설은 쉽사리 사그라들지 않았다. 며칠 뒤인 27일 이토비행기연구소 졸업생으로 3등 비행사 자격증을 딴 이상태가 안창남의 부하가 되어 임시정부 항공대에 가입한다는 보도가 다시 나왔다. 《조선신문》이 언급한 '남선 출신 이상태'란 그를 말하는 것이었다. 안창남은 이 무렵 이토비행기연구소의 교관으로 재직하고 있었기 때문에 이상태는 안창남의 제자가 맞다. 그러나 이상태는 찾아온 《매일신보》 기자에게 "지금이라도 경기만 좋으면 도쿄로 가서 다시 비행에 대한 연구를 철저히 할 결심"이라며 "귀국한 뒤 안창남의 주소도 모른다"며 관련 소문을 딱 잘라 부인했다.

그를 둘러싼 소문이 잠잠해질 무렵인 9월 또 한 번 안창남 망명설이 떠돌았다. 이번 소문은 지난 두 차례와 달리 매우 구체적이었다.

이토비행기연구소의 1등 비행사 안창남 씨와 2등 비행사 스즈키 기쿠오鈴木菊雄 씨에게 밀사가 왕래하며 비밀리에 무슨 일인지 협의함이 있었다. 그 교섭 결과에 따라 두 사람은 우페이푸吳佩孚의 즈리直隸파에 가담해 펑톈군에 대항해 활약하기 쉬우리라 한다.

-《시대일보》1924년 9월 27일

혼돈의 중국 대륙

얼핏 건조해 보이는 이 단신은 1912년 청나라 멸망 이후 복잡다단하게 전개돼 온 중국 현대사와 중-일 관계사의 맥락에서 볼 때 꽤 의미가 큰 '중대 뉴스'였다. 결론부터 말해 안창남의 우페이푸군 가입은 일본 입장에선 용납하기 힘든 '이적 행위'였다.

1840~1842년 아편전쟁 이후 중국은 서양 열강이 이권 다툼을 벌이는 각축장이 됐다. 중국의 북양대신[9] 이홍장李鴻章은 이 흐름을 막기 위해 1885년 톈진에 무비학당武備學堂을 만들어 근대식 육군을 양성하기 시작했다. 이곳에서 돤치루이段祺瑞·펑궈장馮國璋·왕시전王士珍·차오쿤曹錕 등 이후 중국 근현대사를 주름잡는 주요 군벌이 탄생했다.

1894년 청일전쟁에서 대패한 청나라 정부는 조선에서 귀환한 위안스카이袁世凱에게 1895년 '신건육군'의 건설을 명했다. 입대 자격은

20~25세의 남자로 신분이 확실하고 강인한 보행능력을 가진 이로 정해졌다. 중국 최초의 서구식 군사학교인 톈진무비학당 출신들이 대거 신건육군에 참여했다. 1901년 이홍장이 숨지자 그를 대신해 위안스카이가 북양대신에 취임했다. 이때부터 '신건육군'은 '북양군'으로 불린다. 향후 20여 년간 중국 역사를 좌지우지하는 북양 군벌이 탄생하는 순간이었다.

청조가 저물 무렵인 1905년 8월 도쿄에 망명 중이던 쑨원孫文과 그의 영향을 받은 중국 유학생들은 비밀결사인 중국동맹회를 결성했다. 중국동맹회의 강령에는 청나라 타도, 공화정 실시, 토지 균등분배 등과 같은 혁명적 내용이 포함돼 있었다. 동맹회 회원은 이후 중국 각지로 세력을 뻗어 나갔다.

마침내 1911년 10월 10일 후베이성 우창에서 신군 내 혁명파가 우창봉기를 일으켰다. 이에 호응해 각지의 혁명세력이 청조에서 독립을 선언했다. 바로 청조의 숨통을 끊어 놓는 신해혁명이다. 혁명의 아버지 쑨원은 1912년 1월 1일 장쑤성 난징에서 신생 중화민국 정부가 수립됐음을 선포하고 '임시대총통' 자리에 올랐다. 하지만 쑨원은 실제로는 군사력이 없었기에 당대 실력자 위안스카이와 타협할 수밖에 없었다. 위안스카이는 쑨원의 대총통직을 이어받는 조건으로 청나라를 쓰러뜨리기로 약속했다. 위안스카이는 1912년 2월 청의 '마지막 황제인' 선통제宣統帝 푸이溥儀를 퇴위시키며 이 약속을 지켰다. 위안스카이는 3월 10일 베이징에서 2대 임시대총통에 취임했다.

그러는 사이 1910년 8월 조선을 강제병합한 일본은 중국으로 침략의 손길을 뻗쳐 갔다. 1914년 8월 1차 세계대전이 발발하자 영국의 동맹국이었던 일본은 독일에 선전포고를 하고 독일이 점령하고 있던 산둥반도를 손에 넣었다. 이어 오쿠마 시게노부大隈重信 내각은 1915년 1월 중국에 "일본이 (산둥반도 등에서-옮긴이) 독일의 권익을 계승한다는 사실을 인정할 것" 등의 내용이 포함된 〈21개조 요구〉를 강요했다. 중국은 치욕을 곱씹으며 이를 받아들였다.

위안스카이를 정점으로 한 북양 군벌엔 두 개의 파벌이 있었다. 하나는 '북양의 호랑이' 돤치루이를 중심으로 한 안후이安徽계, 또 하나는 '북양의 개' 펑궈장을 중심으로 한 즈리계였다. 파벌에 안후이계, 즈리계라는 이름이 붙은 이유는 각 파벌에 속한 군벌들이 이 두 지역 출신이었기 때문이다.

돤치루이의 안후이계는 친일 성향이 강했다. 직접 지휘할 수 있는 휘하 병력이 없었던 돤치루이는 일본에서 대규모 차관을 끌어와 자신의 군사력을 강화해 중국을 무력으로 통일하려 했다. 돤치루이는 1917년부터 데라우치 마사타케寺内正毅(초대 조선총독) 내각의 전면 지원을 받으며 군비를 증강했다. 데라우치 총리는 측근 니시하라 가메조西原亀三를 통해 1917~1918년에 돤치루이 정권에 총 1억 4500만 엔에 이르는 차관을 제공했다. 이 돈은 애초 철도·광산·삼림 등을 개발한다는 명분으로 제공됐지만, 실제로는 돤치루이의 친위군을 무장하는 데 쓰였다.

1차 세계대전이 끝나고 1919년 1월 파리강화회의가 시작됐다. 중국 정부는 중국도 어엿한 1차 세계대전 승전국인 만큼 이 회의에서 독일이 산둥반도에 갖고 있던 특권을 회수하길 원했다. 그러나 현실 외교는 냉혹했다. 서구 열강은 독일이 갖고 있던 산둥반도의 특권을 독일을 꺾고 산둥을 점령한 일본이 계승하게 했다. 평소 친일적 행태로 중국인에게 큰 반감을 샀던 돤치루이 정권은 이 외교 실패로 엄청난 비난을 받았다.

위안스카이가 일본의 〈21개조 요구〉를 받아들인 5월 9일을 국치의 날로 기억하는 베이징 대학생들은 데모를 준비했다. 5월 3일 오후 7시 베이징 법대 강당에서 집회를 열고 있던 이들에게 〈파리강화조약〉의 결과가 전해졌다. 분노한 베이징의 청년과 학생은 5월 4일 톈안먼天安門광장에서 대규모 집회를 열었다. 베이징 법대 학생들이 옷을 찢고 손가락을 깨물어 "나의 칭다오를 돌려 달라"고 썼다. 3000여 명의 학생이 몰려가 돤치루이와 일본을 연결하는 친일파로 지탄을 받아 온 교통총장 차오루린曹汝霖의 집을 습격했다. 이것이 이후 중국 혁명운동에 지대한 영향을 끼치는 5·4운동이다.

이런 애국반일운동의 흐름을 읽은 남자가 있었다. 평궈장의 뒤를 이어 즈리계 군벌의 최고 실력자로 성장한 차오쿤 휘하의 맹장 우페이푸였다. 평궈장 사후 즈리계의 1인자는 차오쿤이었지만 '막후 실력자'는 그의 군사력을 뒷받침했던 우페이푸였다.

우페이푸와 관련해 흥미로운 일화가 전한다. 우페이푸가 태어나기 전 그의 부친은 태몽에서 명나라 때 왜구의 침입을 막은 명장 척계광戚繼光을 만난다. 감동한 아버지는 아들의 이름을 척계광의 자 '페이위佩玉'에서 한 글자를 따 페이푸佩孚로, 자는 쯔위子玉라 지었다. 우페이푸는 태어나는 순간부터 반일이 될 수밖에 없는 운명이었던 셈이다.

1920년 4월 즈리파는 만주 동북3성을 장악한 실력자인 펑톈奉天파 장쭤린張作霖과 막후교섭을 진행해 돤치루이에 맞서기 위한 '반돤치루이연맹'을 결성했다. 우페이푸는 5월 25일 돤치루이에게 불복종을 선언하고 주둔지인 후난성을 출발해 베이징으로 진격했다.

북양 군벌의 두 축인 안후이계와 즈리계의 한판 승부가 시작됐다. 이를 안평전쟁이라 부른다. 우페이푸는 이 싸움에 나서며 돤치루이를 민족의 반역자를 뜻하는 '한간漢奸'이라 칭했다. 또 이 전쟁이 돤치루이의 친일정책을 끝내기 위한 "구국을 위한 싸움", "중국 민족을 위한 싸움"이라고 공언했다. 돤치루이는 이에 맞서 일본의 차관으로 애지중지 육성한 신예군인 '변방군'을 투입했다. 1920년 7월 14일 시작된 전쟁은 불과 엿새 만인 19일 끝났다. 실전 경험이 없던 변방군은 산전수전으로 단련된 상승장군 우페이푸의 상대가 되지 못했다.

전쟁은 끝났지만 중국의 혼란은 이어졌다. 적이 사라지자 전쟁의 두 승자인 즈리파와 펑톈파의 대립이 시작된 것이다. 이들은 향후 정국 운영과 밥그릇을 둘러싼 갈등을 해소하지 못하고 1922년 4~5월과 1924년 9~11월 두 차례에 걸쳐 치열한 전쟁을 벌인다. 이를 1·2차 펑즈전쟁이라 부른다. 안창남의 중국 망명설이 떠돌던 시점은 우페이푸와 장쭤린의 2차 대결 즉 2차 펑즈전쟁이 시작되던 무렵이었다.

테러와 잠적

앞서 소개한 기사의 뼈대는 안창남에게 어떤 '밀사'가 오가고 있으며, 이들이 '무슨 일인지를 협의'하고 있는데 그 결과에 따라 안창남이 '우페이푸의 즈리파'에 가담해 '펑톈군에 대항해' 싸울 수 있다는 것이었다. 반일 장군인 우페이푸와 맞붙은 장쭤린의 펑톈군은 일본의 지원을 받던 친일 색깔이 농후한 집단이었다.

1904~1905년 러일전쟁 승리로 만주에 강력한 기반을 구축한 일본의 대외정책의 기초는 만주의 '특수권익'을 철저히 보호한다는 것이었다. 일본의 특수권익이란 러일전쟁을 통해 획득한 뤼순·다롄(합쳐 관동주라 불렀다)의 조차권과 이 지역과 창춘을 잇는 남만주철도의 운영권을 뜻한다.

일본은 남만주철도를 보호한다는 명분으로 뤼순·다롄과 철도 연선에 군대를 배치할 권리를 확보하고 있었다. 그에 따라 배치된 군대가 관동도독부 수비대에서 1919년 5월 조선군·타이완군과 동급의 '군'으로 확대·개편된 관동군이다. 이 부대가 1928년 장쭤린폭파사건과 1931년 만주사변을 일으키며 일본을 전쟁의 수렁 속으로 밀어 넣게 된다.

일본에게 '만주권익'의 보호는 결코 양보할 수 없는 대외정책의 마지노선이었다. 하라 다카시原敬 내각은 1922년 5월 〈만몽에 관한 각의결정〉을 통해 "만몽(만주와 몽골-옮긴이)은 우리 나라(일본-옮긴이)의 국방과 국민의 경제적 생존과 관계가 지대하고 밀접하다"라고 선언했고, 그런 인식에 기초해 친일적 태도를 유지하는 '동북왕' 장쭤린에 대한 지원에 나선다. 하라 내각은 각의결정 이후엔 "장쭤린이 동삼성의 내정과 군비의 정비를 충실히 해 견고한 세력을 확립하는 것을 제국은 직접·간접으로 원조한다"는 방침을 정했다. 이런 상황에서 조선의 1등 비행사 안창남이 죽는 순간[10]까지 일본에 굽히지 않았던 '반일 군벌' 우페이푸의 군으로 가 친일파 장쭤린에 맞서 싸운다는 기사가 나온 것이다.

안창남의 우페이푸파 가담 소식을 조선에 처음 전한 것은 《시대일보》[11]였지만, 첫 보도를 한 것은 일본 일간지 《고쿠민신문國民新聞》[12]이었다.[13] 2차 펑즈전쟁의 긴박한 전황이 신문 지면을 도배하던 민감한 시기였기 때문에 안창남의 이적 행위에 분노한 일본 우익들이 협박장을 보내오기 시작했다.[14]

우익의 압박은 협박장에 그치지 않았다. 보도가 나온 직후인 9월 27일 비행학교 근무를 마친 안창남은 동료 비행사 스즈키 기쿠오와 함께 오후 8시 반쯤 저녁을 먹으러 식당을 찾았다. 식당 종업원은 안창남에게 "어떤 사람들이 와서 기다리고 있다"는 소식을 전했다. 조선에서 누군가 찾아온 것이라 생각한 안창남은 반가운 마음에 일행을 만나러 밖으로 나갔다. 그를 기다리고 있던 것은 이상한 분위기를 풍기는 세명의 청년이었다. 그중 하나가 안창남과 스즈키에게 "잠시 물어볼 말이 있다"며 입을 열었다.

내가 예전에 중국 등에서 마적대에 참가해 돌아다녔는데…. 이렇게 풍운이 급할 때 나도 한번 나서 보려 하네, 자네도 참전을 한다고 하더군.

안창남은 얼마 전에 나온 보도를 떠올리며 반사적으로 "사실이 아니다"라고 부인했다. 그러자 느닷없이 분위기가 험악하게 변했다.

-중국 전쟁 중 즈리파에 가담한다는 것이 사실이냐?
=전혀 그런 사실이 없다.
-거짓말하지 마라!
=잘못 안 것이다.

험상궂은 분위기가 이어지자 이토비행기연구소의 고문 가와베川邊가 밖으로 뛰쳐나와 상황을 살폈다. 급박한 분위기에 압도된 그는 만일의 사태에 대비해 권총을 가지러 집으로 뛰어갔다. 남자들의 위협이 이어졌다.

즈리파에 참가하면 가만 두지 않겠다.
가기만 가라. 시모노세키를 못 나가게 죽여 버리겠다.
-《시대일보》1924년 9월 30일

일행 중 한 명이 손에 쥔 지팡이를 휘두르며 안창남과 스즈키에게 달려들었다. 놀란 두 비행사는 식당 안으로 도망쳐 들어갔다. 괴한들도 따라 들어와 식당 안에서 다시 격렬한 말다툼이 이어졌다. 안창남이 차분한 말로 설득을 이어 가자 세 남자는 어느 정도 말귀를 알아들었는지 화해하자며 악수를 청했다. 안창남과 스즈키가 손을 내밀자 한 남자가 갑자기 단도를 꺼내 스즈키의 왼쪽 손목을 찔렀다.

가면 죽인다!

무시무시한 경고를 남긴 채 세 남자는 모습을 감췄다. 그제야 근처 파출소에서 사태를 관망하던 경찰 10여 명이 현장으로 몰려왔다. 범인은 곧 검거됐다. 후나바시경찰서는 안창남 등에게 테러를 가한 혐의로 일본 우익단체 적화방지단赤化防止團[15] 소속 요시다 도루吉田貫를 체포했다.[16]

간토대지진 때 한 차례 죽을 고비를 넘긴 안창남이 일본 우익들에게 테러도 당했다는 사실에 조선인들은 분노했다. 《동아일보》는 "안씨가 일본 민간항공계에 적수가 없을 만큼 그 재주가 갸륵해 여러 일본 비행사에게 시기를 받는 게 사실"이라며 "안 씨에게 박해가 들어오길 바라고 일부러 이런 말(즈리파 가담설-옮긴이)을 퍼뜨린 게 아닌가"란 의혹을 제기했다. 이어 신문은 조선총독부가 밥만 먹으면 떠들어 대는 '내선일체' 이데올로기에 대한 공격을 시작한다.

진실로 저들이 말하는 것과 같이 일본인과 조선인이 같이 살아가야 한다고 치면 조선 사람이 하는 일을 더욱 도와주어야 할 것이 아닌가. 만일 그러한 아량이 없으면 무슨 말로 눈 가리는 수작을 떠들 수 있으랴. 우리는 이러한

일본을 탈출하다

사실을 볼 때마다 일본 사람들의 편협한 심리를 의심치 아니할 수 없다.

-《동아일보》1924년 10월 1일

중국 망명을 둘러싼 소문이 주변을 떠나지 않는 흉흉한 분위기 속에서 안창남은 10월 18일 오전 8시 경성으로 돌아왔다. 귀국의 표면적인 이유는 병든 누나의 문병이었다.[17] 16일 귀향길에 안창남은 가고시마에 들러 자기 제자인 모토다元田가 만든 비행장 개장식에 참가해 시험비행을 했다.[18] 안창남은 지난해 9월 간토대지진 직후 경성에 피난을 왔다가 도쿄에 돌아갔고, 1924년 1월 다시 고향을 찾은 바 있었다. 1월 방문 이후로 따지자면 열 달 만의 귀향이었다.

안창남은 경성 자택을 방문한《동아일보》기자에게 자신은 중국으로 망명할 의사가 없음을 다시 한 번 강조했다. "내가 중국 즈리파에 가담해 베이징 지방으로 건너간다는 말이 있으나 이것은 전혀 없는 사실이다." 안창남은 자신에 대한 오보가 이어지는 이유에 대해 "이렇게 (사실이-옮긴이) 와전된 이유는 우리(이토비행기연구소-옮긴이) 이등 (비행사-옮긴이) 출신으로 야스오카安岡라는 비행사가 이번에 참전했는데, 그 뒤에 일본 모 신문기자가 우리 지방의 농부에게서 들은 말로 (안창남도 참전한다고-옮긴이) 추측해 보도했기 때문"이라고 설명했다.

안창남은 이번 방문이 "누님의 병을 위문하려는 것일 뿐 다른 의미는 없다"고 애써 해명했다. 그러면서 "11월 열리는 제국비행협회 현상비행대회에 꼭 참가할 것"이라는 각오를 밝혔다.

그가 말한 11월 대회는 실제로는 그보다 조금 늦은 12월 2일 열렸다. 아이치현과 미에현으로 둘러싸인 이세만의 일곱 지점을 정해진 시간에 빨리 도는 경기였다.

그러나 기자들에게 던진 호언장담과 달리 안창남은 이 대회에 참가하지 않았다. 그는 1924년 겨울 경성에서 돌연 자취를 감췄다. 안창남의 이때 심경을 알려 주는 육성은 남아 있지 않다. 도쿄엔 그의 전 재산이었던 비행기 두 대가 남아 있었다.[19]

상하이 임시정부

"전혀 없는 사실이다"며 망명설을 극구 부인하던 안창남의 행방이 묘연해진 것은 1924년 12월이다. 10월 18일 누나의 문병을 핑계 삼아 경성으로 돌아온 지 두 달이 채 못 된 시점이었다.

안창남의 잠적과 상하이 망명 사실이 공개된 것은 다시 해를 넘긴 1925년 2월이었다. 보도가 나오기까지 한 달 반 정도 시간이 걸린 것은 정확한 사실관계가 파악될 때까지 총독부가 보도를 통제했기 때문으로 보인다.

천재 비행사로 명성이 자자하던 안창남 씨가 최근 돌연히 상하이 프랑스 조계에 나타나 약 일주일 동안이나 그곳 임시정부 지도자들과 만나서 ○○○○(글씨 지워짐, 독립운동으로 추정-옮긴이)을 획책하고 어디로인지 종적을 감추어 버렸다는 ○○○○(글씨 불명-옮긴이). 상하이 일본총영사관에서

(조선총독부-옮긴이) 경무국에 전달했다. 크게 놀라 지금 해외 각지와 연락을 취해 경계 중이라더라.

－《동아일보》1925년 2월 17일

총독부의 보도검열로 뭉개진 글자가 많아 정확한 의미는 알 수 없지만, 안창남이 상하이 프랑스조계에 나타나 임시정부 인사들과 만나 무엇인가를 논의한 뒤 어디론가 사라졌다는 내용임을 알 수 있다.《조선신문》도 임시정부를 '불령한 쪽'이라 칭하는 등 어감은 정반대지만 같은 소식을 전했다.

안창남 비행사가 상하이에 도착한 것으로 보인다. ○○(글씨 불명-옮긴이) 유망한 안 군이 불령한 쪽에 들어간 것은 실로 조선 항공계를 위해 아까운 일이다.

－《조선신문》1925년 2월 17일

놀란 기자들이 안창남의 집으로 몰려갔다. 안창남의 '집에 있던 사람'의 말에 따르면 안창남은 "사냥을 간다"는 말을 남기고 음력으로 '섣달 초승'에 홀연히 모습을 감췄다. 1924년 섣달 초승[20]이면 양력으론 1924년 12월 26일 무렵이 된다. '집에 있던 사람'은 "이후 두 달이 지났는데도 아무런 연락이 없어 가족도 적잖이 애를 태우던 참"이라고 덧붙였다.

《동아일보》와《조선신문》의 첫 보도가 나온 지 일주일 만인 24일

《매일신보》가 안창남 망명설이 사실임을 확인한다.

> 내지에서 경성으로 돌아온 후로 자기 누나 집에서 정양하던 비행사 안창남
> 씨는 그 후 종적을 감췄다. 상하이 방면으로 가서 가정부(임시정부-옮긴이)
> 와 연락을 맺은 게 아닌가 하여 당국에서 매우 주목하는 중이라더라.
> ─《매일신보》1925년 2월 24일

안창남이 경성을 빠져나와 상하이로 이동한 경로를 알려 주는 기록
은 없다. 류기석이 회고록에서 안창남이 "맨주먹으로 북쪽으로 가는
기차를 타고 아름다운 고향 서울을 떠나 눈물을 흘리며 압록강 철교를
건넜다"라고 간략히 기술했을 뿐이다. 그러나 안창남 같은 '요주의 인
물'이 일본 경찰의 눈을 피해 정상적인 방법으로 국경을 통과할 수는
없었을 것이다. 비밀리에 얼어붙은 압록강을 건넜을 가능성이 높다.

이 시기 안창남의 행적을 보여 주는 또 다른 자료는 염근수의《안창
남 비행기》가 있다. 안창남과 동시대인인 염근수가 쓴 이 책엔 자질구
레한 오류[21]나 작가의 창작으로 보이는 내용이 섞여 있어 책 내용 전체
를 사실로 인정하긴 어렵다. 그러나 안창남의 망명 과정에 대해 당시
안창남과 함께 행동했었다고 밝힌 김경수(가명)[22]란 인물을 직접 취재
했다고 밝혔기에 무리가 없는 선에서 그 내용을 따른다.

염근수에 따르면 안창남과 동료 스즈키가 우페이푸군에 참여하기
위해 연락을 주고받았다는 1924년 9월《고쿠민신문》기사는 사실이었
다. 둘은 "우페이푸에게 비밀리에 사람을 보내 가기로 약속을 했"지만

안창남의 망명설이 알려지고 이에 반발한 우익들의 테러가 이어지자 일본 경찰의 감시가 강화된다. 어쩔 수 없이 스즈키는 망명을 포기하고 안창남 혼자만 누나의 병을 핑계 삼아 도쿄를 탈출해 경성으로 향했다.

경성에 도착한 안창남은 바로 국경을 건너 중국 단동현으로 이동했다. 안창남은 단동에서 이륭양행怡隆洋行의 배를 타고 상하이로 직행을 시도했다. 임시정부는 1919년 5월 국내와 기민하게 연락을 취할 수 있게 교통부 산하에 교통국을 만들고 단동에 지부를 뒀다. 그 지부가 아일랜드인 조지 쇼George Shaw가 운영하던 해운회사 이륭양행 2층에 있었다.

실제 많은 독립운동가가 이륭양행의 상선을 얻어 타고 단동과 상하이를 오갔다. 대한제국 고관 중에 유일하게 독립운동을 위해 상하이로 망명한 동농 김가진金嘉鎭(1846~1922)의 며느리 정정화鄭靖和(1900~1991)는 회고록《장강일기》에서 시아버지 김가진이 망명했을 때나 그가 자금 조달을 위해 국내와 상하이를 오갔을 때 이 배를 이용했다고 적었다.《아리랑》의 주인공 장지락도 이 배로 상하이에 갔다.

조선 독립운동을 돕는 쇼의 행동을 일본이 그대로 두고 볼 리 없었다. 쇼는 1920년 7월 독립운동가를 도운 죄로 일본 경찰에 체포돼 고초를 겪었다. 쇼는 이후로도 조선의 독립운동을 도운 것으로 알려져 있다.

안창남이 숨진 뒤인 1930년 4월 12일《동아일보》기사는 안창남이 "중국으로 건너갈 땐 이륭양행의 힘을 빌렸지만" 겨울이라 바다가 얼어 단동에서 상하이까지 "직행치 못하고 다롄과 상하이를 경유했다"
고 했다. 이는 안창남이 배가 아닌 철도를 이용했다는 말인데 그랬다
면 다롄에서 일단 남만주철도를 타고 펑톈으로 나간 뒤 펑톈에서 징펑
철도를 타고 베이징을 거쳐 상하이로 이동했을 것이다.[23] 중국으로 망
명하면서 안창남은 이름을 안호安虎로 개명했다.[24]

염근수에 따르면 펑톈에 도착한 안창남과 김경수는 꾀를 냈다. 애초
계획대로 우페이푸군에 합류하는 대신 만주를 장악한 장쭤린을 만나
"만주의 백만 조선동포에게 쓰는 정책을 변혁"하라고 요구한다는 구
상이었다. 그 후 적당한 때를 노려 장쭤린의 비행기를 훔쳐 우페이푸
에게 날아가려 했다는 것이다. 이를 위해 두 사람은 장쭤린의 비서 역
할을 하던 모 일본인에게 "다음 날 정오까지" 가겠다고 약속했다.

그러나 안창남은 우페이푸군에 합류하지 못했다. 모 일본인을 만나
러 가려던 순간 펑위샹의 배신으로 우페이푸가 2차 펑즈전쟁에서 '대
패'했다는 소식이 전해졌기 때문이다. 안창남이 도쿄를 탈출해 경성에
돌아온 것은 10월 18일이고 펑위샹이 우페이푸를 배신해 베이징을 점
령한 것은 10월 23일이다. 안창남의 펑톈 이동이 그렇게 빨랐을까 싶
지만 불가능한 것도 아니다. 어찌됐든 우페이푸의 패배로 안창남은 갈
곳을 잃었다.

1924년 9월 2차 펑즈전쟁에서 장쭤린의 펑톈계가 압승을 거둔 것
은 우페이푸가 '장쭤린 처단'을 위해 조직한 '토역군' 3로군 총사령관
펑위샹이 배신했기 때문이다. 펑위샹은 하급 병사에서 출발한 군벌이
었지만, 중국 혁명의 아버지 쑨원을 존경했고 1912년 우창봉기 땐 허

베이성 롼저우에서 혁명을 돕기도 했다. 펑위샹은 당시 중국에선 보기 힘든 기독교인인 데다 반건달 수준이었던 다른 군벌의 부대와 달리 부대 군율을 엄정하고 강력히 유지해 민중에게 사랑을 받았다.

우페이푸를 배신한 펑위샹에겐 자신의 행동을 정당화할 명분이 필요했다. 중국 대륙에서 그에게 명분을 제공해 줄 가장 확실한 인물은 1차 국공합작 이후 소련의 지원을 받아 광저우에서 세력을 확대해 가던 쑨원이었다.[25] 펑위샹은 베이징 점령 뒤 "쑨 선생의 삼민주의에 중국의 활로가 있다"며 쑨원을 베이징으로 초청했다. 펑위샹은 이어 쑨원의 중국국민당과 뜻을 함께한다는 의미를 담아 휘하 부대명을 '국민군'으로 바꿨다. 쑨원은 이 초청에 응해 1924년 11월 광저우를 떠나 1925년 1월 중국 정치의 중심인 베이징으로 이동했다. 하지만 이후 급격히 건강이 악화돼 3월 숨졌다.

2차 펑즈전쟁의 패배로 안창남이 몸을 의탁하려 했던 우페이푸의 세력은 크게 꺾였다. 염근수는 《안창남 비행기》에서 안창남이 다시 경성으로 돌아와 이상재와 당시 ○○신문사 사장[26]으로 있던 모 씨를 방문해 그들의 후원을 받은 뒤 비밀리에 상하이로 갔다고 적었다.

염근수의 기술이 사실이라면 안창남은 1924년 10월 경성에 도착한 직후 펑톈까지 갔다가 우페이푸의 패배 소식을 듣고 다시 경성으로 돌아온 게 된다. 이후 이상재 등 여러 인사에게 향후 활동 방향에 대해 조언을 구한 뒤 1924년 섣달 초승(양력으로는 1924년 12월 26일 무렵)에 경성을 떠났다. 안창남은 2차 망명 때는 1차 때처럼 무작정 중국 군벌을 찾아가지 않고 임시정부가 있는 상하이로 이동했다. 이상재 등 국내 인사들에게서 상하이 임시정부를 찾아가 중국 정세를 정확히 확인한 뒤 앞으로 활동 방향을 정하라는 조언을 들었을 것이다.

1925년 1월 상하이 프랑스조계에서 임시정부 관계자들과 만난 사실이 포착된 안창남은 다시 "행방불명"됐다. 그동안 일거수일투족이 고국에 전해지던 유명인사 안창남과 관련한 소식은 이후 풍문으로 드문드문 날아들기 시작한다. '조선에 비행학교를 건설하고 싶다'거나 '나에게도 비행기가 한 대만 있으면 좋겠다'는 혈기와 열정이 가득했던 육성도 더는 들을 수 없다. 그래서 이후 '안창남 찾기'는 광활한 중국 대륙이란 모래밭에서 가느다란 바늘을 탐색하는 것 같은 무모한 도전으로 바뀌고 만다.

임시정부의 분열

해방 전 중국혁명군 소장과 광복군 총사령부 참모장 등을 지낸 독립운동가 김홍일金弘壹(1898~1980, 해방 후 육군사관학교 교장, 외무부 장관)이 고향 평안북도 용천을 떠나 상하이를 찾은 것은 안창남보다 6년 앞선 1918년 9월이었다. 김홍일은 단동에서 12원을 주고 여객선 3등칸 표를 구해 상하이에 도착했다.[27] 그는 상하이에서 형의 소개로 약재회사 해송양행海松洋行[28]을 찾아가 조선인 송계 한진교韓鎭敎를 수소문했다. 조선 독립에 기여하고 싶다는 청년 김홍일의 사연을 들은 한진교는 바로 여운형에게 전화를 걸었다. 잠시 후 김홍일은 프랑스조계에 있던 장덕수의 숙소로 가라는 안내를 받았다. 상하이 시절 여운형과 장덕수는 찰떡 호흡을 자랑하던 '단짝'이었다.

김홍일보다 2년 뒤인 1920년 가을 만주 옌지에서 상하이행을 택한 류기석의 여정도 비슷했다. 그도 "사람들이 알려 준 여행 지침에 따라 먼저 옛 프랑스조계의 해송양행을 찾아"갔다. 그곳을 거쳐 류기석이 처음 방문한 곳은 만주 출신답게 만주·연해주에서 무장 독립투쟁을 주도했던 이동휘李東輝(1873~1935) 임시정부 국무총리의 집이었다. 류기석은 그곳에서 여운형을 만나 잠시 동안 그의 집에 얹혀살았다. 당시 여운형의 집엔 도쿄에서 〈2·8독립선언서〉를 쓰고 상하이로 건너온 이광수가 함께 살고 있었고, 통합임시정부 탄생에 산파 노릇을 했던 안창호는 600미터 정도 떨어진 집에 머물고 있었다.[29] 임시정부가 아직 통합된 상태로 활기를 띠던 무렵이었다.

3·1운동은 조선인에게 독립 열기의 불을 댕긴 '전환적 사건'이었다. 3·1운동 직후 각지에서 조선의 독립을 선언하는 정부가 우후죽순처럼 생겨났다. 그중 의미 있는 3대 세력은 13도 대표자회의를 통해 국내에서 조직된 '한성정부', 상하이의 '대한민국 임시정부', 연해주 블라디보스토크에서 결성된 '대한국민회의' 등이었다. 외국 정부를 상대로 공신력 있는 독립활동을 이어 가려면 이곳저곳에 난립한 여러 정부를 '하나의 틀'로 묶어야 했다. 안창호의 끈질긴 중재 끝에 3대 세력은 1919년 10월 통합임시정부를 만드는 데 성공했다. 통합임시정부는 이질적인 세력이 통합했음을 보여 주듯이 대통령 이승만-국무총리 이동휘 체제로 출발했다. 이들은 각각 기호파-외교노선파-민족주의(이승

만)와 서북파-무장투쟁파-사회주의(이동휘)를 대표했다.

하지만 조선인의 뜨거운 독립 열망과 달리 열강의 힘의 논리는 냉정했다. 윌슨 미국 대통령이 제창한 '민족자결주의'는 패전국 식민지에만 적용되는 원칙이었다. 조선은 일본의 식민지였기에 조선 대표 김규식은 파리강화회의 회의장에 입장할 수 없었고, 그에 따라 조선 독립은 의제에도 오르지 못했다. 조선이 곧 독립할 수 있다는 초기 낙관론이 사라지자 임시정부에 쏠렸던 기대도 싸늘하게 식어 가기 시작했다.

그에 맞춰 일본은 집요한 회유 공작을 펼쳤다. 도쿄에서 《독립신문》의 편집국장을 맡았던 이광수 같은 이가 먼저 떨어져 나갔다. 병약했던 이광수는 우연히 상하이 뒷골목에서 김홍일과 마주쳤다. 김홍일은 회고록 《대륙의 분노》에서 이광수가 "요즘 귀국할 수도 없고 그렇다고 안 할 수도 없는 처지에 빠져 대낮에 길을 가다 전봇대에 머리를 부딪치는 경우가 한두 번이 아니다"라는 영문 모를 푸념을 털어놓은 일화를 소개했다. 이광수는 결국 1921년 3월 상하이를 떠났고 이듬해 5월 《개벽》에 '민족개조론' 같은 묘한 글을 내놓기 시작했다. 결국 이광수는 일제 말기 가야마 미쓰로香山光郎로 이름을 바꾸고 일본이 전쟁을 수행하는 데 적극 협력하는 친일반민족행위자가 됐다.

거기에다 독립운동 방식의 차이에 따른 노선 갈등도 표면화됐다. 1920년 '겨울 어느 날' 상하이에 도착한 열여섯 살 소년 장지락은 《아리랑》에서 이 시절 임시정부의 내분을 아메리카파와 시베리아-만주파의 노선 대립이었다고 설명했다.

일본을 탈출하다

아메리카파라는 이름이 붙은 것은 조선의 독립을 미국과 윌슨 대통령의 도움에 의지해 이루려 했기 때문이다. 그들은 외교적인 수단을 이용해 조선에 대한 국제정의를 보장하도록 민주주의 열강에게 압력을 넣어야 한다고 열심히 주장했다. 국내에서 온 대부분의 조선인 특히 기독교인은 해외에서 돌아온 유학생, 일반 지식인과 함께 아메리카파를 추종했다. 이들은 모두가 신사들이었다. 100여 명의 의원을 가진 아메리카파는 의정원(국회-옮긴이) 내에서 다수파였다.

'시베리아-만주파' 의원은 80여 명밖에 되지 않았다. 이 일파는 초창기부터 민족운동의 지도자였으며, 몇 년 동안이나 왜놈들과 싸웠던 이동휘 장군이 영도했다. 이 일파는 왜놈들과 전쟁을 하기를 바랐다. 그들은 1만 명의 군사만 있으면 한 달 내에 압록강을 건너가서 조선에 있는 왜놈들을 모조리 쓸어버릴 수 있다고 말했다.[30]

통합임시정부의 대통령 이승만과 국무총리 이동휘는 섞이려야 섞일 수 없는 '물과 기름' 같은 존재였다. 이승만은 조선이 독립하는 길은 미국을 통한 외교노선뿐이라고 믿었다. 그는 소련의 도움을 받아 만주·연해주를 기반으로 무장투쟁에 나서자는 이동휘의 노선에 동의할 수 없었다. 그것은 조국을 공산주의의 노예로 만들고 조선 독립에 대한 미국의 지지를 현저히 해치는 그릇된 길이었다. 반대로 이동휘는 미국에 틀어박혀 조선을 위임통치해 달라는 청원이나 해 대는 이승만을 인정할 수 없었다.

이 무렵 이승만은 1919년 2월 파리강화회의 참석이 좌절된 뒤 미국에 '위임통치' 청원을 냈다는 사실이 공개되며 큰 궁지에 몰려 있었다. 신채호 같은 이들은 이승만을 겨냥해 "이완용은 있는 나라를 팔아먹었 지만 이승만은 생기지도 않은 나라를 팔아먹으려 했다"며 격하게 비난 했다. 이승만은 이런 노선 갈등을 수습하며 역량을 한데 모아야 할 통합임시정부의 대통령이었지만, 5년 6개월의 재임 기간 중 상하이에 머문 시간은 1920년 12월부터 1921년 5월까지 6개월에 지나지 않았다. 결국 이승만은 "임시정부 기능을 회복하고 독립운동계의 질서를 바로 세우는 데 기여할 것"이란 기대와 달리 "갈등만 키우는" 존재가 됐다.

갈등의 골이 깊어지자 분열이 진행됐다. 장지락의 지적대로 이승만은 임시정부의 다수파를 대표하는 인물이었다. 무장투쟁 노선이 임시정부를 주도할 수 없다는 결론을 내린 이동휘는 1921년 1월 사임했다.[31] 통합임시정부의 산파였던 안창호도 비슷한 시기 임시정부를 떠났다. 김홍일은 당시 임시정부의 분열 양상에 대해 "우리 민족진영 인사가 제각기 동서남북으로 쓸쓸히 흩어지는 꼴을 보고 내 심정은 참으로 천 갈래 만 갈래 찢기는 것 같았다"라고 심경을 밝혔다.

임시정부에 대한 기대가 차갑게 식어 가던 1922년 2월 8일 상하이에서 끔찍한 비극이 터졌다. 이동휘 국무총리 밑에서 국무원 비서장을 지냈던 거물급 독립운동가 김립金立을 임시정부 소속 경호원 오면직과 노종균이 총으로 쏴 죽인 것이다. 누구의 지시였을까. 김구金九 (1876~1949) 경무국장이었다. 살해의 이유는 '돈'이었다. 레닌은 3·1운동 이듬해인 1920년 조선 독립혁명을 위해 200만 루블을 무상 원조하기로 약속했고, 1차분 40만 루블을 그해 9월 임시정부 모스크바 전

권대사이자 한인사회당원인 한형권韓馨權 등에게 순금으로 지급했다. 그러나 이 돈은 임시정부에 입금되지 않았다.

김구는 이 돈을 이동휘 전 국무총리와 김립이 공모해 횡령했다고 판단했다. 소중한 임시정부의 공금에 손을 댔으니 처단되어야 마땅하다고 생각했다.[32] 그러나 성균관대 임경석 교수는 레닌이 이 돈을 지급한 상대는 임시정부가 아니라 이동휘와 김립이 이끌던 조선 최초의 사회주의 정당인 한인사회당이라고 주장한다. 김구가 씌운 공금횡령 혐의가 부당하다는 지적이다. 임경석 교수는 이 사건으로 "상하이 망명자 사이에 존재했던 동지적 유대감이 산산이 부서졌"고 "상하이 조선 독립운동가 사이에 냉담한 기운이 휘돌았다"[33]고 말했다. 정견과 조직이 다르면 한때 동료였던 사람의 손에 목숨을 잃을지도 모르는 '살벌한 시대'가 도래한 것이다.

갈기갈기 찢어진 임시정부에 궁핍이 찾아든다. 임시정부 초대 임시의정원 의장을 지낸 이동녕李東寧은 "상하이 명문 지장대학芝江大學을 나와 좋은 직업을 갖고 있던" 후배 독립운동가 엄항섭嚴恒燮의 집에서 기식했고, 김구는 일정한 주거지 없이 주변을 돌아다니며 자주 걸식했다.[34] 정정화는《장강일기》에서 "여기저기 다니다가 배가 출출하면 서너 시쯤" 찾아와 "후동[35] 어머니 나 밥 좀 해 줄라우"라고 묻던 김구를 애틋하게 회상했다. 상황이 이렇다 보니 김구와 이동녕은 청년들에게 "해외든 어디든 가서 배울 수 있는 사람은 배우고, 직장을 가지고 돈을 벌 사람은 벌고 해서 공부하면서 일하라"고 조언했다. 청년들에게 임시정부의 사정을 보고 실망하는 대신 각자도생으로 활로를 뚫으라고 권한 것이다.

상하이 독립운동가 대부분은 일제의 철저한 감시를 받았고, 이들은 체포와 암살에 대한 공포 때문에 프랑스조계 밖을 나가는 것[36]도 삼가야 했다. 상하이 일본영사관은 임시정부 요인의 동태 파악과 내부 분열을 위해 끊임없이 밀정을 파견했고, 경무국장 김구는 끈질기게 이들을 색출해 응징했다.[37] 안창남이 임시정부를 찾아온 1925년 초는 힘겨운 고통 속에서도 차마 간판만은 내리지 못하던 임시정부 최대의 침체기였다.

임시정부와 비행기

1925년 초 상하이 임시정부는 조선이 낳은 '천재 비행사' 안창남을 받아안을 형편이 못 됐다. 그렇다고 임시정부가 항공전력의 중요성에 관심을 두지 않았던 것은 아니다.

1919년 임시정부가 기틀을 잡는 데 결정적인 기여를 한 이는 안창호 내무총장 겸 국무총리 대리였다. 그는 항공전력의 중요성을 누구보다 잘 알고 있었다. 그렇기에 임시정부는 1920년 1월 13일 〈국무원 포고 1호〉와 1920년 3월 〈시정방침〉에 비행대 편성과 비행사양성소를 설치한다는 내용을 포함했다.[*]

임시정부 설립 초기 안창호는 실제로 비행기대 편성을 위해 노력했다.《도산일기》에서 그와 관련한 기술을 찾을 수 있다. 안창호는 1920년 1월 15일 일기에서 황진남黃鎭南에게 "미국인 모 씨를 방문해 비행기에 대한 건으로 면회하기를 청"했고, 약속대로 다음 날 황진남과 이 미국인을 만나 비행기 구입과 조종사 고용 문제를 상담했다. 2월 8일엔 미국인 조종사 '에드맨'과

---

[*]   윤선자,《대한독립을 위해 하늘을 날았던 한국 최초의 여류비행사 권기옥》, 역사공간, 2016, 52~53쪽.

고용 협상을 벌인 끝에 승낙을 받는다.

안창호가 임시정부에 비행대가 필요하다고 생각한 것은 "비행기로 민심을 격발하고 장래 국내에 대폭발을 일으키기 위함"이었다. 즉 비행기를 통해 국내에 독립사상을 고취하는 전단을 뿌리고 여러 독립운동단체와 신속히 연락을 취하려 한 것이다. 그러나 항공대 설립계획은 임시정부의 자금난으로 실패했다.

비행사양성소를 만든다는 계획은 결실을 맺었다. 다만 장소가 상하이가 아닌 미국이었다. 노백린盧伯麟(1875~1926) 군무총장의 주도로 임시정부는 1920년 2월 미국 캘리포니아주 윌로우스에 비행사양성소를 설치했다. 여기에 돈을 댄 것은 윌로우스에 거주하던 조선인 '백미대왕' 김종림金鍾林이었다. 미국에서 쌀농사로 거대한 부를 축적한 김종림은 노백린의 비행학교 건설계획을 듣고 일시불 2만 달러에 매달 3000달러를 지원하기로 약속한다. 1년에 5만 6000달러라는 거금이었다. 이 돈을 현재 화폐가치로 바꾸면 1000만 달러에 이른다.*

노백린은 윌로우스농장 부지에 비행사양성소를 만든 뒤 5월 비행기 두 대를 구입하고 미국인 기술자 한 명과 비행사 여섯 명으로 교관단을 구성했다. 노백린은 현지신문《윌로우스 데일리 저널Willows Daily Journal》과 인터뷰에서 "한국인들에 의해 설립된 이 비행학교는 1년 전 시작된 독립운동의 연장선이다. 궁극적으로 일본과 전쟁하는 데 참가할 수도 있는 조종사들을 훈련할 목적으로 운영될 것"이라고 말했다.

이 학교는 1922년 6월 41명, 1923년 11명의 졸업생을 배출했고, 무선통신

---

* 한우성·장태한, 앞의 책, 138~139쪽.

장비를 갖춘 비행기도 다섯 대나 확보했다. 그러나 임시정부가 선언한 독립 전쟁이 시작되지 않고 동포들의 지원이 줄면서 문을 닫았다.*

---

* 김희곤,《한국 독립운동의 역사 23: 대한민국 임시정부 I 상해시기》, 독립기념관 한국독립운동사연구소, 2009, 122~123쪽.

06

조선 독립과
중국 혁명의
소용돌이에 갇히다

권기옥의 한숨, 안창남의 한숨

안창남은 1925년 1월 상하이에서 "약 일주일 동안 그곳 임시정부 지도자들을 만난" 뒤 다시 "어디론가 종적을 감췄"다. 상하이의 열악한 상황을 직접 확인한 뒤, 임시정부를 토대로 조선 청년들에게 비행술을 가르쳐 조국 독립에 기여하겠다는 애초 계획이 실현될 수 없는 '몽상'임을 깨달았을 것으로 보인다. 이후 안창남은 향후 활동 방향을 놓고 긴 모색의 시간을 보냈을 것으로 추정된다.

그와 같은 고민에 빠진 것은 안창남뿐만이 아니었다. 1917년 평양에서 아서 스미스의 곡예비행을 "넋을 잃고 쳐다보"던 권기옥도 이 무렵 어엿한 조선 최초의 여성 비행사로 성장해 있었다. 권기옥은 평양 숭의여학교 시절 3·1운동에 참여했다가 평양경찰서에서 3주 구류, 10월엔 평양만세운동을 주도한 혐의로 징역 6개월을 선고받았다. 형기를 끝내고 1920년 4월 석방된 권기옥이 갈 곳은 임시정부밖에 없었다. 1920년 11월 상하이에 도착한 뒤 항저우 홍따오여학교에 입학해 영어·중국어 등을 배웠다. 이후 상하이 인성학교에서 잠시 교사생활을 하다 오랫동안 꿈꿔 왔던 비행사의 길을 찾아 나섰다.

권기옥이 중국에서 비행교육을 받기 위해 입교를 희망한 곳은 상하이에서 멀리 떨어진 윈난성의 윈난항공학교였다. 1923년 말 이시영李始榮(1869~1953) 임시정부 재무총장 등의 추천서를 받아 들고, 이영무李英茂·이춘李春·장지일張志日 등 조선인 청년 세 명과 함께 윈난으로 향했다. 당시 윈난 독군(군사령관)이었던 탕지아오唐繼堯는 노백린 임시정부 군무총장의 일본 육군사관학교 동기였다. 그는 일본 유학생활을 한 덕에 조선의 현실을 잘 알았고, 1909년 방문한 적도 있어 조선의 입장을 동정하고 있었다.[1]

탕지아오는 머나먼 윈난까지 찾아온 권기옥에게 조선의 실정과 독립운동의 흐름에 대해 이것저것 물은 뒤 항공학교 교장에게 추천서를 썼다. "남자들도 비행기를 무서워하는데 여자가 독립운동을 위해 변방까지 왔으니 입학을 허가해 달라"는 내용이었다. 윈난에서 탕지아오의 말은 곧 법이었으니 입학은 확정된 것이나 다름없었다. 학교 당국은 사실상 유일한 여성 교육생이던 권기옥을 위해 숙소를 별도로 마련하고 여자 보조원을 배속하는 성의를 보였다.

권기옥은 1925년 2월 28일 윈난항공학교를 무사히 졸업해 비행사가 됐다. 입학생 서른아홉 명 가운데 조종사로 졸업한 이는 권기옥 등 열두 명밖에 없었다. 조선인 최초의 여성 비행사가 탄생한 순간이었다. 어렵게 비행술을 익힌 권기옥은 1926년 1월 7일 '2의 고향'과 같은 상하이로 돌아왔다. 그러나 임시정부에 큰 기대는 없었다. 석 달 전인 1925년 11월 상하이로 먼저 내려간 동기 장지일이 임시정부의 형편이 비행기 구입은커녕 청사를 유지하기도 어려운 상황이란 소식을 전해 왔기 때문이다.[2]

'애써 배운 비행술로 앞으로 뭘 해야 하나 ….'

임시정부의 열악한 상황을 목도한 안창남도, 권기옥도 머리가 복잡했을 것이다.

이후 안창남의 행적과 관련해 두 가지 기록이 남아 있다. 안창남이 숨진 뒤인 1931년 조선에는 '안창남이 살아 있다'는 소문이 돌았다. 도쿄렌칸東京連間여객에 근무하는 차형모車亨模란 인물이 퍼뜨린 소문이었다. 그러자《별건곤》이 1931년 3월 이 '가짜 뉴스'에 대한 검증에 나선다. 기사에 따르면 안창남은 상하이를 방문한 뒤 광둥으로 가 군벌 천중밍陳炯明에게 몸을 맡길 계획이었다. 그 무렵 광둥항공학교 교장은 안창남이 일본에서 친히 가르치던 제자였는데 "그 사람이 전에도 안 군을 광둥으로 오라고 청한 적이 여러 번 있었"기 때문이다.

그러나 천중밍은 1925년 초엔 쑨원과 대결하다 패해 광둥에서 쫓겨난 상태였고, 안창남과 같은 시기 도쿄에서 활약하던 셰원다는 1926년 3월 광둥항공학교의 교장이 아닌 교관으로 부임했다. 안창남이 잘못된 정보에 기대 광둥행을 추진했거나《별건곤》기자가 부정확한 '전언'을 기사화한 것으로 보인다.

다음은《안창남 비행기》를 쓴 염근수의 설명이다. 그는 안창남이 "남방혁명군 궈쑹링郭松齡의 초빙을 받아 '육군 중장'의 직무에 임명돼 방공비행기로 맹렬한 활동을 했으나 베이징에 있는 풍군(펑위상군-옮긴이)의 반동으로 남방군의 북진이 일시 수포에 돌아가게 됐다"라고 적었다. 안창남이 귀쑹링군에서 활약했다는 것이지만 이 또한 잘못된 기술이다. 후술하겠지만 귀쑹링은 쑨원의 뜻을 받들어 북벌을 추진하던 남방혁명군 소속이 아닌 만주 장쒜린 휘하 군벌이었고, 쑨원에 협력하던 펑위상의 반동은 혁명군이 북진하는 데 위협 요소가 아닌 좋은 기회였다. 앞서 언급했듯 펑위상은 2차 펑즈전쟁에서 우페이푸를 배신하고 베이징을 점령한 뒤 "삼민주의를 따르겠다"며 쑨원을 베이징으로 초청했다.

그러나 염근수의 다음 기술은 사실에 합치하는 듯 보인다. 안창남이 "(상하이-옮긴이) 거류 조선 동포 간에 파벌관계로 운동이 여실히 진전되지 못함을 보고, 모 씨의 안내로 베이핑北平[3]에 가 청년회관에 머물며 조선청년동맹에 가입해 여러 가지로 활동했다"는 것이다. 이 기록대로 안창남은 상하이의 열악한 상황을 확인한 뒤 어디론가 자취를 감췄다. 이 시기 또 다른 독립운동 근거지였던 베이징으로 이동해 독립운동의 새로운 길을 모색했다고 봐도 큰 무리가 없다. 그러나 안창남이 베이징에서 가입했다는 조선청년동맹의 명확한 실체는 확인할 수 없었다.

여운형

독립운동을 위해 중국으로 망명한 안창남에게 실질적인 도움을 준 이

여운형

여운형은 1929년 7월 상하이에서 야구 경기를 관람하다 체포돼 경성으로 압송됐다. 쇼
와 4년(1929년) 7월29일 촬영했다는 기록으로 봐 경성 압송 직후 서대문형무소에 수감
되며 찍은 사진인 것 같다.

는 여운형이었다. 안창남은 상하이에 도착한 직후 바로 여운형과 만났
을 것으로 보인다. 김홍일·류기석 등 앞서 상하이에 도착한 다른 조선
청년처럼 여러 단계를 거쳐 결국 여운형에게 인도됐을 수 있고, 중국
망명 직전에 만난 이상재의 소개로 도착 즉시 그를 찾아갔을 수도 있
다. 류기석도 《30년 방랑기》에 안창남이 "상하이에 도착한 뒤 바로 그
에게 활로를 지시해 줄 것을 청하러 여 선생을 방문하러 갔다"라고 적
었다.

당시 상하이 조선인 사회의 중심이었던 여운형과 천재 비행사 안창남
은 서로 구면이었다. 둘의 인연은 6년 전인 1919년 말로 거슬러 오른다.

3·1운동으로 조선인의 거대한 독립 의지를 확인한 일본 하라 내각

은 조선의 통치방침을 문화통치로 전환하는 동시에 일본의 식민통치에 협력할 '친일파' 육성에 나선다. 일본 정부가 공개적인 회유대상으로 점찍은 이는 여운형이었다. 이 무렵 일본 정부는 여운형이 신한청년당을 결성해 김규식을 파리강화회의에 파견하고 이것이 3·1운동이라는 역사의 수레바퀴를 움직였다는 사실을 파악하고 있었다.[4] 일본 정부에서 식민지정책을 총괄하는 부서인 척식국의 고가 렌조古賀廉造 장관이 여운형을 도쿄로 불러들여 회유하는 공작을 주도했다.

'도쿄에서 조선 문제에 대해 논의하자'는 일본 정부의 의향이 상하이의 여운형에게 전달된 것은 1919년 9월께였다. 여운형은 "신변 보장을 책임진다"는 일본 정부의 약속과 '호랑이를 잡으려면 호랑이 굴로 들어가야 한다'는 안창호 등의 조언에 의지해 1919년 11월 14일 상하이를 출발했다. 통역으로는 와세다대 전교 웅변대회 1등 출신이자 당시 인천에서 수감 중이던 절친 장덕수를 지목했다. 여운형 일행은 1919년 11월 18일 도쿄에 도착했다.

여운형은 도쿄역으로 마중 나온 도쿄 유학생들 앞에서 "나는 일본 지도층과 타협하러 오지 않았다. 자치를 구걸하러 온 것도 아니다. 독립을 하겠다고 담판하러 왔다"고 소신을 밝혔다. 도쿄의 아카바네비행기제작소 기계부에서 발동기의 원리를 연구하던 안창남이 이 모임에 참석했을 가능성은 거의 없다. 그러나 이 방문에서 도쿄를 들썩이게 할 정도로 대활약을 펼친 여운형의 이름이 머리에 각인됐음이 분명하다. 여운형도 3년 뒤인 1922년 고국 방문 비행을 통해 한반도를 떠들썩하게 만든 안창남의 활약을 전해 들었을 것임이 틀림없다.

여운형은 도쿄에서 고가 장관, 다나카 기이치田中義一 육군대신, 미즈노 렌타로 조선총독부 정무총감, 우쓰노미야 다로宇都宮太郎 조선군사령관, 노다 류타로野田卯太郎 체신대신 등 일본의 주요 고위 관료와 만났다. 여운형은 식민지배의 불가피성을 역설하는 이들의 주장을 하나씩 시원스레 논파하며 조선 독립의 정당성을 호소했다. 이어 1919년 11월 27일 도쿄 데이고쿠帝國호텔 앞에 모인 500여 명의 기자와 저명인사 앞에서 조선 독립이 왜 필요하며 왜 정당한지에 대해 명연설을 쏟아 냈다. 그를 도쿄로 불러들여 무릎 꿇리려던 일본 위정자들에게 멋진 편치 한 방을 먹인 셈이다. 여운형 '공작 실패'는 이후 일본 정국을 시끄럽게 하는 대형 정치 스캔들로 발전한다.

조선 독립과 중국 혁명

여운형은 말 그대로 "한국의 근현대사가 낳은 호걸" 중의 호걸이었다. 여운형은 달변이었을 뿐 아니라 풍채도 뛰어나 그를 본 이들은 "그 풍채가 온 청중의 신임을 모았다"거나 "과거의 명예가 없어도 수업과 풍채와 스타일만 가져도 이름을 낼 분"이라고 반응했다.

여운형의 행보는 교민 사회에만 머물지 않았다. 당대를 주름잡던 중국 혁명가들과도 다양하게 교류했다. 특히 1917년《찌린바오字林報 (North China Daily News)》기자 첸한밍陳漢明의 소개로 쑨원과 처음 만난 뒤 1918년 11월 파리강화회의에 조선 대표를 파견하는 문제, 1919년

11월 도쿄를 방문해 일본 고위 관료들과 담판하는 문제, 조선과 중국의 대일정책, 조선의 독립운동 등 다양한 현안과 관련해 자주 얼굴을 마주하고 의견을 전하고 조언을 받았다.

둘의 인연은 쑨원이 상하이에서 광저우로 이동한 뒤에도 이어졌다.[5] 여운형은 이따금 광저우의 쑨원을 방문해 그의 소개로 광둥 군벌 천중밍은 물론, 이후 중국 현대사에 큰 획을 긋는 장제스·마오쩌둥毛澤東(1893~1976)·왕징웨이汪精衛(1883~1944) 등과도 교류했다.[6] 상하이대한거류민단장이자 쑨원 등 중국 혁명지사들과 폭넓은 인맥을 구축한 그의 곁으로 청년이 모여드는 것은 당연한 일이었다.[7]

무엇보다 여운형은 헌신적이었다. 김홍일이 소개한 여운형 관련 일화다. 1924년 상하이에서 활동하던 조선 청년 장덕진張德震이 임시정부의 재정난을 타개해 본다는 명분으로 무리한 계획을 세웠다. 상하이에 있는 중국 깡패 두목이 모이는 도박판을 털기로 한 것이다. 장덕진은 대담하게도(!) 조선인 청년 동지를 규합해 도박판 판돈을 강탈하려 했다.

하지만 조선에서 굴러들어 온 청년들에게 그냥 앉아서 당할 상하이 깡패들이 아니었다. 조선 청년들이 판돈을 강탈하려 하자 주먹과 칼과 총알을 사정없이 날렸다. 장덕진은 총을 맞아 피 흘리며 쓰러져 숨졌고, 다른 청년들은 관헌에 체포됐다. 이들이 붙잡힌 장소가 프랑스조계였기 때문에 재판 관할권이 프랑스 영사에게 있었다.

이 소식을 새벽 1시께 이부자리에서 들은 여운형은 당장 일어나 상하이 프랑스 영사의 집으로 달려갔다. 영사 쪽에선 무슨 일인지는 모르지만 '내일 만나자'며 여운형을 밀어냈다. 여운형은 막무가내였다.

"우리 대한의 죄 없는 젊은이들이 권총에 맞아 죽고 잡혀가고 한 판에 내일 만나자고? 아니 무슨 말씀을 그렇게 하시오."

결국 프랑스 당국은 체포된 조선 청년들을 재판 없이 석방했다.[8] 여운형에 대한 세 권짜리 대작 평전을 남긴 강덕상 명예교수는 상하이 시절의 여운형에 대해 "인맥이 폭넓었고 남을 도와주길 좋아했으며 통솔력과 조정력을 가진 청년 지도자"였다며 "상하이에서 가족과 함께 지냈던 그의 거처에는 서울 동대문 밖의 자택처럼 끊임없이 젊은이들이 출입하는 바람에 식객이 끊이지 않고 항상 시끌벅적했다"라고 적었다.

안창남이 상하이에 도착한 1925년 여운형이 고민했던 과제는 침체된 독립운동에 활력을 불어넣는 일이었다. 여운형의 비서 출신으로 1984년 《여운형 평전》을 써낸 시인 이기형은 "1924~1925년 이후 일제의 가혹한 탄압으로 임시정부는 무력화되고 두드러진 활동이 없었다. 그때 몽양은 중국 혁명이 곧 조선 해방이란 소신을 갖고 중국 혁명운동에 적극 협력했다"라고 적었다. 위기에 빠진 독립운동을 구원하기 위한 활로를 쑨원이 추진하던 국공합작에 의한 중국 혁명에서 찾은 것이다.[9]

흥미로운 것은 중국 군벌들에 대한 여운형의 평가였다. 1920년대 말까지 중국 각지의 군벌이 강력한 군사력을 유지했기 때문에 조선 독립을 위해 누구와 협력하고 누구와 거리를 둬야 하는지 냉정하게 판단해야 했다. 여운형은 레프 카라한Lev Karakhan 재중국 소련 대사에게 "장쭤린은 일본과 결탁하려 하고, 우페이푸는 완매하고, 펑위샹은 공산당과 협력할 마음이 있다. 그러니 그(펑위샹-옮긴이)와 제휴하고 중국공산당은 국민당과 악수케 하고 소련은 이들에게 무기를 줘야 한다"[10]는 소신을 밝혔다. 국민당이 공산당원을 받아들일 수 있게 당을 개혁하고 소련은 이들에게 무기 등 군사지원을 한다는 1924년 1차 국공합작의 방향과 정확히 일치하는 견해였다.

여운형이 높게 평가한 펑위샹은 1925년 당시 베이징을 장악하고 있던 강력한 군벌이자 국민당에 협력적이며, 이후 소련의 군사지원을 받아 '붉은 장군'이란 별명이 생기는 등 사회주의에도 사고가 열려 있는 인물이었다.

현실과 이념 양쪽을 모두 생각할 때 펑위샹의 국민군은 조선인 안창남이 활동 근거지로 삼기에 가장 적합한 세력이었다. 결국 여운형은 5장 앞부분에 소개한 대로 안창남이 펑위샹군에 채용되도록 돕는다. 그뿐만이 아니었다. 1926년 1월 비행사가 되어 상하이로 귀환한 권기옥에게도 펑위샹군 입대를 권하며 소개편지를 썼다. 그는 자신을 찾아 광저우를 방문한 권기옥에게 일제와 〈미쓰야협정〉[11]을 체결해 조선 독립군에게 막대한 피해를 입힌 장쭤린을 만주에서 몰아내도록 펑위샹을 도와야 한다고 역설했다.[12]

안창남의 펑위샹군 합류 소식은 1925년 11월 말 조선에 전해졌다. 《시대일보》는 11월 29일 "풍운은 급전직하해 압록강 저쪽 동삼성 전 지역이 장차 전쟁판으로 바뀔 듯"한 상황이라며 "상하이 방면에 우거하며 대세의 움직임을 관망하던 안창남 비행사는 요사이 전국에 투신할 작정으로 방금 무장을 준비하는 중"이라고 전했다. 이를 시작으로 안창남의 움직임을 전하는 각 신문의 보도가 쏟아진다.

상하이 방면에 있던 안창남 군도 이번 전국에 몸을 던졌다고 전해지고 있다.

－《조선신문》1925년 11월 28일

조선 비행사로 이름이 자자하던 안창남과 장덕창[13] 양씨도 펑위샹군에 가
담해 목하 베이징-장자커우 사이를 왕복하면서 활약 중이라더라.

－《동아일보》1925년 12월 5일

조선인 비행사 안창남, 장덕창도 풍군에 가담하여 목하 베이징-장자커우
간을 왕복하면서 활약 중이라더라.

－《매일신보》1925년 12월 5일

궈쑹링반란

그러나 국민군 내 안창남의 활약은 오래 이어지지 못했다. 안창남의 합
류 직후 발생한 궈쑹링반란으로 펑위샹군의 세력이 급속히 위축됐기
때문이다.

펑위샹은 1924년 말 2차 펑즈전쟁 때 우페이푸를 배신한 뒤 베이징
은 물론 현재 지명으로 허베이성 서부, 네이멍구자치구, 깐수성 일대를
포괄하는 중국 서북부의 광범위한 지역을 손에 넣었다. 펑위샹의 '지나
친' 세력 확장은 2차 펑즈전쟁 때 당한 배신으로 복수의 일념에 불타고
있던 우페이푸와 2차 펑즈전쟁 때 함께 싸웠던 '옛 동지' 장쭤린을 자

극했다. 둘은 펑위샹을 견제하기 위해 손을 잡는다.

펑위샹은 장쭤린·우페이푸의 포위 압박에 대응하기 위해 소련에 군사협력을 요청하는 한편, 장쭤린 휘하의 주요 무장 궈쑹링에게 접근했다. 궈쑹링은 장쭤린이란 친일 군벌 아래 있었지만 사고가 개방적이고 나름 진보적인 인물이었다. 1911년 신해혁명 이후 쑨원의 중국동맹회에 가입했고, 1917년 쑨원이 1차 북벌인 호법전쟁을 시작하자 이에 호응해 광저우로 향했다. 그러나 1차 북벌이 좌절된 뒤 고향 펑톈으로 돌아가 장쭤린이 설립한 동삼성육군강무당의 교관으로 취직했다. 궈쑹링은 장쭤린의 아들이자 이후 시안사변을 일으켜 중국 현대사의 물길을 돌려놓는 장쉐량張學良(1898~2001)이 동삼성육군강무당 1기로 입교하자 그를 가르치며 끈끈한 형제의 연을 맺는다.

1925년 말 장쭤린은 펑위샹의 세력 확장을 막기 위해 궈쑹링에게 토벌 준비를 명했다. 그러나 궈쑹링은 이에 따를 생각이 없었다. 궈쑹링이 장쭤린에 맞선 이유는 두 가지였다. 첫째는 논공행상에 대한 불만이었다. 궈쑹링은 개명한 군벌이었지만 자신의 이익을 가장 중시하는 '군벌'의 속성을 극복하진 못했다. 그는 2차 펑즈전쟁의 논공행상에서 장쭤린 휘하 주요 무장 가운데 유일하게 한 성의 독군(군정장관) 자리를 배정받지 못했다. 그는 자신이 장쭤린에게 부당 대우를 받았다고 생각했다.

둘째는 '반일'이라는 명분이었다. 궈쑹링은 중국이 일본 등 외세에 맞서려면 불필요한 내전을 끝내고 하루빨리 근대화에 나서야 한다고 믿었다. 궈쑹링이 반란을 일으키기 직전의 일이다. 그는 돤치루이 정권이 파견한 방일 군사대표단의 일원으로 도쿄를 방문하고 있었다. 그의 호텔로 일본 육군 참모본부의 한 요원이 찾아왔다. 일본 육군의 요원은 다짜고짜 "장쭤린 장군의 밀약을 조인하러 온 것이냐"고 물었다. 궈쑹링은 "아니다"라고 답했다. 그러자 일본군인은 황급히 자리를 물러났다. 궈쑹링은 대표단의 일원이었던 펑위샹의 측근 한푸쥐韓復榘에게 "거대한 이웃나라가 호시탐탐 기회를 엿보고 있는데 장쭤린은 국가를 팔려 한다. 나는 국가의 군인이지 개인의 개가 아니다. 동의할 수 없다"고 말했다. 궈쑹링은 장쭤린의 친일 행각을 이해할 수 없었다.

이 과정에서 궈쑹링은 국민당과 연대하며 소련의 지원도 받고 있는 펑위샹에게 호감을 품게 됐다. 급속히 관계가 가까워진 펑위샹과 궈쑹링은 1925년 11월 22일 장쭤린에 맞서기 위해 비밀동맹을 맺었다. 이튿날인 23일 궈쑹링은 내전 반대와 장쭤린 하야를 요구하며 거병했다. 펑위샹도 25일 이에 호응해 장쭤린 토벌 성명을 발표했다. 궈쑹링은 거병 직후인 30일에 자신의 '대의'를 대내외에 과시하기 위해 부대명을 장제스의 '국민혁명군', 펑위샹의 '국민군'과 보조를 맞춘 '동북국민군'이라 개칭했다.

장쭤린에게 궈쑹링의 반란은 불의의 일격이었다. 궈쑹링이 이끄는 펑톈군 3방면군은 장쭤린 휘하 최강 군단으로 8만 명의 병력을 거느리고 있었다. 궈쑹링군이 펑톈으로 진격하기 시작하자 장쭤린은 자신의 운명이 끝났다고 판단하고 하야하고 일본이 통치하던 다롄으로 가기로 결심했다. 그런 장쭤린을 만류한 이들이 있었다. 일본이었다.

일본은 만주에서 일본의 '특수권익'을 보장하는 세력이라면 그 주인공이 꼭 장쮜린이 아니더라도 상관없었다. 관동군은 서둘러 평톈으로 진격 중인 궈쑹링의 의향을 파악했다. 그는 만주 내 일본의 권익을 존중하라는 일본 관동군 장교에게 "난 일본의 특수권익이 뭔지 잘 모르겠다. 중국의 내정에 간섭 말라"며 차갑게 반응했다. 궈쑹링은 12월 1일 방문한 요시자와 겐키치芳澤謙吉 일본 공사에게는 "동삼성 정부 또는 장쮜린이 일본과 맺은 조약과 계약을 모두 무효로 하겠다"고 선언했다. 일본 입장에선 청일전쟁과 러일전쟁으로 쌓아 올린 만주권익이 위협받는 절체절명의 위기가 닥친 셈이었다. 일본은 이 불확실성을 제거하기로 마음먹는다.

일본은 궈쑹링 제거를 위해 실력행사에 나섰다. 1932년 윤봉길尹奉吉 의사의 상하이 의거로 목숨을 잃는 시라가와 요시노리白川義則 관동군 사령관은 12월 8일 궈쑹링과 장쮜린 양쪽 모두에게 일본이 경영하는 남만주철도 30킬로미터 이내로 접근하면 무장해제에 나서겠다고 경고했다. 이는 일견 공평한 처사로 보이지만 평톈으로 진격하는 궈쑹링의 움직임을 제한해 수비하는 장쮜린을 돕는 행위였다.

그와 함께 1000여 명의 일본군이 평톈 시내에 진입해 들썩이는 치안을 정비했다. 일본이 장쮜린의 편에 섰음이 분명해지자 민심이 급격히 안정됐다. 그 사이 헤이룽장성과 지린성에서 달려온 응원군이 속속 평톈으로 모여들었다. 만주의 혹독한 추위 속에서 고립된 궈쑹링군은 잇따른 전투에서 패한 뒤 궤멸했다. 궈쑹링과 부인 한수슈韓淑秀는 12월 24일 한 농가의 야채창고에서 잡혀 다음 날 총살됐다.

궈쑹링반란을 진압한 뒤 장쮜린은 배후 세력인 펑위상을 치기 위해

'어제의 적'이었던 우페이푸와 본격적으로 손을 잡았다. 동맹의 이름은 소련의 지원을 받고 있는 펑위샹을 타도한다는 뜻에서 '반적동맹'이라 정했다. 여기에 펑위샹이라면 이를 가는 장쭝창張宗昌의 직노연합군直魯聯合軍이 가세했다. 포위망이 좁혀 오자 펑위샹은 1926년 1월 1일 서북방어독판과 국민군 1군총사령이라는 직함을 내려놓고 하야했다. 이어 3월엔 중국을 벗어나 소련을 시찰하겠다고 발표했다.[14] 주인이 자리를 비우자 펑위샹의 국민군은 반적동맹의 공격에 연패하며 세력이 급속히 약화됐다.

안창남은 이 시기 국민군을 벗어난 것으로 추정된다. 펑위샹의 하야 시점이 1926년 1월이니 안창남이 펑위샹군에서 나온 것도 이를 전후로 한 시점이었을 것이다. 결국 안창남의 국민군 내 활동기간은 1~2달에 그쳤을 것으로 추정된다.

윈난항공학교에서 비행교육을 받고 비행사가 된 권기옥과 이영무가 펑위샹군에 도착한 것은 그 직후인 1926년 2월 중순이었다. 여운형의 추천서를 들고 베이징에 도착한 권기옥 일행은 베이징에서 서북쪽으로 100여 킬로미터 떨어진 난위안으로 향했다.[15] 이곳 난위안항공학교에 펑위샹의 국민군항공대가 자리 잡고 있었다. 펑위샹의 국민군은 4월 직노연합군에게 베이징을 내준 뒤 8월엔 세력이 크게 줄어든 채 내몽골로 밀려났다. 9월엔 항공대도 해산했다.[16] 권기옥도 퇴직금으로 20원을 받고 국민군을 떠났다.

안창남이 국민군을 이탈한 직후인 1926년 1월 그가 다시 한 번 비행학교 건설을 시도하고 있다는 보도가 나왔다. 중국에 간 적이 없는 장덕창과 이기연이 펑톈전란(귀쑹링반란) 때 활약했다고 전하는 등 다소 신빙성이 떨어지는 기사다.

> 지난 번 펑톈전란 때 동삼성의 천지에서 활약한 조선인 비행사들이 있다. (여기에 참여한-옮긴이) 안창남·이기연·장덕창 등 조선인 비행사는 전란 이 끝난 뒤 목하 조선에서 항공학교 설립을 계획하고 있다. 최근에 그 계획 이 구체적으로 진행돼 올해 중에 여의도에 격납고를 건설해 각 양식의 비 행기 여덟 대를 연습용으로 삼아 항공학교 개교를 위해 노력하고 있다고 한다.
> -《조선신문》1926년 1월 28일

이 기사는 오보일 가능성이 높아 보이지만, 2000만 동포의 기억 속 에 여전히 생생히 남아 있는 '천재 비행사' 안창남을 포괄하는 비행학 교 설립계획이 실재했을 수도 있다. 기사에 언급된 이기연이 1926년 말 여의도비행장에 조선 최초의 비행학교인 경성항공사 비행기양성 소[17]를 설립하기 때문이다.[18]

도쿄 유학시절 인연을 맺었던 이기연이 안창남에게 자신이 준비 중인 비행학교 설립계획에 참여해 주길 요청했을 수 있다. 다만 이를 뒷받침할 만한 증언이나 자료는 존재하지 않는다.

평위샹군에서 물러난 지 얼마 지나지 않아 안창남은 중국 내 활동 근거지를 확보하는 데 성공한다. 그가 찾아간 이는 조선 독립과 중국 혁명의 완수란 관점에서 볼 때 좀 뜻밖의 인물이었다.

07

타이위안으로
가다

옌시산

평위샹의 국민군을 빠져 나와 갈 곳을 잃은 안창남은 상하이로 되돌아 갔다. 그곳에서 찾아갈 만한 사람은 이번에도 여운형밖에 없었다. 그렇지만 철석같이 믿었던 평위샹의 세력이 크게 꺾인 상황에서 여운형에게도 뾰족한 수가 없었다. 여운형은 "혁명진영 내에 이 비행 인재에게 알맞은 위치를 배정할 수 없"어 지인이던 칭화대학 총장 차오원시앙曹雲祥에게 "대책을 강구해 달라"고 부탁했다. 차오원시앙은 때마침 항공대 창설에 분주하던 산시성 군벌 옌시산을 떠올리고 그에게 안창남을 소개했다.

옌시산은 산시성의 북동부에 자리 잡은 우타이현의 농가에서 1883년 태어났다. 열아홉 살 때 산시성의 중심도시 타이위안의 산시무비학당에 입학했고 스물한 살이던 1904년 일본 육군사관학교로 유학을 떠났다. 이듬해 쑨원의 동맹회에 가입한 적이 있는 것으로 봐 젊은 시절 쑨원의 혁명정신에 감화받았음을 짐작할 수 있다. 옌시산은 일본 육군 사관학교를 졸업한 뒤 아오모리현 히로사키에 주둔해 있던 보병31연대 근무를 마치고 1909년 중국으로 돌아왔다. 이후 산시성 육군에서 교관으로 근무하던 1911년 신해혁명이 발생했다. 한때 혁명파였던 옌시산도 이에 호응해 자신의 근거지였던 타이위안에서 거병했다. 위안스카이는 중화민국 대총통에 오른 뒤인 1912년 옌시산을 산시성의 군정장관인 독군에 임명했다.

옌시산은 이후 줄곧 산시성의 군권과 행정권을 한 손에 틀어쥔 채 중앙정부와 불가근불가원의 원칙을 유지해 왔다. 중원의 복잡한 세력 다툼에서 한 발 떨어져 '국경을 지키고 백성을 평화롭게 한다'는 보경안민保境安民의 원칙을 내세운 것이다. 옌시산의 이런 고립주의를 당대인들은 '산시 먼로주의'라 불렀다. 안경을 쓰고 표독한 표정을 짓고 있는 옌시산의 중년 무렵 사진을 보면 한때 꿈꿨던 혁명의 열정을 잊어버린 노회한 군벌의 모습을 확인할 수 있다. 그리고 이 '노회함'은 적과 동료가 하룻밤에 바뀌는 '군벌의 시대'에서 살아남기 위해 꼭 필요한 자질이었다.

우페이푸와 펑위샹의 부침을 경험한 여운형과 안창남은 "친일 군벌만 아니라면" 일단 안정된 세력을 가진 군벌 밑에 들어가 추후 기회를 엿보는 게 좋겠다는 쪽으로 생각이 바뀌었던 것 같다. 그런 기준이라면 산시성에서 안정된 세력을 유지하던 옌시산만 한 사람이 없었다. 《동아일보》도 1930년 4월 12일 안창남의 부고에서 그가 옌시산을 택한 이유에 대해 "어떤 목적을 달성하려면 비교적 세력이 튼튼한 군대에 가입함이 좋겠다고 해" 옌시산군에 합류했다고 적었다.

안창남이 상하이에서 꿈을 펼치기 위한 기회를 엿보고 있을 무렵의 일이다. 그에게 다가와 일본의 '1등 비행사' 자격이 있다면 만주 장쭤린에게서 매달 800원의 높은 봉급을 받을 수 있다고 말하는 이가 있었다. 안창남은 그에게 "장쭤린은 일본 제국주의의 주구다. 그에게 가서 일하는 것은 일본 놈을 위해 일하는 것과 같고, 만약 돈을 위해서라면 도쿄의 일본인 수하에서 일하는 게 낫다"며 따르지 않았다. 그것은 안창남의 마지막 자존심이었다.

안창남이 타이위안에 도착한 시점은 1925년 12월~1926년 1월 정도였을 것으로 추정된다. 이 무렵 옌시산은 항공전력의 중요성을 깨닫고 본격적인 항공대 건설에 나서고 있었다. 산시성도서관이 정리한 〈산시공군山西空軍〉이란 자료에 따르면 옌시산은 1923년부터 항공대 건설 준비에 나서 1925년 봄 프랑스 유학생 판롄루潘連茹를 통해 프랑스제 코드롱Caudron 비행기 두 대를 사 온다. 이는 안창남이 산시에 도착했을 때 "옌시산 항공부대엔 두 대의 복엽 비행기만 있었다. 모터는 프랑스에서 사 온 것이고 비행기 몸체는 산시무기공장에서 자체 제작한 것"이라는 류기석의 증언과 얼추 들어맞는다.

이 비행기를 운용하기 위해 1925년 말 타이위안에 산시항공병단山西航空兵團이 만들어졌다. 산시항공병단의 단장은 류제劉傑, 대원은 조종사·부관·정비원·호위병 등을 합쳐 20명 미만이었다. 왕카이쉬 산시성도서관 부관장은 2011년 1월 27일 방영된 KBS 〈역사스페셜〉과 인터뷰에서 "안창남은 항공병단의 첫 번째 구성원이었다. 당시 비행사는 다섯 명이었다. 안창남은 그중에 하나였다"고 말했다. 비행사 다섯 명의 이름은 류제·류이청劉義曾·류이페이劉一飛·안호·하오중허郝中和였다. 앞서 언급했듯이 안호는 안창남이 중국에서 사용한 가명이다.

엔시산은 산시항공병단과 함께 조종사와 정비병을 양성할 수 있는 산시항공예비학교도 개교했다. 교장은 양위산楊玉山, 교무장은 경졘장耿兼章, 안창남은 그 밑의 비행교관이었다.[1]

타이위안에 도착한 안창남은 엔시산에게 차오원시앙의 소개장과 자신의 신분증을 제시했다. 엔시산은 일본 육사를 졸업한 지일파였으니 둘은 일본어로 직접 대화가 가능했을 것이다. 산시에 웅크려 혼란스러운 군벌 시대를 관망하던 엔시산은 "세심하고 의심이 많은 사람"이었다. 안창남의 1등 비행사 면허장과 그동안 일본에서 받은 여러 상장을 확인하고 "이런 뛰어난 인재가 어떻게 나에게 왔지. 조선인이 어떻게 이런 상장을 받았지"라며 의아해했다. 엔시산은 안창남을 반신반의하며 그가 일본이 보낸 간첩일 수도 있겠다고 생각했다. 하지만 이후 여운형과 중국어에 능통했던 류기석을 통해 안창남이 일본을 떠날 수밖에 없던 이유를 전해 듣고 그를 신뢰하기 시작했다. 안창남은 엔시산의 항공부대 교관으로 근무하며 월 400원의 봉급을 받았다.

장제스의 북벌

안창남이 타이위안에 정착하던 때는 쑨원 사후 장제스가 국민당의 실권을 장악하면서 본격적인 북벌에 나선 시기와 겹친다. 쑨원 사후 국민당은 남방 군벌들을 제압한 뒤 1925년 7월 광저우에 국민정부를 수립했다. 국민정부는 1925년 8월 8일 휘하 부대를 국민혁명군으로 재편했다. 이후 장제스는 치열한 당내 투쟁 끝에 1926년 6월 국민혁명군 총사령관 겸 군사위원회 주석에 올랐다. 그리고 한 달 뒤인 7월 "제국주의와 매국 군벌의 타도"를 외치며 8개군 10만 명으로 구성된 국민혁명군을 이끌고 북벌을 시작했다. 실패로 끝난 쑨원의 1·2차 북벌의 뒤를 잇는 3차 북벌이었다.

장쭤린·우페이푸·장쭝창 등의 포위 공격에 고립돼 빈사 상태에 빠져 있던 펑위샹이 이에 호응했다. 그는 1926년 9월 "쑨원의 유지를 받들어 장제스의 북벌에 함께하겠다"고 선언했다. 산시에 웅크린 채 중원의 정세를 관망하던 옌시산이 결단을 내린 것은 북벌에서 장제스의 우위가 굳어 가던 1927년 6월이었다. 천하의 대세를 확인한 옌시산은 '북방국민군총사령'이라 자임하며 국민혁명군에 가담했다.

북벌은 파죽지세로 이어졌다. 북벌군은 군벌들과 벌인 각지의 격전에서 승리하며 우한·난창·항저우·난징·상하이 등 중국의 주요 도시를 차례로 점령했다. 국민당은 1927년 1월 광둥에 있던 수도를 북벌의 성과로 획득한 후베이성 우한으로 옮겼다. 국민당 좌파와 공산당이 주도해 만든 이 정부를 우한정부라 부른다. 이들은 국민당 우파를 대표하는 장제스에 대한 증오를 숨기지 않았다.

그러자 국민당 내 공산당 세력의 확대를 우려하던 장제스는 1927년 4월 상하이에서 '4·12쿠데타'를 일으켰다. 이 쿠데타를 통해 장제스는 수많은 공산당계 노동자와 시민을 학살했다. 장제스의 쿠데타는 1차 국공합작을 사실상 끝맺는 대참사였다. 여운형이 믿었던 중국 혁명의 성공이 조선 혁명으로 이어질 것이란 도식이 무너지는 순간이기도 했다. 장제스를 중심으로 한 국민당 우파는 4월 17일 난징을 점령한 뒤 이곳에 난징정부를 세우며 우한정부와 대립했다.

국민당 내 좌우파 대립이 격화되자 장제스는 1927년 8월 돌연 하야를 선언한다. 장제스의 하야는 넉 달 만에 끝났다. 1928년 1월 복귀하자 장제스의 당내 존재감과 영향력은 더 높아져 있었다. 장제스는 1928년 1월 국민혁명군 총사령, 군사위원회 주석, 당 중앙정치회의 주석 등을 겸임하며 국민당의 1인 지배체제를 사실상 완성한다.

재차 북벌의 고삐를 쥔 장제스는 2월 북벌군을 4개 집단군으로 편성했다. 1집단군은 자신이 지휘하는 29만 명, 2집단군은 펑위샹의 국민군을 중심으로 한 31만 명, 3집단군은 옌시산의 11만 명, 4집단군은 광시 군벌 리쭝런의 20만 명이었다.[2] 이 무렵 장제스의 앞을 가로막는 유일한 적은 만주의 장쭤린뿐이었다.

이 같은 중국사의 치열한 격변을 안창남이 어떻게 평가했는지 보여 주는 기록은 없다. 다만 안창남은 중국 생활에 조금씩 적응해 갔다. 이 무렵 안창남의 모습은 류기석의 《30년 방랑기》를 통해 확인할 수 있다. 베이징 차오양朝陽대학 학생이던 류기석은 생활비와 학비를 내지 못해 학교를 그만둔 뒤 안창남을 통역하기 위해 1926년 여름 타이위안에 도착했다. 그를 타이위안에 소개한 것은 이토 히로부미를 쏘아 죽인 안중근安重根(1879~1910) 의사의 동생인 안정근安定根(1885~1949)

이었다.[3]

　안창남은 타이위안에 도착한 뒤 비행대원들이 보는 앞에서 첫 번째 시험비행에 나섰다. 자존심 강한 중국인이 일본에서 1등 비행사 자격증을 땄다는 안창남의 솜씨를 확인하기 위해 비행장으로 몰려 나왔다. 일본에서 죽을 고비를 숱하게 넘기며 다양한 고등비행술을 익힌 안창남에게 이 정도 시험비행은 누워서 떡 먹기였다. 그가 비행기를 몰고 타이위안의 무기공장의 굴뚝을 피해 날아다녔다. 현장에 있던 이 모두가 그 광경을 넋을 읽고 바라봤다.

　문제는 산시의 고물 비행기들이었다. 안창남은 이곳에서도 크고 작은 추락사고에 시달렸다. 안창남이 류기석을 태우고 처음 시험비행에 나섰을 때다. 둘을 태운 비행기가 비행장을 한 바퀴 돌고 높게 날아오를 무렵 엔진에 이상이 발생했다. 비행기는 활주로에서 수백 미터 벗어난 논두렁에 불시착했다. 다행히도 진흙이 깊어 큰 부상을 당하지 않았다.

　사고 원인은 조종간 속의 철판이 오래돼 녹슬어 부서졌기 때문이다. 비행기 위에서 산전수전을 겪은 안창남은 부러진 조종간의 아래 부분을 잡고 계속 조종을 이어 갔다. 가까스로 비행기가 무사히 착륙해 큰 사고를 막을 수 있었다.

　산시에서 추락사고가 잦은 데엔 그만한 이유가 있었다. 당시 중국엔 비행기는커녕 자동차를 생산할 능력도 없었다. 결국 모든 기계부품을 유럽에서 수입해야 했다. 그 틈에서 무기 수입을 중개하던 이들이 거액의 리베이트를 챙겼다. 이 중개상의 대부분은 산시성의 고위 관료였고 그중엔 옌시산의 조카 옌샤오원閻效文도 끼어 있었다. 류기석은 이런 산시의 상황을 한탄하며 "듣자 하니 구전의 금액이 종종 원가의 몇 배나 됐다"고 혀를 찼다.

항공기 부품을 둘러싼 비리가 들끓었지만 항공전력 강화는 피할 수 없는 시대의 대세였다. 옌시산은 항공대를 점점 확대해 갔다. 1926년 5월 부대명을 산시항공병단에서 산시항공대로 바꾸고, 1927년 2월엔 산시항공예비학교를 산시육군항공학교로 확대·개편했다. 또 10월엔 부대를 2개 편대로 재편했다.

류기석이 타이위안에 정착한 지 몇 달 지난 1926년 '어느 겨울날'의 일이다. 안창남과 류기석은 타이위안 동북쪽에 있는 양취안에 비행장을 개척하라는 명령을 받았다. 이곳은 즈리성 스자좡에 인접해 산시의 관문이라 불리는 안보상 요충지였다.

'어느 날 오전 7시' 안창남과 류기석은 타이위안 비행장을 이륙해 오전 8시 무렵 양취안 상공에 도착했다. 안개가 짙어 활주로가 보이지 않았다. 안창남은 40분 넘게 주변 상공을 배회하다 안개가 걷힌 뒤 가까스로 비행장을 찾아내 착륙을 시도했다. 지금까지 비행기를 본 적이 없던 시골 마을에 난리가 났다. 구경하러 나온 사람들이 활주로인 운동장을 가득 메웠다. 헬리콥터가 아닌 이상 착륙할 수 없는 상황이었다. 난감해진 안창남은 한 가지 꾀를 냈다. 운동장을 향해 수십 미터 높이로 두어 번 저공비행을 했다. 그러자 운동장에 세찬 바람이 불었다. 놀란 사람들이 서둘러 운동장 밖으로 도망쳐 나갔다. 안창남은 세 번째 저공비행 때 운동장에 안전하게 내려앉았다.

타이위안에서 발행되는 《산시상보山西商報》는 2008년 8월 18일 이곳에서 활약한 조선인 비행사 안창남을 소개하는 특집기사를 내보냈다. 이 기사에 1962년 출간된 《항전 이전의 산시항공사抗戰以前的山西航空史》란 책에 담긴 안창남과 관련한 일화 한 토막이 나와 있다. 옌시산은 1927년 5월 북벌의 성공을 기원하기 위해 각 항공대에 전단을 나눠 주고 타이위안 시내에 배포하게 했다. 안창남에게 전단 뿌리기는 도쿄에서 늘 하던 간단한 임무였다. 그는 비행기에 전단을 가득 싣고 이륙해 30분 만에 타이위안 전역에 다 뿌리고 안전하게 귀환했다. 이 비행은 당시 타이위안 사회에 깊은 인상을 남겼다. 산둥성 출신의 중국인 비행사 주지우朱繼武가 똑같은 임무를 수행하다 추락해 숨졌기 때문이다.

이 무렵 안창남에겐 '이호자二虎子'라는 별명이 붙었다. '호랑이 두 마리의 담력과 같은' 사람이란 뜻이다. 두려움을 모르고 거침 없는 안창남의 성격이 중국 망명 시절에도 그대로 이어졌음을 짐작케 한다.

산시에 자리 잡은 안창남의 동정은 1926년 5~8월 고국에 전해졌다. 조선 언론이 머나먼 타이위안의 사정까지 자세히 알 순 없었는지 대부분의 보도가 극히 짧은 단신에 그치고 만다.

안창남 씨는 그의 제자인 류기석 비행사와 함께 방금 산시비행대에서 맹렬한 활동을 계속하고.

-《동아일보》1926년 5월 21일

《시대일보》1926년 5월 21일
안창남이 옌시산군에서 활동하고 있다는 내용. 자세한 정보는 얻을 수 없었는지 짧은 언급에 그쳤다.

　　조선 비행사로서 안창남 군이 산시군 옌시산에게 있다 하며.
　　-《중외일보》1927년 8월 28일

　　장제스가 주도하는 북벌이 마지막 단계에 접어들자 일본은 이를 방해하기 위해 군사개입에 나섰다. 장제스의 난징정부가 성립된 직후인 1927년 4월 20일 일본에는 강경한 대중정책을 내세운 다나카 기이치 내각이 들어섰다. 다나카 신임 총리는 협조·불간섭을 기초로 한 전임 와카쓰키 레지로若槻禮次郎 내각의 대중정책이 유약했다며, 이를 강경

노선으로 전환할 것임을 예고했다.[4] 전임 시데하라 기주로幣原喜重郎 외무상은 그때까지 장제스의 북벌에 대해 내정불간섭의 원칙을 유지하며 방관하고 있었다.

다나카 내각은 북벌군이 양쯔강을 넘어 화베이로 접어들자 본격적인 실력행사에 나섰다. 일본은 북벌군이 만주에 이어 일본의 권익이 집중해 있는 산둥반도로 접근하자 "재류 일본인의 보호"를 명분으로 내세워 구마모토에 주둔해 있던 26사단을 칭다오로 출병시켰다. 장제스의 국민혁명군과 일본군은 1928년 5월 산둥성의 성도인 지난 부근에서 충돌했다. 이를 '지난사건'이라 부른다.

양군의 전략 차는 서글플 정도였다. 이 충돌로 일본군은 겨우 23명 숨졌지만, 중국군은 1000명 넘는 이가 목숨을 잃었다. 장제스는 '강력한' 일본과 불필요한 충돌을 피하기 위해 지난을 우회해 베이징으로 진격할 수밖에 없었다. 급류 같은 북벌군의 기세에 베이징을 점령하고 있던 장쭤린은 전투 의지를 잃었다. 그는 1928년 6월 1일 베이징 중난하이에 각국 공사를 모아 놓고 치안유지를 위해 1개 여단만 남겨 두고 베이징을 떠나겠다고 발표했다. 그리고 북벌군이 입성하기 직전인 6월 3일 베이징을 빠져나왔다. 난징정부와 장쭤린은 베이징 무혈입성을 사전에 합의해 두고 있었다고 한다.[5]

일본은 이제 쓸모없어진 장쭤린 카드를 버리기로 결심했다. 다음 날인 4일 오전 5시 23분 베이징에서 출발해 펑톈으로 가던 장쭤린의 전용기차 '타이산泰山호'가 펑톈성 서쪽 인근 황구툰의 산둥교에서 발생한 갑작스러운 폭발로 큰 피해를 입었다. 폭탄은 장쭤린이 탑승한

10호차가 지나는 순간을 정확히 노려 폭발했다. 힘이 빠진 장쭤린이 장제스와 우호적인 관계를 맺는다면 일본의 만주권익이 심각하게 위협받을 것이라고 판단한 일본이 사고를 위장한 정치적 암살을 감행한 것이었다.

이 범죄를 주도한 이는 당시 관동군 참모 고모토 다이사쿠河本大作 대좌, 폭발장치를 누른 이는 베이징과 펑텐을 잇는 징펑철도의 수비를 담당하던 도미야 가네오東宮鐵男 대위였다. 일본 정부는 이 사건이 고모토의 단독행동이라 주장하며 그를 퇴역하게 하는 선에서 사태를 정리했다. 누군가 국익을 위한다는 명분으로 사고를 치면 이를 적당히 수습한 뒤 사후 승인해 버리는 일본군의 고질적인 관행이 되풀이된 것이다.

장쭤린 사망이 확인된 6월 8일 북벌군이 베이징에 입성했다. 주인공은 타이위안에서 스좌장으로 진출한 옌시산의 국민혁명군 3집단군이었다. 안창남이 이 무렵 국민혁명군에서 어떤 활약을 했는지 보여주는 짧은 기술이 있다.

조선 비행사 안창남 군은 이번 혁명전쟁 때 옌시산 씨 군대에 참가해, 항공군 2사령관으로 우익 전선에서 작은 부대를 지휘해 스좌장-바오딩전쟁에서 큰 공적을 세웠다. 위급한 때에는 친히 비행기를 타고 공중에서 북군의 진중에 포탄을 투하해 적의 군중을 혼란케 하며, 적의 군정을 샅샅이 조사해 총사령부에 보고해 10만의 군사로 적 30만을 방어함이 온전히 안 씨의 공이라. 한데 깊고 깊은 곳에서 북군 후로를 위협해 북군의 연락의 세를 읽게 하며, 스좌장을 점령할 때에도 북군의 후진을 맹습해 북군을 괴롭게 했다. 그로써 옌 씨 군중에서 소장의 대우를 받아 가 금번 군대○○(글씨 불명-옮긴이) 때에 군직을 사면하고 한양 중에 있다. 혁명군 역사에서 안 씨의 공적이 불멸하리라 했더라.

-《신한민보》1928년 10월 28일

기사는 안창남이 항공학교 교관으로서 비행사만 양성한 게 아니라 직접 전투에도 참여해 많은 공을 세웠음을 알리고 있다. 특히 옌시산이 베이징 점령 과정에서 벌인 스좌장-바오딩전쟁 때는 직접 비행기를 몰고 정찰과 폭탄 투하 임무도 수행했다고 강조했다. 또 "군직을 사면하고 한양 중에 있다"는 표현이 나온 것으로 봐 1928년 6월 북벌이 완수된 뒤엔 군을 나와 잠시 휴식을 취했음을 알 수 있다.

하지만 이 보도가 얼마나 사실에 근거한 것인지 교차 검증할 자료는 남아 있지 않다. 다만 안창남이 옌시산의 국민혁명군 3방면군에서 항공군 2사령관이란 '고위 직함'을 받았을 가능성은 높지 않아 보인다. 산시공군의 역사를 정리한 중국 자료를 보면 옌시산의 산시공군은 1927년 10월 항공대를 2개 편대로 재편했다. 1편대는 류제 대장, 류이청 부대장, 2편대는 하오중허 대장, 류준졔劉俊傑 부대장으로 구성됐다. 간부 명단에서 안창남의 이름을 찾을 순 없다.

장제스의 난징정부는 6월 15일 만주를 제외한 전국을 통일했다. 신해혁명 기념일인 1928년 10월 10일을 맞아 장제스는 국민정부 주석에 취임했다. 그와 동시에 리쭝런은 군사참의원장, 펑위상은 군정부장, 옌시산은 내정부장 임명됐다. 얄궂게도 바로 그날 3년 뒤 만주사변을 주도한 이시와라 간지石原莞爾가 관동군 작전주임 참모로 부임해 왔다. 만주사변으로 일본은 드넓은 만주 땅을 손에 넣지만 국제사회와 첨예하게 대립하며 본격적으로 고립의 길을 걷기 시작한다.

중원이 평정되자 곧이어 만주도 국민정부에 복종하겠다는 뜻을 전해 왔다. 아버지 장쭤린의 뒤를 이어 스물여섯 살에 만주를 물려받은 장쉐량은 12월 25일 장제스에게 "동삼성도 국민정부에 복종하겠다" 고 선언했다. 그는 29일 성명에서 "대원수(장쭤린-옮긴이)의 뜻을 이어받아 통일을 추구하고 평화를 관철할 것이다. 오늘부터 바로 삼민주의를 준수하며 국민정부에게 복종해 깃발을 바꿔 달겠다"고 밝혔다. 이날부터 만주엔 국민정부의 깃발인 청천백일기가 휘날리기 시작했다.

안창남과 타이위안에서 1년간 함께한 류기석은 북벌이 완수되기 1년 전인 1927년 타이위안을 떠났다. 둘은 이후 다시 만나지 못했다. 류기석은 안창남과 타이위안에서 보낸 시간에 대해 "일생에서 잊을 수 없는 1년"이었다고 회상했다. 그는 30여 년의 시간이 흐른 뒤인 1963년 8월 13일 "죽은 벗을 기억하는 회고록"이라며 안창남에 대한 짧은 기록을 남겼다. 이 소전小傳이 없었다면 안창남의 타이위안 생활은 여전히 막막한 공백으로 남았을 것이다. 1905년생으로 안창남보다 네 살 어렸던 류기석은 1980년 중국에서 심장마비로 숨졌다.

08

대한독립공명단을 조직하다

마석고개 차량 탈취

1929년 4월 18일 오후 1시 40분. 춘천을 출발해 서울로 향하는 경성우편국 7호 차량이 경기도 양주군 화도면 마석우리의 마석고개를 넘어갈 무렵이었다. 정상 부근의 너른 공터에서 한 남자가 운전사 김영배에게 손을 들어 정차를 요구했다.

-거, 무슨 일이요?

=….

차의 속도가 줄어든 틈을 타 남자는 재빠르게 조수석의 문을 열고 차에 올라탔다. 그와 거의 동시에 또 다른 두 남자가 권총을 겨누었다.

꼼짝 마.

《동아일보》1929년 4월 20일
대한독립공명단의 의거는 당대 신문이 한 면을 털어 자세히 사건 경위를 전할 만큼 중요한 사건이었다.

　　차에 다가선 남자들은 김영배를 운전석에서 끌어내린 뒤 조수석에 밀어 넣고 밧줄을 꺼내 의자에 묶었다. 손을 들어 차를 세운 20대 후반으로 보이는 남자가 운전석으로 옮겨 타 차를 몰았고, 30대 중반 정도로 보이는 총을 든 두 남자는 뒤편 짐칸으로 올라탔다. 남자의 운전 실력은 제법이었다. 어디서 제대로 운전을 배운 '프로' 운전사임이 분명

대한독립공명단을 조직하다

했다.

운전대를 쥔 20대 남자는 자동차를 경성 쪽으로 몰았다. 잠시 뒤 금곡으로 이어지는 내리막길 맞은편에서 서울을 출발해 춘천으로 가던 오성자동차 447호가 다가왔다. 길이 좁아 두 차량은 잠시 멈춰 누가 먼저 갈지 순서를 정할 수밖에 없었다. 그 순간 짐칸에 올라탔던 두 남자가 맞은편 자동차로 달려가 운전사 백남성과 승객 이규면에게 총을 겨누고 하차를 명령했다. 권총을 든 이들은 자동차 구조에 대한 지식이 상당한 듯 보였다. 오성자동차 447호의 엔진 철선을 끊어 차가 움직이지 못하게 했기 때문이다.

단순한 권총강도일까. 3인방의 행동엔 어딘가 이상한 점이 있었다. 남자들은 차에서 내린 백남성과 이규면에게 느닷없이 '조선 독립 만세'와 '공명단 만세'를 각각 세 번씩 외치게 강요했다.

조선 독립 만세!
조선 독립 만세!
조선 독립 만세!

공명단 만세!
공명단 만세!
공명단 만세!

인적 없는 마석고개에 뜬금없는 만세 소리가 울려 퍼졌다. 만세 삼창을 끝낸 두 남자는 총 든 남자들의 지시에 따라 우편차량 짐칸에 올랐다. 이 광경을 저만치에서 지켜보던 행인 대여섯 명이 수상한 낌새를 채고 도망가기 시작했다. 이를 본 3인방은 행인들에게 '가까이 오라'고 소리쳤다. 한 조선 청년이 지시에 따르지 않고 반대 방향으로 달아나기 시작했다.

탕!
탕!

두목으로 보이는 30대 남자가 하늘을 향해 총 두 발을 연달아 쏴 위협했다. 그러자 또 다른 30대 남자도 이에 호응해 총 한 발을 허공으로 날렸다. 겁에 질린 청년은 도주를 포기하고 일행 앞으로 와 무릎을 꿇었다. 3인방은 이들을 남겨 둔 채 처음 탈취한 우편차량을 타고 경성 방향으로 도주를 재개했다. 20대 남자는 마석고개를 다 내려온 뒤 조금 더 달리다 평내리 근처에서 차를 멈췄다.

그 순간 춘천 방향에서 자동차 한 대가 다가왔다. 이기선이 운전하는 선일자동차 502호였다. 난감해진 남자들은 이 차를 습격했다. 차엔 운전사와 일본인 나리쓰네 부부, 중국인 치러지가 타고 있었다. 일행은 일본인 부부에게서 돈 10원과 금줄이 달린 시계를, 중국인에게선 금시계를 빼앗았다. 그 후 남자들은 자신들이 단순한 강도가 아님을 보여주려는 듯 "시계를 나중에 돌려줄 테니 주소를 알려 달라"고 요구했다. 일본인 부부는 훗날의 보복이 두려웠는지 "춘천에 산다"고만 말했고,

시계가 아까웠던 중국인은 자신의 주소지를 일러 줬다.[1]

돈과 시계를 빼앗은 일행은 차를 버리고 운전사 김영배·이기선을 앞장세워 현 남양주시 화도읍에 자리한 천마산 쪽으로 도주했다. 정상 높이가 812미터인 만만치 않은 산이었다. 남은 이들이 추격하지 못하게 한 남자가 또다시 권총 한 발을 공중으로 발사했다. 산으로 끌려간 두 운전사는 '살해당하는 게 아닌가' 공포에 떨었지만 잠시 후 무사히 풀려났다. 풀려난 시간은 첫 범행에서 50여 분이 지난 오후 2시 30분께였다.

엉뚱한 세 남자의 강도 행각은 성공했을까. 총을 들고 우편차량을 습격하는 중범죄를 벌였으니 그에 걸맞은 성과가 있어야 했다. 결론부터 말하자면 거사는 처참한 실패였다. 경성우편국 7호 차량엔 땡전 한 푼 없었기 때문이다. 이들은 다만 두 번째 마주친 차량에서 16원, 세 번째 마주친 차량에서 10원을 훔치는 등 총 현금 35원과 시계 두 개를 강탈했다. 이들은 이후 경찰 조사에서 승객과 운전사의 현금을 빼앗은 이유에 대해 "범행을 위해 금시계를 저당 잡혀 여비로 사용했는데 돈이 떨어졌다. (도주를 위한-옮긴이) 여비를 만들 생각이었다"고 말했다.

마석고개의 '대범하지만 어설픈' 우편차량 탈취 행각을 벌인 세 남자의 이름은 최양옥·김정련·이선구李善九였다. 최양옥이 우두머리 격인 30대 남자, 김정련이 그와 함께 총으로 일행을 위협한 또 다른 30대 남자, 이선구가 운전사 김영배 대신 우편차량을 몰았던 20대 남자였다. 세 남자가 천마산으로 도주한 뒤 피해자들은 바로 경찰에 사건을 신고했다. 출동한 경찰들은 범행현장 주변에 겹겹의 포위망을 치고 검

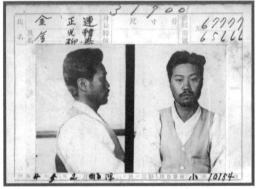

서대문형무소 수형자 카드에 실린 최양옥(위), 김정련(가운데), 이선구
(아래) 사진 국사편찬위원회 소장

거 작전에 돌입했다. 산으로 올라간 세 남자는 일단 그날 밤은 산에서 버텼다.

다음 날인 19일 새벽부터 세 남자의 도주가 시작됐다. 지난밤 아무 것도 먹지 못했기에 일단 배를 채워야 했다. 새벽 4시께 남쪽으로 산을 타고 내려와 녹촌리 외딴 민가의 문을 두드렸다. 조선인 임희종의 집이 었다. 집주인에게 "밥을 지어 달라"고 요구했지만 임희종은 "집에 쌀이 없다"며 거절했다. 두목격인 최양옥이 어쩔 수 없이 사정을 설명했다.

우리는 독립운동가다. 밥을 좀 해 달라.

그러면서 임희종의 가족을 위협하기 위해 슬쩍 권총을 보여 주는 것도 잊지 않았다. 공짜로 '밥을 지어 내라'고 말하기가 미안했는지 최양옥은 잠시 후 1원짜리 지폐 한 장을 건넸다. 그제서야 임희종은 "정말 쌀이 없다"며 급한 대로 조밥을 지어다 줬다. 일행은 '집에서 잠시 쉬어 갈 수 있게 해 달라'고 말했지만 임희종은 가족이 있다며 거절했다. 대신 산속에 은신할 수 있는 바위동굴의 위치를 알려 줬다. 점심때가 되자 임희종네 할머니가 다시 한 번 동굴로 조밥을 지어 올렸다.

어둑해질 무렵 일행은 동굴에서 나와 본격적인 도주를 시작했다. 계획은 산을 내려가 한강 쪽으로 이동한 뒤 배를 타고 경성에 진입한다는 것이었다. 오후 8시께 다시 임희종의 집 근처까지 내려왔지만 야마구치山口 양주경찰서장이 이끄는 경찰 100여 명이 도처에 잠복해 있었다. 세 명의 움직임을 포착한 경찰들이 총을 쏘며 추격을 시작했다.

이들은 다시 산속으로 몸을 피할 수밖에 없었다. 발걸음이 느린 김정련이 '날쌘' 최양옥과 이선구를 따라잡지 못하고 뒤로 쳐졌다. 다른 일행과 떨어져 산중을 헤매던 김정련은 20일 0시 20분께 체포됐다. 그는 이후 경찰 조사 과정에서 "나는 원래 발이 빠르지 못하다"고 말했다.

경찰 추적을 따돌린 최양옥과 이선구는 20일 오전 6시께 양주군 와부읍 덕소리 부근에서 배를 타고 구리면 수석리 부근까지 이동했다. 배 위에서 뭍을 따라 추격하는 경찰의 모습이 보였다. 두 남자는 서둘러 배를 뭍에 대고 아차산을 거쳐 망우리 쪽으로 빠져나갔다.

오전 9시 30분께 망우리에 도착한 일행은 운전사 남상진이 모는 내선자동차 408호를 멈춰 세웠다. 이들은 남상진에게 "우리는 경관에게 추격을 받는 사람이다. 이 자동차를 경성까지 운전해 갈 것"이라고 말한 뒤 총으로 위협해 승객 일곱 명을 내리게 했다. 이선구는 남상진의 모자를 빼앗아 쓴 뒤 운전석에 앉아 차를 몰기 시작했다.

자동차엔 조선인 할머니 한 명이 타고 있었다. 최양옥과 이선구는 차마 할머니도 내리라고 할 수는 없었던지 운전사 남상진과 할머니를 태운 채 차를 몰았다. 이들은 남상진에게 "입 다물고 밑을 보고 있으라"고 위협했다. 이들은 황금정 5정목(현 서울시 중구 을지로 5가)에 차를 버린 뒤 4정목 조선경마구락부朝鮮競馬俱樂部 옆길을 따라 남산 쪽 경성의 인파 속²으로 사라졌다. 이때가 오전 10시 20분께였다.

차를 버린 둘은 급한대로 먼저 배를 채웠다. 본정 4정목(현 서울시 중구 충무로 4가)의 일본 요릿집 경성암京城庵 본점에 들어가 오야코동과 맥주를 주문했다. 음식값으로 1원 60전이 나왔다. 밥을 먹은 이들은 택시를 잡아타고 적선동으로 향했다.[3] 최양옥은 근처 체부동 118번지 박인서朴寅緒의 집에서 하숙하는 조카 최상하崔相夏의 집으로 갔고, 이선구는 적선동 67번지 북일北一여관에서 지인 정국민鄭國敏을 만났다.

이선구는 정국민에게 지금까지 겪은 일을 털어놓은 뒤 그의 한복을 빌려 입고 서둘러 밖으로 나갔다. 소지하고 있던 권총은 여관 4호실 궤 속에 숨긴 채였다. 그는 체부동에 머무르던 최양옥을 찾아가 도주 비용으로 금시계 하나와 2원을 받았다. "이제 어디로 가냐"고 묻는 최양옥에게 "시골로 간다"고 짧게 답했다.

이 사건에서 3년이 흐른 1932년 당시 조선 팔도의 등록 자동차 수는 고작 4808대[4]였다. 백주대낮에 3인조 권총강도가 귀한 자동차를 네 대나 습격한 '대사건'이 발생한 것이다. 망우리에서 차를 탈취당한 남상진의 신고를 접수한 경기도경은 20일 오전부터 재빠르게 움직였다. 경찰 수색은 최양옥 일행이 모습을 감췄다는 남산 쪽에서 처음 시작됐다.

이 지역 관할서는 경성 본정경찰서(현 서울중부경찰서)였다. 당시 본정서에 출입하던 《중앙일보》 기자 최문우崔文愚는 5년 뒤 1934년 잡지 《별건곤》[5]에 이 사건의 취재 후기를 남겼다. 그는 "당시 수사본부는 (경기도-옮긴이) 경찰부였지만 범인이 황금정 5정목 부근에서 잠적했다고 해 본정서가 소란해졌다"며 "당일 폭우까지 쏟아"져 음산했던 경성 분위기를 회상했다.

첫 수색은 허탕이었다. 최양옥 일행이 경성 남쪽인 남산이 아닌 북쪽으로 향한 것으로 판명 나자 이번엔 종로서가 벌집 쑤신 듯 뒤집어졌다. 종로서 주요 간부들은 모리 로쿠지森六治 서장실에 집합해 장시간 회의를 했다. 종로서에서 숱한 독립투사들을 잡아 족친 것으로 악명이 높았던 '에이스' 미와 와사부로三輪和三郎 고등계 주임(경부~경감 정도에 해당)이 수사의 큰 방향을 잡았다. 1920년대 중반 《조선일보》에서 종로경찰서에 출입했던 기자 김을한은 미와에 대해 "조그만 체구에 상냥한 얼굴을 하였지만, 성이 나면 금세 독사처럼 표변하는 간악한 자였다"[6]는 회상을 남겼다.

미와 주임의 수사법은 최양옥과 이선구의 지인들을 '족쳐' 이들이 갈 만한 곳을 좁혀 가는 것이었다. 종로서는 이선구의 정부였던 최영숙崔英淑과 그의 어머니 등 최양옥·이선구의 친구와 지인 등 네 명을 경찰서로 연행했다. 미와 주임이 직접 이들을 한 시간 넘게 취조하는 등 강도 높은 조사를 벌였다.

결국 단서가 잡혔다. 경성으로 잠입한 이선구가 최양옥과 헤어진 뒤처음 들렀던 북일여관이었다. 미와 주임은 오후 5시 10분께 형사 여러 명을 데리고 북일여관을 덮쳤다. 현장에서 붙잡은 정국민에게서 이선구가 오후 4시 반께 입고 있던 양복을 벗어 던지고 자신의 한복을 빌려입고 나갔다는 사실을 확인했다. 경찰은 이선구가 여관방에 숨겨 뒀던 권총도 찾아내 압수했다.

이들은 이선구가 황금정 1정목 48번지 이명구李命九의 집으로 찾아갈 것이라 확신했다. 이선구는 우편차량을 탈취하는 거사를 벌이기 전날인 17일에도 최양옥·김정련을 데리고 동향 출신인 이명구의 집에서 하룻밤 묵은 적이 있었다. 예상대로 밤 11시 반께 이선구가 모습을 드러냈다. 이선구가 안방으로 가 이명구에게 인사를 건네려는 순간 형사들이 들이닥쳤다.

  -네가 이선구가 아니냐!
  =그렇다.

이선구는 현장에서 대기하던 일본인 경찰 미야지宮地와 조선인 경찰 남南에게 별다른 저항 없이 체포됐다.

조카 최상하의 빈 하숙방으로 숨어든 최양옥은 밤이 깊도록 잠들지 못했다. 일본 경찰의 포위망이 좁혀 오고 있다는 사실을 직감했기 때문이다. 최양옥은 이튿날인 21일 새벽 1시까지 잠들지 않고 주변을 경계했지만, 며칠 새 누적된 피로가 한꺼번에 밀려오는 바람에 깜빡 잠에 들었다. 언제든 응사할 수 있게 권총은 안전장치를 풀어 이불 밑에 감춰 둔 상태였다.

최양옥의 위치를 일본 경찰에게 고한 이는 정국민이었다. 종로서는 새벽 2시께부터 극비리에 무장경찰대 60여 명을 동원해 집을 겹겹이 포위했다. 기자 최문우는 새벽 무렵 종로서를 빠져나가는 경찰차량을 확인하고 무작정 따라붙었다. 무언가 중요한 일이 진행 중임에 틀림없었다. 그의 회상이다.

익일(21일-옮긴이) 오전 3시 신문사에서 들어오라는 명령을 받고 피로와 공포에 싸인 무거운 다리를 옮겨 신문사에 도착했을 때, 종로에서 불도 켜지 않은 자동차 한 대가 안국동 방면을 향해 질주하는 것을 발견하고 나는 즉각적으로 예측되는 바 있어 다시금 불안과 호기심 가운데 그를 추격했다. … C서(종로서로 추정-옮긴이)에서는 벌써 오전 6시에 공명단사건의 수범인 최가 잠복해 있는 ○○동(체부동-옮긴이)을 총 습격한다는 것을 몇 시간 전부터 알고 있었다.[7] 그런 까닭에 오전 5시가 채 못 되어서 일시 각 사로 돌아갔던 기자들이 다시 모여들기 시작했다.

종로서 경찰들은 만약의 사태에 대비해 날이 밝기를 기다려 작전을 개시했다. 경찰의 용맹한 활약을 홍보하는 효과를 극대화하기 위해 검거 현장에 취재기자를 불러 모았다. 새벽 5시께 정국민의 안내로 미와 주임이 결사형사대 20여 명을 조직해 최양옥 검거 작전에 돌입했다.[8] 경성 하늘엔 새벽부터 비가 내리고 있었다.

뿌옇게 동이 트기 시작하던 새벽 5시 40분. 설핏 잠들었던 최양옥은 집 앞에서 누군가 자기 이름을 부르는 소리에 눈을 떴다. 무심코 문을 열자 무장한 경찰들이 우르르 쏟아져 들어왔다.

종로서의 조선인 경찰 유劉 순사부장이 최양옥의 가슴에 총을 들이댔고 후루고오리古郡 경부보와 도이土井 순사부장이 양팔을 잡아 수갑을 채웠다. 이불 밑에 감춰 뒀던 실탄 일곱 발이 장전된 권총을 발견한 것은 또 다른 조선인 형사 이문경李文卿이었다. 최양옥은 유창한 일본어로 "위태하다. 너무 무례한 짓을 하지 말라"고 말했다. 최양옥은 순순히 체포에 응하기로 하고 의복을 고쳐 입은 뒤 유유히 담배를 요청했다.

밖에서 초조하게 대기하던 이들에게 경찰들이 쏟아 내는 기쁨의 함성이 들려 왔다.

잡았다. 잡았다.

경찰에 붙들린 최양옥이 집 밖으로 모습을 드러내자 각 신문사 사진기자들이 카메라를 들이댔다. 최양옥은 잠시 멈춰 서 사진을 찍게 하는 여유를 보였다.

이 순간 최양옥은 기자들에게 자신의 존재와 배후세력을 감추기 위한 '마지막 시도'를 한다. 경찰에게 사건 설명을 들은 기자들이 메모장에 공명단共鳴團이라는 글자를 쓰자 "신문기자 제군! 공명단共明團도 모르나. 밝을 명明 자를 몰라서 울 명鳴 자를 쓰다니"라고 면박을 줬다. 그러나 최양옥이 속한 단체 이름은 '함께 큰 울림을 내자'는 뜻의 공명단共鳴團이 맞았다.

겉으론 태연하고 대범하게 체포에 응했지만 최양옥의 속마음은 요동치고 있었다. 그는 이후 경찰 조사에서 "한 번 7년의 형을 선고받았기에 다시 잡히면 무기징역이라고 생각해" 경찰이 습격할 경우 소지하던 권총의 남은 "총알 일곱 발 가운데 여섯 발을 쏘고 한 발로는 자살할 생각이었다"고 말했다. 《중외일보》 기자에게서 오빠의 체포 소식을 전해 들은 최양옥의 동생은 대성통곡했고,[9] 체포 광경을 구경하던 집주인 박인서는 "이선구가 최상하의 친척인 줄만 알았지 그가 강도인 줄은 몰랐다"는 뜬금없는 소릴 해 댔다. 이날 자기 집에서 체포된 것은 이선구가 아닌 최양옥이었다.

　'권총강도 3인방'을 일망타진한 종로서 경찰의 사기는 하늘을 찔렀다. 이들의 검거 소식을 알리는《매일신보》는 22일치 한 면 전체를 털어 "경찰은 때마침 내리는 비를 무릅쓰고 결사 수사"를 한 끝에 "21일 새벽까지 범인을 모두 잡았다"고 보도했다. 경찰 간부들의 자화자찬도 이어진다. 현장에서 최양옥을 체포한 종로서 M경부(미와 경부)는 "희생자 한 사람도 내지 않고 쉽게 잡은 것은 큰 성공이야, 성공이야"라고 외쳤고, 다나카 다케오 경기 경찰부장(이후 총독부 정무총감)은 "10여 년에 달하는 내 경찰관 생활에서 이같이 수법이 기괴한 범죄는 참으로 처음"이었다고 너스레를 떨었다.

　최양옥은 체포 당일인 21일 종로서에서 요코타 신타로橫田信太郎 순사에게 첫 신문을 받았다. 검거 과정에서 공명단이란 이름이 나왔지만 경기도 경찰부는 처음엔 이 사건을 조선인들이 벌인 단순한 차량강도사건으로 인지한 듯하다. 최양옥은 요코타에게 "조선에 들어와 우편차량 또는 은행·회사 같은 곳을 습격해 돈을 취해야 한다고 생각했다. 그러나 (우편차량에-옮긴이) 현금이 없어서 실패했다"고 말했다. 범행 사실을 시인했을 뿐 자세한 범행 동기는 밝히지 않았고, 경찰도 더 자세히 묻지 않았다. 최양옥은 다만 범행 중에 권총을 발사한 것은 "위협하기 위한 것"이었을 뿐 실제 누군가에게 위해를 가할 의도는 전혀 없었다고 주장했다.

2차 신문

그러나 5월 2일 경기도경 미와 마쓰지로三輪松次郞 경부보의 2차 신문
이 시작되며 흥미로운 사실들이 밝혀진다. 최양옥의 1차 신문에서 2차
신문까지 12일이나 걸린 것은 공범인 김정련과 이선구를 신문하는 과
정에서 일본 고등경찰의 촉각을 곤두세우게 한 중요 사실이 확인됐기
때문으로 보인다. 이들의 관심을 잡아 끈 것은 '조선독립공명단'이라는
독립운동단체였다. 공명단의 존재가 부각됨에 따라 마석고개의 차량
강도사건은 조선인 3인방이 저지른 '잡 범죄'에서 천황의 통치에 맞서
일본 "국체의 변혁을 꾀한"〈치안유지법〉위반사건으로 급부상한다.

일본이 "국체(천황제─옮긴이)의 변혁이나 사유재산제도의 부인을 목
적으로 하는 결사를 만들어 가입할 경우 10년 이하의 징역이나 금고
에 처한다"는 내용을 뼈대로 하는〈치안유지법〉을 제정한 것은 1925년
4월이다. 이 법의 목적은 간명했다. 1917년 러시아혁명 이후 일본에도
급속히 세력을 확장한 공산당의 뿌리를 뽑는다는 것이었다. 법 제정
과정에서 오가와 헤이키치小川平吉 사법대신은 "일본에도 공산당이라
는 조직이 만들어지고 있다. 이런 위험은 국가와 사회를 위해 방위해
야 한다"고 말했다.

이 법을 만든 또 하나의 목적이 있었다. 조선 독립운동의 탄압이었
다. 오가와 사법대신은 조선 독립운동에〈치안유지법〉을 적용하는 문
제에 대해 "조선을 폐하의 통치권에서 분리한다는 것은 통치권 그 자
체를 빼앗는 것이기 때문에 물론 이 법에 저촉된다"는 입장을 밝혔다.

이후 〈치안유지법〉은 조선인 독립운동가를 탄압하는 악법으로 이름을 떨친다. 일본 NHK는 2018년 8월 8일 특집방송에서 일본 내무성이 발간한 《특고월보特高月報》에 적힌 〈치안유지법〉과 관련한 사건으로 검거된 사람의 수와 지역을 분석했다. 이 법으로 처벌된 이의 수는 일본에서 6만 8332명, 조선에선 그 3분의 1인 2만 6543명이었다.[10]

마석고개 차량강도사건의 배후에 독립운동단체 공명단이 있다는 사실이 확인되자 총독부와 경찰 당국은 더 세게 수사의 고삐를 조였다. 이 과정에서 최양옥 등은 고문 등을 활용한 비인도적인 취조를 당했을 가능성이 높다. 실제로 〈치안유지법〉 위반사건 피의자들은 일반 범죄에 비해 더 혹독한 고문을 당했다. 대표적인 예가 소설 〈게공선蟹工船〉의 작가 고바야시 다키지小林多喜二(1903~1933)다. 프롤레타리아 소설가였던 고바야시가 숨진 뒤 공개된 주검 사진을 보면 허벅지 부근에 눈 뜨고는 봐 줄 수 없는 고문으로 생긴 멍 자국을 확인할 수 있다.

식민지 조선에서의 고문이 더 심했으면 심했지 덜했을 리가 없다. 최양옥·이선구를 검거하는 데 앞장선 종로서 미와 주임은 고문 등 가혹 수사로도 악명이 높았다.[12] 그는 공명단사건이 있기 2년 전인 1927년 10월 2차 공산당사건의 주역인 강달영姜達永·홍덕유洪悳裕·권오설權五卨·이준태李準泰·전정관全政琯 등을 고문한 혐의로 고소를 당했다. 조선인 독립운동가들이 일본 경찰을 고소한 이 사건은 세간의 큰 이목을 끌었다. 하지만 결론은 '예상대로' 증거불충분으로 인한 불기소 처분이었다.[13] 미와 주임에게 고문을 당한 고려공산청년회 2대 책임비서 권오설은 후유증으로 옥사했고 2차 조선공산당 책임비서 강달영은 정신병을 앓다 숨졌다.

2차 신문의 목적은 공명단의 정확한 실체를 파악하는 것이었다. 미와 경부보는 신문을 시작하고 간단한 신원을 확인한 뒤 바로 공명단에 대한 질문을 쏟아 낸다. 1차 신문 때는 공명단의 기억 자도 꺼내지 않았던 최양옥은 순순히 입을 연다. 하지만 다른 단원에 관한 정보 등 민감한 사안에 대해서는 적당히 어물거리며 도망치려는 태도를 보인다.

-공명단의 본부는 어디에 있는가?

=상하이 프랑스조계 3마로 13호에 있는 것으로 들었다.

-부단장은 없는가?

=못 들었다.

-(안혁명이라는-옮긴이) 단장의 본적지는?

=황해도(이하 불상-옮긴이)이다.

-연령은?

=금년 50세 정도라고 생각한다.

-단원 수는?

=몇 사람인지 모른다.

-공명단이 독립을 꾀하는 방법은 무엇인가?

=그것은 듣지 못했다.

-이번 목적을 달성한 뒤엔 어떻게 할 생각이었나?

=단둥에 일단 모여서 그 뒤의 행동을 협의할 생각이었다.

-공명단원으로 아는 자는 누구누구인가?

=(이미 붙들린-옮긴이) 김정련·이선구·신덕영 등 이외는 모른다.

-이번에 자동차 습격을 한 목적을 말하라.

=공명단의 군사자금 모집을 목적으로 했다.

-자동차 습격은 어디서 처음 계획했는가?

=지난해 음력 9월(날짜 미상-옮긴이) 중국 스좌장에서 안혁명 공명단장 및 김정련과 회합했을 때 안 단장은 '독립단은 돈 100원이나 200원(과 같은 푼돈-옮긴이)을 취하면서 사람을 살상하는 일은 절대 하지 않는다. 적어도 1만 원 이상의 돈을 취할 필요가 있다'고 했다. 그래서 조선에서 군자금을 취할 때는 회사에서 취하거나 우편차량을 취할 수밖에 없다고 했다. 그래서 내가 경춘가도를 통행하는 우편차량을 습격하면 적어도 20~30만 원의 돈은 될 것이라고 말했다. 안 단장이 그렇다면 너희가 조선에서 1회 군자금 모연募捐을 위한 대원으로 가 달라고 말했다. 그러면서 권총 두 자루를 나에게, 한 자루를 김정련에게 주었다. 나는 콜트식 권총 한 자루 및 탄환 열네 발과 모제르 권총 한 자루 및 탄환 열 발을 받았다.

일본의 현금수송차량을 탈취한다! 공명단의 계획은 영화 속에나 나오는 공상만은 아니었다. 9년 전인 1920년 1월 4일 조선인 독립운동가들이 두만강변의 국경도시 회령에서, 조선은행 회령지점에서 북간도 용정지점으로 거액의 현금 행낭을 싣고 가는 현금수송대를 탈취한 적이 있었다. 윤준희尹俊熙·최봉설崔鳳卨·임국정林國禎·한상호韓相浩 등 비밀결사 '철혈광복단' 단원 여섯 명이 도합 15만 원, 현재 돈으로 환산하면 150억 원에 달하는 어마어마한 금액을 탈취한 것이다. 이 돈은 중국 옌지와 조선 회령을 잇는 길회선 철도 부설자금이었다.

임경석 교수는 1920년 7월 임시정부 간도 특파원 왕삼덕이 작성한 보고서를 인용해 김좌진이 이끄는 북로군정서는 500명의 군인이 소총 500자루, 공용 화기인 기관총 3문으로 무장했다고 적었다. 그 당시 블라디보스토크 무기시장에서 '소총 한 자루, 탄환 100발' 한 세트는 30원, 기관총 1문은 200원에 살 수 있었다. 즉 15만 원이면 북로군정서 규모의 독립군 부대를 아홉 개나 편성할 수 있는 거금이었다.[13]

자신이 공명단원임을 실토한 최양옥은 1893년 음력 12월 강원도 횡성의 양반집에서 8남매의 맏이로 태어났다.[14] 시골의 가난한 양반집 장남인 최양옥이 신식교육을 받기 시작한 것은 스무 살이 되던 1913년이었다. 그해 원주보통학교에 '늦깎이' 학생으로 입학해 4년 학업을 마친 뒤 1917년 청운의 꿈을 안고 서울 중동중학교로 진학했다. 이 학교의 초대 교장은 3·1운동 민족대표 중 하나였던 오세창吳世昌(1864~1953)이었다.

2년 뒤인 1919년 3·1운동이 터졌다. 스물여섯 살이던 최양옥은 학업을 전폐하고 만세운동에 참가했다. 그 무렵 최양옥이 하숙하던 집은 경성 입정정(현 서울시 중구 입정동)에 있던 아버지의 친구 신병선申炳善의 집이었다. 그 집에서 신병선의 아들로 만주에서 독립운동을 하다 돌아온 신덕영申德永(1890~1968)과 처음 만났다. 신덕영과 교류하면서 그에게 감화된 최양옥은 본격적으로 독립운동에 투신하기로 마음을 굳힌다.

3·1운동 후 고향 원주에 내려가 있던 최양옥에게 신덕영이 찾아왔

다. 그는 김가진이 총재로 있던 조선독립대동단 조선지부의 책임자였다. 1919년 3월 전협全協(1878~1927)의 집에서 결성된 대동단의 설립 목적은 "한국을 일본 제국의 통치에서 이탈하게 해 독립국을 형성"하는 것이었다. 이들은 1919년 11월 의친왕 이강李堈(1877~1955)을 상하이로 탈출하게 하려 한 '대동단사건'을 일으켜 전 조선에 큰 파문을 일으킨 바 있다.

신덕영과 최양옥에게 주어진 임무는 '군자금 모집'이었다. 대담한 최양옥은 조선인 부호의 집을 습격해 총으로 위협하며 적잖은 독립운동자금을 '기부'(!)받았다. 그러다 결국 일본 경찰에 꼬리가 잡힌다. 《매일신보》는 1929년 4월 22일 기사에서 최양옥을 "1920년 남선 지방에서 권총과 협박장을 가지고 부호를 찾아다니다 1920년 11월 체포돼 징역 7년을 선고받은 뒤 1926년 12월 1일 형무소를 나온" 인물이라 소개했다.

출옥한 최양옥은 원주로 돌아가 1년 정도 조용히 농사를 지었다. 일본 경찰은 그에게 "평생 잘 먹고살게 해 줄 테니 가만히 좀 있으라"고 회유했고, 가족도 "독립운동은 할 만큼 했으니 이젠 가족을 돌보라"고 요구했다.[15] 그러나 최양옥은 독립을 향한 '뜨거운 피'를 주체할 수 없었다.

최양옥은 1928년 음력 4월 경성에서 옛 스승인 신덕영의 아내 오씨를 만나 신덕영이 중국 스좌장에 머물고 있다는 사실을 전해 들었다. 최양옥은 신덕영을 쫓아 무작정 중국으로 향했다. 중국에서 다시 만난 신덕영과 최양옥은 여러 우여곡절을 거쳐 1928년 6월 타이위안하이쯔비엔 먼파이 3호에 정착했다. 조선인 '천재 비행사' 안창남이 머물던 바로 그 타이위안이었다.

당시 타이위안에 얼마나 많은 조선인이 거주했는지 알 수 없다. 신덕영과 최양옥이 타이위안에 정착한 것이 '우연'인지, 어떤 목적에 따른 '필연'인지도 명확치 않다. 어찌 됐든 같은 도시에 살게 된 두 명의 독립운동가와 조선이 낳은 '천재 비행사'는 의기투합했다. 이들은 1928년 6~9월 타이위안에서 '대한 독립을 함께 소리 내어 알린다'는 의미를 담은 대한독립공명단을 조직했다. 이 무렵 안창남은 옌시산의 국민혁명군 3집단군에서 장제스의 북벌에 참여하고 있었다. 그렇기에 정확한 결성 시점은 북벌이 끝난 1928년 7월 이후였을 것으로 추정된다.

일본 경찰이 비상한 관심을 기울인 것은 공명단에 안창남이 가입했는지 여부였다. 미와 경부보의 추궁이 이어지지만 최양옥은 이를 끝까지 부인한다.

－안창남은 단원인가?
＝안창남은 단원이 아니다.

잠시 뒤 미와 경부보가 재차 묻는다.

－안창남은 공명단원이 아닌가?
＝단원이 아니다.

-안혁명은 독립하는 방법으로 그대들에게 무엇인가 얘기하지 않았는가?

=나에겐 구체적인 것을 말하지 않았지만, 다만 조선에 가서 독립사상의 선전과 군자금 모집을 해 본부에 송금하라는 말 뿐이며 상세한 것은 알 수 없었다.

-공명단 조직은 어떻게 되어 있는가?

=내가 들은 바로는 정치부와 실행부가 있다고 들었다.

-이는 뭘 하는 것인가?

=나는 그 내용을 알지 못한다. 단장이 말하지 않으므로.

최양옥은 일본 경찰의 신문에선 '안창남이 공명단원이 아니다'라고 부인했지만, 해방 이후 원고지 열두 장에 간추려 쓴 수기엔 "산시성 타이위안에 가서 안창남·신덕영 제 씨와 대한독립공명단을 조직하고 무기를 입수한 후에 국내로 침입해서 만주에다 지부를" 뒀다고 적었다. 실제 신문 과정에서 최양옥은 안창남에게서 월급쟁이 1년치 연봉에 해당하는 600원을 빌렸다는 사실을 털어놓았다. 최양옥은 이 돈을 "사업 자금으로 쓰기 위해서" 빌렸다는 식으로 둘러댔지만 거사를 위한 활동자금이었을 가능성이 높다.

언론들도 이번 사건과 안창남의 관계에 주목하는 보도를 쏟아 낸다. 《매일신보》는 최양옥 체포 직후인 1929년 4월 22일 최양옥이 "안창남 비행사에게 600원의 현금을 얻었다"고 보도했고, 이어 4월 26일 《조선신문》은 이번 사건의 배후인 공명단에 "유명 비행사 안창남 등도 관련돼 있다"는 의혹을 제기했다. 또 최양옥이 단장이라고 지목한 안혁명에 대해서는 "황해도 출생으로 이토 (히로부미-옮긴이) 공을 권총으로 암살한 안중근의 사촌 동생이라는 얘기도 전해지고 있다"고 밝혔다.

3차 신문

경찰 조사가 끝난 뒤 최양옥 등 일행은 검찰로 송치됐다. 수많은 독립운동가를 기소한 것으로 악명 높았던 나카노 슌스케中野俊助 검사가 신문을 맡았다. 신문일은 거사일에서 한 달이 지난 5월 18일이었다. 나카노 검사의 관심 사안도 오로지 공명단이었다. 3차 신문에 임한 최양옥에게 가릴 것 없이 단도직입적으로 공명단에 대해 묻는다.

　-그대는 최양옥인가?

　=그렇다.

　-전회의 진술은 틀림이 없는가?

　=그렇다.

　-그대는 공명단의 조직과 목적을 모르는가?

　=전번에 진술한 대로 안혁명은 단의 사정은 극비라며 가르쳐 주지 않았다. 김정련에게서 들은 바로는 공명단은 다이쇼 원년(1912년-옮긴이)에 안혁명 외 몇 사람이 미국 하와이에서 결사 조직했으며 그곳에 약 3000명의 단원이 있다. 단체의 목적은 독립을 꾀하는 데 있다. 단장은 황해도 출신 안혁명

이며 그 나이는 52세가량이다. 조직은 정치부·재정부·군사부로 나뉘어 있는데 정치부는 조선 독립이 민족을 위해서나 세계평화를 위해 필요하다는 것을 선전한다. 군사부는 중국 고관인 장제스·옌시산·평위샹에게 양해를 얻어 난징과 시안에 무관학교를 설치해 조선 청년에게 군사훈련을 실시한 뒤 군인으로 양성한다. 사단을 편성한 뒤 중국 동란이 있을 경우 그 병력으로 지원해 주고 공명단에 일이 생겼을 땐 중국의 원조를 받게끔 상호 연락을 유지하는 한편 조선에서 활동 중인 각 독립단과도 연락을 취한다. (그뿐만 아니라-옮긴이) 일본의 반정부 인사들과도 연락을 유지해 독립할 경우를 대비토록 하고, 재정부는 단이 필요한 재원을 발굴해 그 자금 조달을 책임진다는 얘길 들었다.

공명단의 투쟁전략에 대해 좀 더 자세한 언급을 한 이는 최양옥과 함께 검거된 김정련이었다. 1895년에 태어난 김정련은 최양옥보다 두 살 아래였다. 평안북도 용천에서 태어난 뒤 숭실중학교와 숭실전문학교를 졸업하고 숭실중학교 교사로 근무하다 3·1운동을 맞았다. 3·1운동은 애국청년 김정련의 삶도 송두리째 바꿨다. 그는 3·1운동에 참여한 혐의로 무려 태형 90대를 맞은 뒤 풀려났다.

김정련은 이후 본격적으로 독립운동의 길에 뛰어든다. 김정련은 최양옥에게 7년 형이 선고된 신덕영계 대동단의 독립자금 강탈사건에 연루돼 기소됐지만 다행히도 무죄로 석방됐다. 이런 사정을 살펴 보면, 최양옥과 김정련은 공명단 결성 이전부터 상당한 인연을 맺은 사이였다고 추정할 수 있다.

김정련은 《시대일보》 강계·신의주 지국장 겸 기자, 《매일신보》 평안북도 지국장 등으로 활동하다 1928년 음력 7월 중국 스좌장으로 이주했다. 그곳에서 최양옥과 재회한 김정련은 9월 하순 안창남과도 안면을 튼다.

1928년 9월 김정련은 신덕영·최양옥이 독립운동단체인 공명단을 결성했다는 소식을 듣게 된다. 최양옥과 함께 스좌장 김정련의 집에 찾아온 단장 안혁명은 "우리 공명단에 가입해 단을 위해 크게 활동해" 달라며 "단의 내용을 상세하게" 구두로 설명했다. 김정련은 그 자리에서 가입을 맹세했다. 김정련은 또 공명단이 준비하고 있던 경성-춘천 우편차량 탈취 계획에도 참여하겠다고 약속한다.

이후 시간이 흘러 최양옥과 김정련은 1929년 3월 거사 실행을 위해 단동에서 만났다. 김정련은 이곳에 잠시 머무르며 신의주부청에서 짧게 근무할 때 안면이 있었던 신의주부청 운전사 이선구를 단원으로 끌어들였다.

김정련은 5월 1일 경찰에게 공명단의 구조와 목적에 대해 다음과 같이 말했다.

독립을 도모하는 방법으로는 먼저 군자금을 모집해 중국의 난징·산시·(내몽고의-옮긴이)바오터우 3개소에 각각 30만 원을 들여 무관학교를 세우고 조선인 청년을 수용해 군사교육을 한다. 1개 사단을 1만 5000명으로 해 5개 사단을 만들어 7만 5000명을 양성하는데, 이에 대해선 장제스·옌시산 등의 양해를 얻어 응분의 원조를 받는다. 또 일본인으로서 현대 정치에 불평을 품은 (공산주의 사상가-옮긴이) 가타야마 센片山潛(1859~1933-옮긴이) 등과 연락을 취하는 한편, 국내의 유지(뜻 있는 이-옮긴이)를 규합해 독립의 열기를 고취한다. 먼저 간도 방면에 4만 명을 파병해 함경북도로 침입한다. (조선 주둔 일본군-옮긴이) 19사단이 출동해 토벌할 때 러시아 영토로 도주하고 일본군이 추격해 오면 러-일 간의 국제 문제를 일으킨다. 한편에선 평안북도 대안을 3만 5000의 군대로 침입하고, (그러면-옮긴이) 20사단이 출동한다. 그때 일본군이 중국 영토에 침입하면 일본과 중국 사이에 국제 문제가 일어난다. 이에 일본에서 불평분자는 출병 반대를 부르짖고, 조선 유지들은 다이쇼 8년 만세 소요(3·1운동-옮긴이) 이상의 소동을 벌여 세계의 이목을 끌어 세계적인 문제가 되게 하고 일본은 드디어 궁하여 조선은 독립하게 된다는 게 안혁명의 혁명론이다.

그리고 덧붙인다.

또 이 운동은 10년이 걸릴지 20년이 걸릴지 알 수 없으나 하여튼 계속적으로 활동한다.

1929년 12월 13일 경성지방법원은 최양옥에게 징역 10년, 김정련에게 징역 8년, 이선구에겐 징역 5년을 선고했다. 공명당사건에 대해 〈대한독립공명단의 조직과 활동〉[16]이란 논문을 쓴 한성대학교 조규태 교수는 "이 거사는 실패했지만, 임시정부와 재만 독립군단의 활동이 모두 침체되고 있던 시점에 기발하고도 대담한 행동으로 전국의 민심을 뒤흔들었으며, 1920년대의 조직적 의열투쟁의 대미를 장식하는 의거가 됐다"고 평가했다.

최양옥은 1939년 12월 13일 서대문형무소에서 만기 출옥했다. 그는 이후 수기에서 "그 10년이라는 장구한 시일. 그 고통이라는 말은 입으로 다 할 수도 없고 지필로도 다 쓸 수 없다"라고 적었다. 최양옥은 해방 이후 한민당에 참여해 1948년 경성형무소(서대문형무소의 바뀐 이름) 서무과장, 1949년 인천소년형무소 소장 등을 지냈다. 그는 1983년 6월 14일 고향인 횡성에서 아흔의 나이로 숨졌다.

김정련은 수감 이후 서대문형무소 독방 벽에 '결합'·'단결'·'공명단'·'암살' 따위의 글자를 썼다.[17] 그는 해방 이후인 1957년 4월 잡지 《새벽》에서 자신이 갇혀 있던 서대문형무소 신감 4동 6호실의 바로 옆방인 5호실엔 여운형, 7호실엔 안창호가 있었다고 밝혔다. 김정련은 이 두 명의 거물급 독립운동가에게 벽을 두드려 죄수들끼리 의사소통을 하는 타벽통보법打壁通報法을 가르쳤다. 김정련이 안창호와 타벽으로 의사소통하는 장면은 현재 서대문형무소역사관에 밀랍인형으로 재현돼 있다.

이선구는 안타깝게 옥중에서 숨졌다. 서대문형무소역사관 지하에 꾸며진 시신수습실 벽면을 보면, 이곳에서 희생된 이선구의 사진이 붙어 있다. 이선구는 눈망울이 부리부리했던 미남자였다.

세 동지

흥미로운 것은 공명단사건의 주역인 최양옥과 김정련이 안창남에 대해 품었던 애정이다. 안창남은 타이위안의 최양옥의 집에 "자주 놀러 갔"고, 앞서 언급했듯 1928년 10월께 최양옥에게 "사업 자금으로 돈 600원을" 빌려주기도 했다. 600원이란 거액의 돈을 내놓은 데서 알 수 있듯 안창남과 최양옥은 끈끈한 관계를 유지했다.

이 세 사람의 관계의 진면목을 볼 수 있는 일화가 있다. 남자 셋이 모이면 으레 나오는 것은 여자 얘기다. 최양옥과 김정련은 스물아홉 살이 될 때까지 좋은 짝을 만나지 못한 안창남이 배우자를 만날 수 있도록 시도 때도 없이 적극 나섰다.

안창남은 조선에서 "키스 한 번 허락해 달라"고 조르는 기생이 있을 정도로 여성들에게 인기가 있었다. 인기는 중국에도 이어졌다.《별건곤》은 1931년 3월 기사에서 "타이위안은 중국 군벌이나 부호가 많은 만큼 그 딸도 많았다. 그들은 모두 다 안 군에게 열렬한 사랑을 던졌다. 그러나 안은 그러한 것을 일절 돌아본 체도 안 했다"고 적었다. 안창남의 이런 쿨한 태도는 그의 매력을 더욱 돋보이게 하는 요인이었다. 안창남은 "타이위안에 있은 지 불과 2~3개월 만에 (현지 사회의-옮긴이) 중심인물"이 돼 버렸다.

최양옥과 김정련은 거사를 위해 경성에 잠입하기 직전인 1929년 3월 중순 단동에 머물고 있었다. 이들은 단동 이선구의 집에서 평안북도 강계 도립병원에서 산파를 했다는 이재순李在順이라는 여성을 소개받았다. 안창남에게 소개하기 위해서였다. 둘은 이재순의 사진을 받아 타이위안에 보냈지만, 안창남은 "그녀는 안 되겠다"는 취지의 회신을 전해 왔다. 이를 통해 여성을 보는 안창남의 눈이 좀 까다로웠음을 짐작할 수 있다. 그런 동생이 걱정됐는지 1929년 음력 2월[18] 누나 안창화도 나서 동생을 "장가들인다"며 타이위안으로 이주했다.

김정련이 포기하지 않은 것은 조선 독립만이 아니었다. 김정련과 최양옥은 4월 9일 거사를 위해 신의주를 출발해 경성으로 이동하는 기차에 올랐다. 그렇지만 김정련은 최종 목적지 경성이 아닌 황해도 사리원에서 도중하차했다. 김정련은 사리원에서 먼저 내린 이유를 묻는 일본 경찰의 질문에 《동아일보》 사리원 지국 기자인 친구 이남식李南植에게 "누이가 있는데 그녀를 비행사 안창남의 아내로 하려고 교섭하기 위해"서였다고 말했다. 김정련은 이남식에게 동생의 사진을 찍어 보내라고 당부했지만, 중매쟁이가 차량강도사건으로 투옥됐으니 혼담은 중지됐을 것이다.

안혁명

대한독립공명단의 단장이었다는 '안혁명'의 실체는 명확히 알 수 없다. 실존 인물일 수도, 일본 경찰의 수사망을 흐트러뜨리기 위해 사전에 말을 맞춰 둔 가공인물일 수도 있다. 안이란 성을 사용했으니 안창호, 안중근의 동생 안정근, 또는 안창남이었다는 대담한 추정을 해 볼 수

도 있다.

그러나 김정련이 대신 밝힌 그의 '혁명론'과 정세 인식은 이제와 돌이켜 보면 조야한 탁상공론이었다고 평가할 수밖에 없다. 먼저 5개 사단 7만 5000명이라는 군대 규모부터 비현실적이다. 임시정부는 충칭으로 자리를 옮긴 뒤에야 비로소 광복군 양성에 나섰다. 국민당 정부의 여러 지원을 받고도 해방 무렵 병력 수는 700여 명에 지나지 않았다. 이들에겐 독립된 작전권도 없었다.

세계정세를 보는 인식에도 문제가 많다. 장제스는 1928년 5월 일본이 국민혁명군의 북벌을 방해하기 위해 일으킨 지난사변 때는 물론 1931년 9월 관동군이 만주 전역을 집어삼킨 만주사변을 일으켰을 때도 일본군과 정면 대결을 피한다. 그가 일본과 본격 대결을 벌이기 시작한 것은 장쭤린의 아들 장쉐량이 1936년 12월 장제스를 감금한 뒤 2차 국공합작을 통해 일본과 대결하기를 요구한 시안사변 이후다.

소련도 마찬가지였다. 1905년 러일전쟁 이후 1930년대 말 소-일 사이엔 국경선을 둘러싼 두 번의 국지전이 있었다. 1938년 7~8월 두만강 하구에서 발생한 장고봉사건(하산호전투Battle of Lake Khasan)과 1939년 5월 만주국과 몽골 국경에서 벌어진 노몽한전투(할힌골전투 Battles of Khalkhin Gol)다. 이 두 전투에서 소련군은 압승했지만 일본에 대한 전면 공세에 나서진 않는다. 소련은 '극동의 숙적' 일본과 싸우기엔 적이 너무 많았다.

가장 거대한 적은 서부 전선의 나치스였다. 이오시프 스탈린Iosif Stalin(1879~1953)은 독일과 충돌을 피하려 애썼지만, 서로 국운을 건 치명적인 대결을 벌일 수밖에 없음을 알고 있었다. 그는 1939년 8월 〈독-소 불가침조약〉을 체결한 뒤 독일과 폴란드를 양분하고 발트 3국을 합병했다. 예상대로 〈불가침조약〉은 1941년 6월 파기됐고, 소련과 독일은 동유럽을 피로 물들인 처참한 전쟁에 돌입한다. 그에 앞서 스탈린은 1941년 4월 일본과 상호 영토를 침략하지 않겠다는 〈소-일 중립조약〉을 체결했다. 나치와 전쟁하는 데 모든 전력을 투입할 수 있게 후방의 안전을 도모한 것이다.

스탈린은 아돌프 히틀러Adolf Hitler(1889~1945)와 벌인 이 혈전에서 2000만 젊은이의 목숨을 쓸어 넣고 승리했다. 스탈린이 극동에 눈을 돌릴 수 있었던 것은 이 처절한 전쟁에서 승기를 잡은 뒤였다. 스탈린은 1925년 2월 크림반도 얄타에서 미국 대통령 프랭클린 루스벨트Franklin Roosevelt(1882~1945)에게 러일전쟁의 패배로 잃은 사할린과 쿠릴열도Kuril Islands 등 극동 영토를 회복하는 대가로 대일 참전을 약속했다.

실제 소련이 일본의 괴뢰국인 만주국 국경을 넘어 대일 침공을 시작한 것은 1945년 8월 6일 히로시마에 원자폭탄이 떨어진 지 사흘이 지난 뒤였다. 9일 국경선을 넘은 소련군은 파죽지세로 한때 '우는 아이도 울음을 뚝 그치게 한다'는 평가를 받던 일본 육군의 '최고정예' 관동군을 깨뜨리고 만주와 한반도 북부를 점령해 나갔다. 이런 냉혹한 현실을 돌이켜 볼 때 조선독립군이 국경 부근에서 국지전을 일으켜 중-일, 소-일의 정면 대결을 유도한다는 구상은 유치한 탁상공론에 지나지 않았다. 조선 독립은 피 끓는 조선인의 투쟁으로 쟁취한 것이기도

했지만, 더 큰 세계사적 맥락에서 보면 연합국이 2차 세계대전에서 승리하며 생겨난 '예상치 못한' 부산물[19]이었다.

그렇지만 기억해야 한다. 김정련은 말했다. "이 운동은 10년이 걸릴지 20년이 걸릴지 알 수 없으나 하여튼 계속적으로 활동한다." 조선 독립을 위해선 10~20년이 걸릴지 모를 누군가의 끝없는 투쟁이 필요했고, 공명단의 이름 아래 모인 이들은 그러자고 결의했다. 독립에 대한 희망을 유지하기 위해 필요한 것은 번드르르한 언어가 아닌 실패로 끝난 차량강도사건 같은 '과감한 행동'이었다. 이들은 10년이고 20년이고 싸우자고 맹세했다. 그러려면 끝까지 싸울 수 있도록 단원들은 어딘가에 살아남아 있어야 했다. 그렇지만 아쉽게도 비행사 안창남에게 생존은 그리 쉬운 일이 아니었다.

09

영원히 하늘로
떠나다

죽음의 비보

조선 천지를 떠들썩하게 했던 공명단사건이 터진 지 1년이 지난 1930년 4월이었다. 조선인들은 뜻하지 않은 비보를 접한다. 한때 모두의 자랑이었던 '천재 비행사' 안창남의 부고였다.

20세 때 과학의 정수인 항공술을 응용해 조선 사람으로서 조선의 공중을 처음으로 정복해 만장의 기염을 토했던 비행사 안창남 씨가 이상한 포부를 펴 보려고 애를 쓰던 중 중국 산시성 타이위안 텐디탄에서 사망했다는 전보가 9일 그의 유일한 친척인 옥천동 126-1호 최영희崔永熙 씨에게 왔다. 전문에는 '안창남 군이 비행기에서 서거했다. 군의 절친한 친구가 뒷일은 보나 속히 들어오라'는 영문 전보로 어느 날 참변을 당했는지 어떻게 불행을 보게 되었는지 알 수 없으나 전보를 친 날은 6일로 돼 있으며 비행기에서 사망했다 함을 보아 추락 참사가 아닌가 의심된다.

　　기사는 이후 안창남이 "조선 공중 최초의 용사로 30세를 일기로 불꽃같은 짧은 일생을 누리고 불귀의 객"이 됐다고 평하며, 그가 중국으로 건너가 "안호"라는 가명을 사용했고 숨질 때까지 옌시산군의 "항공학교 교관으로 최근까지 60여 명의 중국인 연습생"을 가르쳤다는 사실을 전했다.

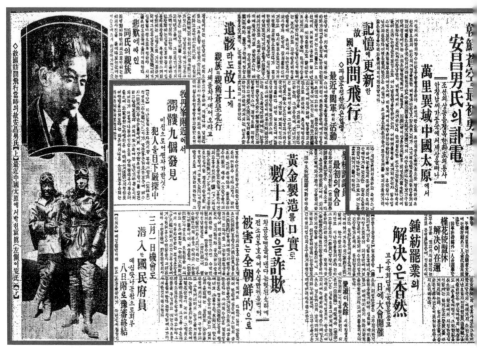

《동아일보》1930년 4월 12일
안창남의 부고 기사. "유해라도 고향에"라는 기사 중간 제목이 눈길을 끈다.

영원히 하늘로 떠나다

《중외일보》는 조선 독립에 관한 기사로 자주 행정처분을 받았던 신문답게 '독립운동가' 안창남의 면모를 잘 드러냈다. 기사 원문에 들어간 ○○는 조선총독부의 검열 때문에 글자를 지운 것으로 보인다. 안에 '독립'이라는 글자를 넣고 읽으면 뜻이 정확히 들어맞는다.

멀리 해외에 가서 불행히 요절한 조선 항공계의 선구자인 안 씨는 어떠한 경로로 해외의 흙을 밟았으며 또한 그 후에는 무엇을 해 왔는가. 안 씨는 조선인으로 맨 처음 비행사가 되어 우편비행에 성공하고 1등 비행사가 되어 고국 방문 비행에 열광적 환영을 받은 후, 그의 마음속에는 언제나 해외에서 애쓰는 동지들과 고락을 같이하며 자기의 일생을 ○○에 바쳐 보겠다는 생각은 가졌으되 기회가 없어 뜻을 이루지 못했다. 그러다 지난 다이쇼 13년(1924년-옮긴이) 12월 말 경에는 그의 유일한 동지로 현재 경성 모처에 있는 모 씨[1]와 함께 조선을 탈주해 단둥을 건넜다. 처음 생각에는 단둥으로 가서 이륭양행 배를 타고 직접 상하이로 가려다가 정작 단둥을 가 보매 마침 얼음이 얼어서 갈 수가 없음으로 노순路順을 고쳐 철도를 타고 펑텐을 거쳐 상하이로 가서 조선○○운동을 했는데, 그는 비행사인 까닭에 조선○○단의 젊은 투사 중에 소질 있는 사람을 골라서 항공술을 교양코자 했으나 주위의 사정이 허락되지 아니함으로 거기에서 지금 공판 중인 여운형의 알선으로 베이징으로 가서 중국 육군항공 측에 많은 공헌을 하다가 옌시산이 설립한 타이위안비행학교에서 교관 노릇을 하다가 마침내 이번의 흉보를 전하기에 이르렀다.

-《중외일보》1930년 4월 12일

조선총독부 기관지《매일신보》도 같은 날 안창남의 사망 소식을 전했다. 1925년 이후 일본을 탈출해 독립운동에 뛰어든 안창남의 행적을 자세히 적기가 애매했는지 일본 시절의 주요 약력만 건조하게 나열했다.

중국 옌시산의 부하로 항공 중장[2]의 요직에 올랐던 안창남 군이 중국 산시성에서 죽었다! 조선에서는 누구나 비행기를 말할 때에는 안창남 군을 말하는, 조선 비행사에서는 제일 선구자요 따라서 이름이 높던 조선이 낳은 비행용사 안 군은 일찍 부내 미동공립보통학교를 졸업하고 휘문고등보통학교를 중도에 퇴학한 뒤, 자동차학교를 마치고 도쿄에 건너가 아카바네비행기제작소에 입학해 비행기 제작법과 비행기에 관한 학술을 공부해 우수한 성적으로 졸업하고 즉시 오구리비행학교에 입학해 실지 비행을 배워 드디어 1등 항공사가 됐다.
-《매일신보》1930년 4월 12일

신문은 이어 그가 중국으로 간 이유에 대해선 "무슨 포부를 가지고 표연히 고국을 등지고 중국으로 건너가 있더니 이번에 이러한 비보가 온 것"이라고 눙쳤다.
《조선신문》도《매일신보》와 비슷한 보도 태도를 취했다.

조선이 낳은 최초의 비행사인 1등 비행사 안창남 씨가 지난 9일 산시성 타이위안 톈디탄 부근에서 옌시산군 종군비행을 하던 중 잘못돼 추락 참사

《매일신보》 1930년 4월 12일
안창남의 부고 기사.

했다는 급전이 10일 그 친척인 경성부 옥천동 최영희 씨 쪽으로 왔다. 친척 안 씨와 그 밖의 사람이 곧바로 경성을 급히 출발해 타이위안으로 갔다.

고 안창남 씨는 다이쇼 12년(1923년-옮긴이) 2등 비행사가 된 조선 최초의 비행사로 조선 항공계의 개척자다. 다이쇼 11년(1922년-옮긴이)부터 14년(1925년-옮긴이)까지 경성과 그 밖의 지역을 여러 차례 쾌상快翔한 바 있고 그 뒤엔 상하이·베이징 각지를 돌았으며 최근엔 옌시산군의 타이위안비행학교 교관으로 봉직했었다.

-《조선신문》1930년 4월 12일

타이위안에서 안창남 부고를 보내온 것은 4월 6일, 이것이 경성 친척에게 전달된 것은 사흘 뒤인 9일이었다. 전보 전문은 "Mr. An Chang-Nam die in airplane. Hope come, his good friend. Yours"였다.

안창남이 숨질 때 조선에 있던 가까운 친척은 고모 안 씨, 하나밖에 없는 육촌 형 안창업安昌業,[3] 오촌조카사위 최영희 등이었다. 갑작스러운 비보를 접한 친척은 당혹감에 "그래도 미심해 하루를 두고" 보았지만 10일 재차 "속히 오라"는 전보가 도착하자 죽음을 받아들였다.

안창남의 고모에 따르면 그가 경성 친척에게 마지막 편지를 보내온 것은 1929년 음력 10월이었다. 고모는 "비장한 안색으로 눈물을 흘리며" 기자들에게 말했다.

꿈인지 참인지 모르겠습니다. 지난해 음력 10월에 편지가 오고는 이제 소식이 없더니 이런 전보가 왔습니다. 아마 그것이 마지막 편지이던 모양입니다. 네 살에 저의 어머니가 돌아가고 계모 밑에서 기막히게 자라던 그 애가 고생만 하다가 죽다니 웬 말입니까. 목이 메어 말이 아니 나옵니다.

-《중외일보》1930년 4월 12일

숱한 고생을 하며 자라나서 남보다 못하지 않은 인물이 되더니 오늘 이렇게 서러운 죽음을 당하고 말았소이다. 새 뜻을 펴지 못하고 죽었으니 지하에서 눈을 감지 못하겠지만 사내답게 죽는 것만으로 잘 죽은 줄 생각합니다.

-《동아일보》1930년 4월 12일

마지막은《매일신보》다. 이 인터뷰의 화자 '이모'는 앞선 신문들에 등장하는 '고모'와 여러 정보를 살짝 다르게 전했다. '이모'는 전보가 온 날짜를 다른 신문들('9일과 10일 두 차례')과 달리 '8일, 9일 두 차례', 타이위안 현지에 있는 인물도 안창화 혼자가 아닌 '누나와 고모'라고 말했다.

신문사에서 오셨어요? 그러면 신문사에도 죽었다는 전보가 왔습니까? 우리 집에는 8일 밤과 9일 아침에 두 번 전보가 왔는데 전보의 내용은 다만 창남이가 죽었으니 안창업과 최영(최영희-옮긴이) 두 사람에게 급속히 들어오라고 돼 있었을 뿐이어서 비행기에서 떨어져 죽었는지 또는 남이 죽였는지 알 수가 없습니다. 최영희는 지금 시골에 갔으므로 집에 있던 창업이만 어제 밤차로 떠나갔습니다. 있는 곳은 중국인 줄만 알고 지방은 모릅니다. 작년 2월에 창남이가 아프다고 하는 기별이 있어서 창남이의 누나 창화와 고모가 지금 그곳에 가서 같이 있습니다. 그러나 죽었다고는 생각이 아니 들고 온 전보가 거짓말 같습니다.

-《매일신보》1930년 4월 12일

안창남의 죽음을 확인한 육촌 형 안창업은 10일 밤 7시 20분,[4] 최영희의 친구 김동철金東轍은 11일 밤 기차로 타이위안으로 출발했다.[5]

안창남의 부고를 전하는 1930년 4월 12일《동아일보》기사엔 '최근 타이위안에서 찍은 사진'이라며 두꺼운 가죽 비행복을 입고 이마엔 항공 고글을 매단 채 동료와 함께 미소 짓고 있는 안창남의 사진이 함께 게재돼 있다. 안창남이 경성의 친척에게 보내온 편지에 동봉돼 있던 사진으로 추정된다.

갑작스러운 부고를 접한 기자들이 찾아간 수송동 113번지는 안창남이 1924년 12월 경성을 떠날 때 머무르던 바로 그 집이었다. 이후 5년의 세월이 흘렀지만, 대문엔 여전히 '안창남'이란 문패가 붙어 있었다고 한다.[6]

사망 원인
- - - - - - - - - - - - -

추측만 무성하던 안창남의 사망 원인이 조선에 전해진 것은 첫 보도가 나온 지 8일이 지난 4월 20일이었다. 정보의 출처는 타이위안에 머물던 안창화가 최영희에게 보낸 편지였다. 편지에 따르면 안창남은 숨지기 직전 타이위안 중심부에 위치한 난샤오창 90호에서 누나 안창화와 함께 살고 있었다.

안창남의 비행사고가 발생한 것은 4월 2일 오후 3시께였다. 안창화의 편지 내용을 전한《중외일보》기사에 따르면 안창남은 이날 "비행기가 좋지 못해 마음에 없는 것"을 "학교 당국의 요망에 따라 마지못해 억지로" 탑승했다. 안창남의 우려대로 비행 도중 '엔진'에 문제가 발생했다. 여러 비행사고를 잘 헤쳐 왔던 안창남도 이번엔 미처 손쓸 겨를이 없었다. 안창남을 태운 비행기는 이륙 후 "걷잡을 사이도 없이 거꾸로 추락"했고 탑승해 있던 안창남은 숨졌다.

안창남의 사망 원인을 조금 더 자세히 전한 이는 '11일 밤 기차를 타고' 타이위안으로 떠났던 최영희의 친구 김동철이었다. 사건으로부터 1년 뒤인 1931년 3월 《별건곤》이 소개한 그의 증언을 살펴보자.

작년 4월 5일[7] 안창남 군은 전지戰地에서 돌아와 잠깐 몸을 쉬이고 있었다. 쾌청한 하늘에 그는 비행기의 고장을 시험할 겸 한번 날아 보았다. 그 비행기가 고장이 있는 줄은 물론 미리 알고 있었으며 그래서 수선을 할 겸 날아 본 것인데 그다지 심하지 않으리라고 생각했다. 그런데 이륙한 지 얼마 지나지 않아 비행기는 조종하는 사람의 말을 듣지 않고 사뭇 내리 걸리기 시작했다. 이러한 일은 여러 번 겪는 일이라 안 군은 정신을 가다듬어 기울어 내려가는 기계를 바로잡으려 했으나 때는 늦고 일은 급했다. 또 하늘도 우리 안 군을 돌아보지 않았다. 내리치는 비행기는 큰 나무에 부딪히고 말았다. 비행기가 떨어진다고 탄 사람이 다 죽는 법은 없겠지만 끝끝내 불행한 우리 안 군은 참혹하게도 생명을 잃어버리고 말았다.

-《별건곤》3, 1931

김동철은 그 밖에 산시성 쪽에서 "유족에게 주기로 한 5만 원의 돈도 1만 원밖에는 안 주려고 버티기 때문에 여러 가지 문제가 있어 착잡한 상황"이라며 옌시산과 안창남 가족 사이의 갈등설도 제기했다. 세부 내용에 다소 차이가 있지만 두 기사가 일관되게 지적하는 것은 안창남이 비행기에 문제가 있다는 사실을 알면서 '어쩔 수 없이' 시험비행에 나섰고 결국 걷잡을 수 없는 추락사고로 손쓸 틈도 없이 죽었다는 것이다. 여기서 중요한 의문이 든다. 안창남은 왜 비행기 고장을 알면서도 내키지 않는 시험비행에 나서야 했을까.

옌시산과 반장연합

이 질문에 대한 답을 찾으려면 당시 중국 정세로 눈을 돌려야 한다. 꿈에 그리던 북벌을 완수한 장제스에겐 남은 과제가 있었다. 천하를 손에 넣은 이가 모두 그랬던 것처럼 토끼를 잡았으면 사냥개를 삶는 작업이 필요했다. 장제스는 북벌 뒤 부담스러운 존재로 변한 펑위샹·리쭝런·옌시산 등 거대 군벌들에 대한 견제를 시작한다.

북벌의 네 주인공은 1928년 7월 6일[8] 쑨원이 잠든 베이징 시산에 모였다. 장제스는 쑨원에게 "혁명이 완수됐다"고 고한 뒤 엉엉 울었고, 펑위샹과 옌시산도 계속 눈물을 훔쳤다. 리쭝런만이 울지 않았다. 그는 이후 회고록에 "총리의 관에 애도의 말을 건네긴 했지만 눈물은 나오지 않았다"며 "관을 끌어안고 통곡하며 눈물을 닦는 연기 능력이 내겐 없었다"고 적었다. 리쭝런은 쑨원이 중국 통일을 보지 못한 채 눈을 감았지만 그의 유지에 따라 북벌이 완수됐으니 삶에 여한은 없을 것이라고 생각했다. 쑨원 앞에서 북벌을 고하며 각자의 감상에 빠졌던 네 명은 이후 '반장전쟁反蔣戰爭' 또는 '중원전쟁中原戰爭'이라 불리는 또 다른 격변의 주인공이 된다.

장제스는 쑨원 앞에서 눈물을 흘린 지 6일 만인 7월 11일 베이징 교외 탕산에서 회의를 열어 군벌들의 힘의 원천인 병력을 줄이는 편견編遣을 주장했다. 북벌이 끝났을 때 장제스 휘하 국민혁명군 1집단군은 55만 명, 펑위샹의 2집단군은 40만 명, 옌시산의 3집단군은 20만 명, 리쭝런의 4집단군은 20만 명으로 늘어 있었다. 북벌 시작 시점인 1926년 7월 중국 내 전체 병력은 140만 명이었지만, 1928년 말엔 1.6배에 가까운 220만 명으로 늘었다.[9]

객관적으로 볼 때 장제스의 편견 주장은 합리적이었다. 이 무렵 중화민국의 전체 세입은 4억 5700만 원이었는데 그중 군사비는 78퍼센트나 됐다. 지나친 군사비로 정상적인 국가운영이 힘든 상황이었다. 또 편견을 통해 주요 군벌의 힘을 꺾어야만 향후 불필요한 내전의 싹을 자를 수 있었다. 장제스는 1929년 1월 난징에서 국군편견회의를 열어 육군 병력이 65개 사단(각 사단은 1만 1000명), 80만 명을 넘을 수 없다는 기준을 제시했다. 자신들이 토사구팽의 대상이 됐음을 깨달은 펑위샹·리쭝런은 곧바로 장제스에 반기를 들었다.

가장 먼저 움직인 것은 광시 군벌 리쭝런이었다. 이를 장제스와 광시성을 의미하는 계桂 지역의 싸움이라는 뜻으로 장계전쟁蔣桂戰爭이라 부른다. 1929년 3월 시작된 리쭝런·바이충시白崇禧 등 광시 군벌과 장제스의 전쟁은 6월 말 장제스가 승리해 막이 내려졌다.

두 번째 상대는 만만찮은 펑위샹이었다. 장제스는 펑위샹이 불온한 움직임을 보이기 시작하자 1929년 5월 그를 모든 직에서 파면한 뒤 체포령을 내렸다. 노회한 옌시산은 애초 장제스의 편을 들어 펑위샹과 맞서지만, 시간이 흐르면서 리쭝런·펑위샹이 몰락하면 남은 것은 자신뿐임을 깨달았다. 옌시산은 1930년 2월 장제스에게 "전체 당과 통일된 국가를 위해 함께 하야하자"고 '돌직구'를 날린다. 천하를 손에 쥔 장제스가 받아들일 리 없는 주장이었다.

매사 애매한 태도를 보이던 옌시산마저 장제스를 견제하기 시작하자 전국 군벌들과 왕징웨이 등 유력 정치인들이 그에게 몰려들었다. 이들은 옌시산을 붙들고 장제스를 쓰러뜨리기 위한 '반장反蔣연합'의 선봉에 서 달라고 설득했다.[10] 이 무렵 옌시산은 산시·쑤이위안·차하얼·허베이성의 일부를 지배하며 병력 24만 명을 거느린 대군벌로 성장해 있었다.

고심 끝에 옌시산은 이 요구를 받아들였다. 그동안 껄끄러운 관계를 유지해 온 펑위샹과 화해하고 장제스에 맞서기로 결심한 것이다. 인생의 가장 중요한 순간에 내린 가장 옌시산답지 않은 결단이었다.

옌시산의 근거지 타이위안에서 3월 14일 펑위샹·옌시산·리쭝런 등 전국 군벌의 주요 지휘관 57명이 모여 '반장연합군' 결성을 선언했다. 이 자리에서 옌시산은 총사령관, 펑위샹·리쭝런이 부사령관으로 추대됐다. 그리고 안창남이 비행기사고를 당하기 하루 전날인 4월 1일 옌시산은 타이위안에서 중화민국의 육해공군사령관에 취임했다. 중원의 주인 자리를 놓고 옌시산의 반장연합과 장제스 사이에 양보할 수 없는 일대 결전이 시작된 것이다.

중국 산시성도서관은 2011년 1월 누리집에 〈산시성도서관의 한국 KBS 촬영 협력〉[11]이라는 짧은 글을 올렸다. 도서관은 이 글에서 KBS의 〈역사 스페셜: 떴다 보아라 안창남〉 편을 촬영하는 데 여러 도움을 줬다는 사실을 전하며, 옛 중화민국 시절 문헌 속에서 확인되는 안창남의 죽음과 관련된 몇 가지 새로운 '팩트'를 제시했다. 이 가운데 흥미로운 구절을 인용해 본다.

안창남은 기술이 탁월하고 재능이 출중해 이후엔 옌시산의 특별기인 융커스 F-14[12]의 운전을 맡았다. 옌시산 전용기 엔진이 고장 나 새로 엔진을 구입했지만 그 품질에도 문제가 있었다. 처음으로 강행한 시험비행에서 비행기가 이륙하자마자 추락해 안창남 등 세 명이 불행히도 숨졌다.

이 인용문엔 안창남의 죽음과 관련해 지금까지 알려지지 않았던 두 가지 내용이 담겨 있다. 하나는 안창남이 엔진 이상을 알면서도 시험비행을 할 수밖에 없던 기체가 일반 비행기가 아닌 옌시산의 특별기 '융커스Juunkers F-13'[13]이었다는 사실이고, 다른 하나는 비행기사고 때 숨진 이가 안창남 한 명이 아닌 세 명이라는 점이다.

일본에서 '천재 비행사'라 불리던 안창남은 옌시산의 산시항공대에서는 주요 보직에 오르지 못했다. 여러 이유가 있었겠지만 중국인이 아닌 조선인이었던 점, 특히 부하들을 지휘하는 데 꼭 필요한 중국어

구사 능력이 부족했던 점 때문이 아니었나 추측해 볼 뿐이다. 그러나 산시성도서관에 따르면 안창남은 뛰어난 조종 실력을 인정받아 산시성의 '에어포스원'이라 할 수 있는 옌시산의 특별기 조종을 담당했다.

옌시산은 1930년 1월 산시항공대-산시육군항공학교로 이분돼 있던 항공대 구조를 산시항공대로 일원화하고, 류이페이를 통합 항공대 부대장으로 임명했다. 우연이겠지만 그를 전후해 산시성을 둘러싼 정세는 크게 요동친다. 부대 통합이 이뤄진 지 석 달 만인 1930년 4월 1일 옌시산이 중화민국 육해공군사령관에 취임하며 반장전쟁의 서막이 오른 것이다.

천하의 명운을 건 전쟁이 시작됐으니 총사령관인 옌시산의 특별기는 언제든 날아오를 수 있게 만반의 준비를 갖추고 있어야 했다. 그러나 하필 이 중요한 시국에 옌시산의 특별기가 고장을 일으켰다. 산시항공대는 부랴부랴 엔진을 교체했다. 하지만 교환한 엔진은 불량품이었다. 베테랑 비행사인 안창남은 엔진 소리를 듣고 단번에 이상을 감지해 냈다. 그는 시험비행을 요구하는 항공대에 이 상태로는 "결코 비행할 수 없다"며 버텼다. 그러자 항공대 정비사 리무李目가 항의하고 나섰다. 그는 "엔진 검사는 끝났다", "털끝 하나 문제가 없다"며 맞섰다. 둘 사이의 의견충돌은 쉽게 해결되지 않았다. 안창남은 그렇게 자신이 있으면 시험비행에 동승하라고 했다. 이 광경을 지켜본 왕치王奇 부副항공대장이 "그렇다면 나도 같이 탑승하겠다"며 안창남의 등을 떠밀었다. 결국 불량 엔진을 단 4인승 여객기에 비행교관 안창남, 부항공대장 왕치, 정비사 리무가 올라탔다.

1930년 4월 2일 융커스의 엔진을 새로 장착하고 시험비행을 하게 됐다. 안창남은 엔진 소리가 비정상이라는 사실을 깨달았다. 정비사는 이미 점검이 끝났으니 털끝만큼도 문제가 없다고 생각했다. 조종사 안창남과 (항공기의 안전을-옮긴이) 보증하기 위해 정비사와 부항공대장인 왕치가 함께 탑승했다. 그러나 비행기가 이륙한 뒤 몇 초 만에 사람들은 커다란 폭발음을 들었다. 대기하고 있던 구조원들이 (타이위안을 동서로 가르는 하천인-옮긴이) 펀허강 동안의 추락 현장에 도착했다. 탑승자는 모두 숨져 있었다.

-《산시상보》2008년 4월 18일

안창남이 숨진 지 이틀 뒤인 1930년 4월 4일 산시성 항공동우회는 《산시일보山西日報》에 안창남의 죽음을 알리는 부고를 낸다. 산시성도 서관에 따르면 이 부고에 크게 세 가지 내용이 담겨 있었다고 한다. 첫째는 사고의 개요다. 이를 통해 정확한 사고 시각이 1930년 4월 2일 오후 4시라는 사실이 확인됐다. 둘째는 사망자 세 명의 이름과 간단한 약력이다. 셋째는 사고의 원인을 제공한 항공대 대장과 비행학교 쪽에 대한 비난이었다. 앞서 류기석이 한탄했듯 당시 산시에서는 항공기의 부품을 둘러싼 비리가 끊이지 않았다. 산시성 항공동우회도 이를 지적했다. 정확한 시점은 알 수 없으나 산시공군의 약사를 다룬 중국 쪽 자료를 보면 이 사건 이후 통합항공대의 부대장이 류이페이에서 중지한 仲踦翰으로 교체됐음이 확인된다.

이자해의 분노

안창남의 목숨을 앗아 간 '간접 원인'이 된 중원대전에서 옌시산은 맥없이 패했다. '반장제스'라는 깃발 아래 모인 군벌들의 속내는 서로 달랐고 상호 신뢰도 부족했다. 손발이 맞지 않으니 연합작전이 효과적으로 이뤄질 리 없었다. 펑위샹은 장제스와 중원을 놓고 건곤일척을 펼치길 원했지만 총사령관 옌시산은 애초부터 크게 싸울 마음이 없었다. 장제스는 5월 말 한때 펑위샹의 맹공을 받아 큰 위기에 빠지기도 하지만 이를 수습하고 공세로 전환했다.

승부를 가른 것은 중원의 상황을 관망하던 만주의 장쉐량이었다. 장쉐량이 1930년 9월 장제스를 도와 중원에 진출하며 승부의 추는 장제스에게 결정적으로 기울었다. 패배한 펑위샹과 옌시산은 1930년 11월 4일 나란히 하야 성명을 발표했다. 이후 옌시산은 일본의 지배를 받던 다롄으로 피신해 관동군의 보호를 받다가 1931년 8월 국민정부에 귀순했다. 이어 1932년 2월 장제스에게서 지난 죄를 용서받고 산시성의 군권을 쥔 타이위안수정공서太原綏靖公署 주임에 임명돼 재기한다.

안창남의 죽음은 당시 중국 화북 지방에 사는 조선인들에게 큰 충격을 남겼다. 3·1운동 이후 중국 대륙을 무대로 독립운동에 나섰던 의사 이자해李慈海(1894~1967)는 회고록《이자해 자전》을 남겼다. 이를 보면 이자해는 1920년대 후반 펑위샹의 국민군에서 군의로 활동하며 많은 부상병을 치료했다. 그는 장쭤린의 '반적동맹'에 포위돼 후퇴하는 펑위샹군과 함께 서북 방면으로 이동하다 산시성에 정착했다. 이후 산시성 2의

도시 다퉁과 1의 도시 타이위안에 병원을 설립해 환자들을 치료했다.

엔시산이 중원전쟁에서 패한 뒤 다시 복귀한 시점인 1932년 이후 이자해는 뜻밖의 부름을 받았다. 엔시산의 고향인 다퉁현 우타이현 강변마을에서 살고 있던 엔시산의 부친이 병에 걸렸으니 방문해 치료해 달라는 요구였다. 안내받은 응접실에 도착해 잠시 휴식을 취하다 보니 저만치에서 낯익은 중년 남성이 모습을 드러냈다. 엔시산이었다. 그는 먼 곳까지 와 준 이자해에게 감사의 뜻을 표했다.

이자해의 치료를 받은 엔시산 부친의 병은 빠르게 호전됐다. 엔시산은 사의를 표하기 위해 이자해를 아침식사에 초대했다. 엔시산은 그 자리에서 "일찍 일본에서 명성을 떨친 조선인 항공사 안창남이 이곳에 있었다. 그가 산시에 오면서 이곳에 비행기와 항공학교가 생겼다. 그동안 그는 수많은 항공기술 인원을 훈련하는 업적을 쌓으면서 우리 산시에 공로가 아주 컸다. 불행하게도 비행기 실종사고로 사망해 정말 너무너무 가슴이 아프다"고 말했다. 여기까지 설명한 뒤 이자해는 안창남의 죽음에 대한 자신의 평가를 내린다.

안창남의 사건과 관련해 나도 이미 내막을 잘 알고 있었다. 원래 안창남이 훈련한 학생 중에 활동 능력이 뛰어난 원생이 한 명 있었는데 그 원생은 직위가 상승된 지 얼마 되지 않아 곧바로 항공학교의 교장이 되었다. 그때부터 그는 늘 안창남과 대립했다.

어느 날 새 교장이 안전상태가 좋지 않아 운항할 수 없는 비행기를 안창남더러 시범 운전하라고 했다. 이때 안창남이 이 비행기를 운항하는 것은 아주 위험하다며 운항을 거절하자 새 교장은 '이는 군사명령이기 때문에 절대 불복해서는 안 되며 만약 안전이 우려된다면 우리 둘이 함께 타자 그러면 되지 않겠는가'라고 말했다. 이렇게 되어 새 교장은 뒷자리에 타고 안창남은 앞 조종석에 앉았다. 비행기가 뜨기 시작해 얼마 지나지 않아 안창남이 뒤를 돌아보니 그 교장은 비행기에서 뛰어내린 뒤였다. 안창남이 운항한 그 비행기는 얼마 날지 못하고 곧바로 기체 고장으로 추락했다.[14]

이자해의 말대로 당시 통합 항공대 부대장인 류이페이가 안창남의 제자며 그가 안창남을 사지로 내몰기 위해 일부러 시험비행을 강요했는지는 알 수 없다. 하지만 시험비행을 통해 숨진 것은 안창남 혼자가 아니라 항공대 부대장과 정비원을 합친 세 명이었다. 인재 부족에 시달렸을 류이페이 대장이 소중한 세 요원의 목숨과 총사령관 특별기를 버려 가며 고의로 사고를 냈을 가능성은 없다고 봐야 한다. 이자해가 들었던 '사건의 내막'은 사실과 거짓이 절묘하게 섞인 왜곡 정보였을 가능성이 높다. 다만 격앙된 이자해의 반응을 통해 볼 때 당시 중국에 거주하던 조선인들이 안창남의 죽음을 얼마나 원통하게 생각했는지 짐작할 수 있다.

타이위안에 세워진 묘비

안창남이 숨진 뒤 타이위안에 그의 공적을 기리는 묘비가 세워졌다.

영원히 하늘로 떠나다

KBS는 2011년 1월 방영된〈역사 스페셜: 떴다 보아라 안창남〉에서 안창남이 비행사고를 일으킨 사고 현장을 방문했다. 이들은 근처에 살던 노인 왕성지王生吉를 만나 묘비에 "비행장군을 영원히 가슴에 묻다"(永懷飛將)라는 글귀가 적혀 있었다는 증언을 채집했다. 현재 안창남의 무덤과 비석은 파괴돼 흔적을 찾을 수 없다.

비석은 두 차례에 걸쳐 파괴됐다. 첫 번째는 일본군의 파괴다. 1937년 7월 중일전쟁이 발발하자 일본군은 9월 산시로 진격해 왔다. 옌시산은 일본의 공세를 막아 내지 못했고 타이위안은 11월 8일 함락됐다.

산시를 점령한 일본군은 뜻밖에도 이역만리 타향에서 숨진 조선인 비행사 안창남의 묘비를 발견했다. 이들은 묘비 뒤쪽에 반일적인 비문이 적혀 있다는 사실을 확인하고 앞면은 그냥 둔 채 뒷면을 쪼아 글자를 알아볼 수 없게 했다.

이와 관련해 1965년 4월 당시 성북구에 살던 정인호鄭寅晧는 1965년 4월 20일《동아일보》와 인터뷰를 하면서 귀중한 증언을 남겼다. 그는 1941년 일본의 모 토건회사에 근무하던 때 타이위안에 갔다가 그곳에 있는 안창남의 묘를 본 적이 있다고 증언했다. 실제 그가 신문사에 제공한 것으로 보이는 흑백사진에서 높이가 3미터 정도로 어림짐작되는 거대한 묘비의 모습을 확인할 수 있다. 정인호는 이 비석의 앞면에 '중화민국 3집단군항공학교 특별비행교관 안창남의 묘'라는 글자가 써 있었다고 말했다. 옌시산은 북벌 당시 국민혁명군 3집단군이었으니 안창남은 3집단군항공학교 특별비행교관이 맞다. 그러나 뒷면

《동아일보》1965년 4월 20일
1965년 국내에 소개된 안창남 묘비의 모습. 묘비가 어른 앉은키의 두 배 정
도니, 3미터가 넘었을 것으로 추정된다.

글자는 잘 알아볼 수 없었다. 정인호는 뒷면엔 "안 씨의 약력이 적혀 있
었는데, 중일전쟁 때 그곳까지 쳐들어갔던 일본군 선무공작대가 모두
비문을 뭉개 '경성 출신'이라는 네 글자만 희미하게 보였고, 그 뒤 보수

를 하는 사람도 없이 묘는 황폐하기 그지없었"다고 증언했다.

두 번째 파괴는 문화대혁명 때다. 왕성지는 KBS와 인터뷰를 하면서 "남아 있던 비는 문화대혁명을 거치는 동안 파괴돼 사라졌다"고 증언했다. 현재 비석이 서 있던 터엔 아무것도 남아 있지 않다.

사라진 것은 비석만이 아니었다. 사람들도 사라졌다. 안창남을 장가보낸다며 타이위안으로 향했던 안창화는 현지에서 숨졌다. 정인호는 안창남이 죽은 뒤 안창화도 현지에서 숨져 중국인들이 그를 동생 묘 옆에 "나란히 묻었다"고 증언했다.

해방 이후까지 살아남은 이는 안창남의 부고를 받고 타이위안으로 떠났던 안창업이다. 그는 어떤 이유인지 조선으로 되돌아가지 않고 현지에 남았다. 정인호의 증언에 따르면 8·15광복 이후 그곳에서 농사를 지으며 살던 '고 안창남 씨의 형'은 "해방된 고국으로 돌아가자"는 교포들의 권유에도 "그대로 남겠다"고 버텼다고 한다. 그가 왜 귀국을 거부했는지 이제와 알 수 없다.

정인호의 증언은 해방 뒤 5년 정도 발행된 우익 일간지 《한성일보》의 1946년 5월 19일 기사와 일치한다. 이 기사에서 안창남의 매형이라 주장한 평안남도 강서군 출생인 김기창 金箕昌은 "안창남은 옌시산 씨 아래서 항공 소장으로 활약하던 중 비행기 고장으로 타이위안 상공에서 추락해 사망하고 그 형 되는 안창업 씨는 아직 타이위안에 거주"하고 있다고 증언했다. 김기창의 증언이 사실이라면 그는 안창화가 타이위안 현지에서 만나 재혼한 남편으로 추정된다. 안창화의 재혼 시기와 사망 원인, 또 현지에 남은 안창업의 이후 행적을 보여 주는 자료는 찾을 수 없었다.

중화인민공화국은 산시성의 토황제였던 군벌 옌시산의 존재에 큰 무게를 두지 않는다. 따라서 관련 자료가 거의 남아 있지 않고 체계적인 연구도 이뤄지지 않았다. 당연한 얘기겠지만 옌시산 밑에서 4년 4개월 동안 비행교관을 했던 한 조선인 청년의 사정도 마찬가지다. 안창남이 이곳에서 중국인 청년들을 교육하다 숨졌음을 보여 주는 '희미한 흔적'은 두 눈을 찌푸려 가며 할아버지에게서 들은 옛이야기를 더듬는 몇몇 촌로뿐이다. 이제는 그들마저 대부분 숨졌을 것이다.

안창남과 비행사고

안창남은 비행사로 활동하는 내내 크고 작은 비행기사고에 시달렸다. 당대 신문기사로 확인되는 사고만 해도 세 건에 이른다.

안창남이 3등 비행사 자격을 취득한 직후인 1921년 7월의 일이다. 안창남은 도쿄도 시모신코야스해수욕장에서 관광객들을 위해 기체 뒤에 불꽃을 매달고 야간비행을 하고 있었다. 사고는 착륙할 무렵에 발생했다. 어둠 때문에 전봇대를 보지 못하고 충돌한 것이다. 비행기는 파손됐지만 안창남과 일본인 조종사 사카모토 세이치坂本淸一는 큰 부상을 입지 않았다.*

이듬해 1922년 1월엔 아슬아슬한 불시착사고가 있었다. 안창남은 1월 28일 2등 비행사 면허를 따기 위해 지바현 쓰다누마 이토비행기연구소를 출발해 1000미터의 높이를 유지한 채 도쿄 가메이도 쪽으로 날고 있었다.** 갑자기 엔진이 고장났다. 기체가 히가시가쓰시카군 교토쿠마치 부근을 지날 무렵엔 프로펠러가 완전히 멈췄다. 안창남은 어쩔 수 없이 비행기가 해안에 불시착하게 했다.*** 비행기 날개는 파손됐지만 비상착륙에 성공해 큰 부상은 없

---

*   《동아일보》1921년 8월 25일;《매일신보》1921년 8월 25일.
** 《동아일보》1922년 2월 1일.
*** 국내 일부 보도에서 비행기는 두 자 정도 깊이의 바닷물에 거꾸로 처박혔다고 전해졌

었다.

그러나 운이 꼭 좋을 순 없었다. 해안 불시착사고가 발생한 지 석 달 만인 4월 19일이었다. 이날 안창남은 오구리비행학교에서 90마력 카치스 연습기에 연습생 마스다 히데요시 增田秀吉를 태우고 이륙했다. 겨우 30미터 정도 이륙했을 때 비행기 엔진이 멈췄다. 비행기는 수직 낙하해 두 조각이 났고, 안창남은 신체 여러 곳이 찢어지는 부상을 당해 2주 이상 치료를 받아야 했다.[*]

기사화되진 않았지만 신용욱의 증언에 따르면 안창남은 1924년 5월에도 "지바해안에서 비행기 연습을 하다 추락해 구사일생으로 살아난 적이 있었다."

안창남 같은 항공 여명기의 비행사들은 숙명처럼 사고의 위험을 안고 살았다. 안창남은 그 때문에 인생의 많은 것을 포기하며 살았다. 안창남은 실습생 시절인 1920년 《개벽》에 기고한 글에서 "비행할 때 중요한 것은 오로지 온몸의 정력을 써야 합니다. 그렇지 않으면 작은 부주의로 생명을 버리는 큰 실책을 합니다"라고 말한 적이 있다. 그래서 "심기가 좋지 못할 때에는 결코 비행을 하지 않"으려 노력했고, "몇 분 동안만 정신을 딴 곳에 쓰면 금세 비행기와 함께 저세상으로 떠나게 된다"는 생각에 "정신을 해하는 담배는 물론이요 주색 등은 절대로 안 된다"고 말했다.

안창남은 여러 비행기사고에서 살아남았지만 제일 '마지막' 사고는 극복하지 못했다.

지만,《매일신보》1922년 2월 8일 기사 등을 통해 추락이 아닌 불시착임이 확인됐다.

[*]　《매일신보》1922년 4월 22일.

10

안창남을
기억하다

원고를 마무리해 가던 2018년 11월 28일 새벽 서울 이문동 집에서 차를 몰고 충청북도 청주로 향했다. 그곳에서 꼭 만나야 할 사람이 있었다. 지난 20여 년 동안 안창남과 관련된 각종 기념사업을 주도해 온 안창남기념사업회 박정규 회장(전 청주대학교 교수)이었다. 이제 70대에 접어든 박 회장은 며칠 전 갑작스레 연락해 온 낯선 젊은이에게 "언제든 찾아오라"며 청주에 있는 집 주소를 일러 줬다.

박 회장은 1999년 3월 안창남기념사업회를 만든 뒤 사람들의 기억 속에서 점차 희미해지는 안창남을 기념하는 사업을 주도해 온 인물이다. 기념사업회 설립 이후 안창남 연보를 만들고 그와 관련한 전래 노래를 채보했다. 그 밖에 서거 70주기 안창남 혼 맞이 행사, 탄신 100주년 축전, 특별 전시회 등 다양한 행사를 기획하고 실행했다.

박 회장이 안창남에게 관심을 가진 계기는 1920년대 신문을 보고 "매스컴이 만들어 낸 최초의 아이돌' 안창남에게 흥미가 생겼기 때문"이었다. 언론사가 전공인 박 회장은 1920~1930년대 조선에서 발간된 각종 신문 지면을 살펴보다 안창남과 관련된 수많은 보도를 접했다. 본격적인 연구의 필요성을 느낀 박 회장은 자료 수집을 위해 국내는 물론 도쿄의 일본항공협회와 안창남이 몸담았던 오구리비행학교와 이토비행기연구소 터, 중국 산시성도서관, 안창남이 숨진 곳으로 추정되는 타이위안의 사고 현장 등 여러 곳을 현지 조사했다. 지난 20여 년 동안 안창남과 관련한 자료를 수집하고 기념행사를 이어 왔으니 국내 최고의 안창남 전문가라 할 수 있을 것이다.

한참 두서없이 쏟아 내는 질문에 차분한 목소리로 답하던 박 회장은 2001년 안창남기념사업회에서 진행한 〈안창남탄신100주년: 안창남 전시회〉의 팸플릿을 하나 건넸다. 팸플릿엔 안창남의 본적지인 '종로구 평동 20번지'의 토지대장, 안창남이 다닌 미동공립보통학교 학적부, 1920년대 신문에 게재된 안창남 관련 사진 등 여러 자료가 빼곡히 담겨 있었다. 안창남과 관련된 대부분의 자료를 섭렵했다고 생각했는데 오산이었다. 그중 눈길을 끄는 사진 한 장이 있었다. 사진 속엔 양복에 나비넥타이로 한껏 멋을 낸 20대 초반 청년 네 명의 모습이 담겨 있었다.

'아…!' 순간 탄성을 내지르고 말았다. 박 회장은 사진의 출처를 묻는 질문에 "자료 수집을 위해 일본에 갔다가 1920~1930년대 일본 항공잡지에서 우연히 발견한 것"이라고 답했다. 사진을 찍을 때의 상황 등 더 자세한 정보를 얻고 싶었지만 아쉽게도 그는 잡지의 이름과 호수를 기억하진 못했다.

사진 속에 담긴 네 명의 젊은이는 1910년대 말~1920년대 초 항공

안창남과 친구들(안창남기념사업회 소장)
1920년대 초 일본에서 비행술을 배우던 네 청년이 모였다. 왼쪽부터 신용욱, 장덕창, 이기연, 안창남.

의 불모지인 조선에서 처음 비행기에 관심을 갖고 자신의 꿈을 펼쳐
보기 위해 일본으로 건너갔던 이들이다. 가장 오른쪽에 검은 나비넥타
이에 멋들어진 중절모를 쓴 안창남이 앉아 있다. 국내에 공개된 안창
남과 관련한 여러 사진을 보면 대부분 볼 살이 움푹 들어간 깡마른 모
습인데, 이땐 적당히 살이 붙어 있었다. 그 옆에 선 이는 안창남에 이어
두 번째로 고국 방문 비행에 성공한 이기연, 그 옆이 나중에 4대 대한
민국 공군참모총장에 오르는 장덕창, 마지막 인물이 안창남의 휘문고
등보통학교 동창이자 대한민국 항공사에서 지워지지 않을 굵은 발자
취를 남긴 '문제의 인물' 신용욱이다.

박 회장은 "사진을 찍은 시점은 1923년께로 추정된다"고 말했다. 앞에서 언급했듯이 세 인물이 교류했다는 사실은 알았지만 이를 사진으로 확인하니 잠시 묘한 감상에 빠져들었다.

이미 숨진 젊은이들의 사진을 보는 것은 난감한 일이다. 사진을 찍을 때 이들 앞엔 무한한 삶의 가능성과 도전의 기회가 열려 있었다. 인간의 삶이란 것은 복잡하고 미묘해 일부는 거센 인생의 풍파에 못 이겨 꺾이고, 일부는 그 역경을 뚫어 내고 놀라운 성과를 거두며, 일부는 적당히 자신이 용인할 만한 평균적인 삶을 살다 숨진다. 1923년 어느 날 이 사진을 찍었을 청년들의 운명도 비슷했다. 다만 가혹한 것은 후세의 우리는 이들이 이후 어떤 영광과 치욕 또는 행운과 불운에 휘말리게 되었는지 이미 알고 있다는 점이다.

안창남의 오른쪽 어깨에 팔을 기댄 이기연은 1897년[1] 경성에서 태어났다. 이기연은 정동에 있던 배재학교에 입학했지만 중간에 그만두고 1923년 1월[2] 일본으로 건너갔다. 그는 장덕창이 다니던 이토비행기연구소에 들어가 비행술을 배운 뒤 그해 6월에 졸업했다. 이기연이 3등 비행사 자격을 취득한 것은 간토대지진 직후인 9월[3]이었다. 그로부터 다시 3개월이 지난 1923년 12월 19일 비행기 '장백호'를 타고 고국 방문 비행에 성공했다. 안창남의 뒤를 이은 2호 고국 방문 비행이었다. 안창남의 첫 고국 방문 비행을 주최한 것은 《동아일보》였지만 이기연의 고국 방문 비행을 후원한 것은 《매일신보》와 《경성일보》였다.

'1번 타자' 안창남만큼은 아니었지만 그의 비행에도 당대 조선인들은 열띤 환호와 박수를 보냈다. 그는 안창남이 계획만 하고 실행하지 못한 조선 일주 비행에도 나섰다. 1924년 2월 9일 경기도 포천,[4] 7월 충청남도 공주, 9월 인천, 1925년 4월엔 해주·대전·김천 등을 방문했다.

이기연은 안창남의 또 다른 꿈이었던 비행학교 설립에도 성공했다. 이기연은 1926년 경성 여의도에 경성항공사京城航運社를 만들어 후진 양성에 나섰다. 그는 항공사를 만드는 포부를 "우리 조선 사람은 무엇이든지 많이 배워야 하지만 비행술은 더욱이 배워야 할 필요가 있"기 때문이라고 설명했다.

하지만 비행학교 운영은 생각만큼 쉽지 않았다. 이기연은 이듬해 1927년 6월 1일 경상북도 문경 점촌에서 인산인해의 관중이 보는 앞에서 비행에 나섰다. 안타깝게도 그것이 마지막 비행이 됐다. 이기연을 태운 비행기는 "오후 6시 40분경에 (엔진에ー옮긴이) 고장이 생겼는지" 돌연 공중에서 떨어져 추락했다. 이기연은 이 사고로 숨졌고 그가 만든 경성항공사도 곧 소멸했다.[5] 당대 조선인들은 젊은 비행사의 죽음을 무척 아쉬워했다. 머나먼 중국 타이위안에서 숨진 안창남과 달리 7일 경성에서 성대한 장례식이 열렸고 전국 각지에서 위로금이 답지했다.

그 옆에 선 눈이 부리부리하게 생긴 청년이 장덕창이다. 앞에서 여러 차례 언급한 장덕창은 일제시기와 해방 후를 거치며 비교적 평탄하고 안정된 삶을 살았다. 그는 이토비행기연구소 1기 졸업생으로 1921년 10월 졸업한 뒤 1922년 3월 3등 비행사 자격을 취득했다. 이후 일본 민간항공계의 거물이 되는 이노우에 나가이치井上長一의 일본항공운송연구소日本航空輸送研究所에 취직했다. 이노우에가 1922년 6월 설립한 이 회사는 오사카에 인접한 사카이해안에서 수상비행을 전문으로 했다. 사장 이노우에는 장덕창을 좋게 봤는지 "하숙을 하면 건강도 좋지 않고 하니 우리 집 2층에서 살라"고 제안했다. 장덕창은 그 집에서 7년을 살았고, 서른이 되던 해 당시 스물 하나였던 이노우에의 딸과 결혼했다.

장덕창은 이노우에의 회사에 근무하면서 고국 방문 비행에 나섰다. 그의 고국 방문 비행을 지원한 것은《오사카아사히신문》경성 지국이었다. 장덕창은 1925년 6월 10일 수상비행기 '복흥호復興號'를 타고 한강에 착륙하는 신기한 모습을 선보이며 고국 방문 비행에 성공했다.

1937년 7월 중일전쟁에 뛰어든 일본은 전쟁 수행을 위해 국내 여러 군소 항공사를 통합해 1939년 국책 항공사인 대일본항공大日本航空을 설립한다. 그 무렵 일본의 베테랑 비행사로 이름을 날리던 장덕창도 자연스레 이 항공사로 적을 옮겼다. 창씨개명이 시작되자 장덕창의 이름은 하나야마 노리마사華山德昌로 바뀌었다.

장덕창은 태평양전쟁이 격화되자 육군 군속으로 징발돼 수송기를 몰았다. 그러는 사이 죽을 위기를 여러 번 넘겼다. 대일본항공 후쿠오카 지소의 기장으로 근무하던 1944년 5월 13일, 미국 더글러스사가 만든 DC-3에 승무원 여섯 명 승객 다섯 명을 태우고 후쿠오카에서 오키나와 나하를 경유해 타이베이로 향하던 길이었다. 갑작스레 비행기의 한쪽 엔진이 고장 났다. 더는 비행이 힘들다고 판단한 장덕창은 비상 착륙을 결심했다. 비행기가 현재 중-일 간 치열한 영토분쟁이 진행 중인 센카쿠열도의 가장 큰 섬 우오쓰리시마 부근에 이르자 장덕창은 비상 착륙을 결심했다. 장덕창은 우오쓰리시마 앞의 작은 무인도인 기타코지마 앞바다에 비행기가 무사히 불시착하게 했다. 수상기를 전문으로 하던 일본항공운송연구소에서 갈고 닦은 조종 실력이 빛을 발한 것이다.[6]

잘 알려지지 않은 사실이지만 장덕창은 전쟁 막판 가미카제 특공대원을 실어 나르던 '다케시猛공수작전'에 참가하기도 했다. 전쟁 막판 일본은 정상적인 작전으로 미군의 해군 전력에 맞설 수 없다는 사실을 깨닫고 1944년 10월 필리핀 레이테Leyte해전부터 비행기에 폭탄을 매단 채 적함에 돌진하는 특공작전을 시작했다.

특공대원은 한 번 작전에 투입되면 사라지는 소모품이었다. 1945년 4월 미군의 오키나와 상륙으로 본토 결전이 임박해지자 일본은 남방 전선에 흩어진 특공대원을 본토와 조선으로 공수해 오기로 마음먹는다. 이 공수작전을 다케시공수작전이라 불렀다. 일본 육군은 이 작전을 수송전문조직인 대일본항공에 맡겼다. 초기 대한민국 항공계의 산 증인인 송석우는 1998년 펴낸 《노고지리의 증언》에서 일본항공 기획실 오타 미노루太田稔의 증언을 인용해 "장덕창은 다케시작전 본부에서 그 지원업무를 담당했다"고 적었다.

히로히토 천황이 '옥음 방송'을 통해 〈포츠담선언〉을 받아들이겠다는 간접화법으로 항복 선언을 한 것은 1945년 8월 15일이었다. 그날 조선 경성에선 한 남자의 장례식이 열렸다. 8월 6일 히로시마에서 육군 중좌(중령)로 근무하다 미군의 원자폭탄에 숨진 의친왕 이강의 아들이우의 장례식이었다. 이우의 주검을 싣고 날아온 쓰카타니塚谷와 야마가타山縣 두 조종사는 17일 타고 온 비행기를 몰고 일본 귀항을 시도했다. 이들이 막 활주로에 나설 무렵 허름한 몰골의 한 사내가 다가왔다.

나는 하나야마라는 일본항공 기장이요. 후쿠오카까지 급히 가야 하는데 이 비행기에 동승할 수 없을까요. 좀 부탁합니다.

하나야마의 본명은 장덕창이었다. 그때 장덕창의 나이는 마흔셋이었다. 오랜 일본 생활에 익숙해졌을 장덕창의 내면을 이제와 들춰내는 것을 불필요하고 불가능한 일이다. 하지만 해방된 조국에서 창씨명을 대며 '내지 귀국'을 서둘렀던 그의 모습을 보면 평소 깊은 민족의식을 갖고 생활하진 않았던 것 같다.

해방을 맞았을 무렵 장덕창의 총 비행시간은 9820시간에 이르렀다. 일본 육사 54기인 '에이스 비행사' 가가와 사다오香川貞雄 대위의 본명은 대한민국 초대 공군참모총장과 전두환 정권의 마지막 국무총리를 지낸 김정렬金貞烈(1917~1992)이다. 그는 회고록《항공의 경종》에서 장덕창의 긴 비행시간에 대해 "전체 일본 파일럿 중에서도 세 번째 해당하는 기록"이라고 언급했다.

항공계 경력만으로는 둘째가라면 서러워할 장덕창은 대한민국 공군의 핵심 구성원인 '7인의 간부'(최용덕·이영무·박범집·김정렬·이근석·장덕창·김영환)에 포함돼 공군 창설을 주도했다. 그는 1956년 11월 "비행시간이 실로 1만여 시간에 달하는 실적을 가진 유능한 인재"라는 김정렬의 추천에 따라 4대 공군참모총장(재임기간 1956~1958)으로 임명됐다. 일본인 사토 가즈이치佐藤——는 자신의 책《일본민간항공통사日本民間航空通史》에서 장덕창의 인생에 대해 "조선 출신 (민간항공사로서-옮긴이) 가장 출세한 인물의 하나"라고 평했다. 그는 공군 퇴역 후 종로구 다동 25번지에 있던 공군 전역장교회인 '보라매' 사무실에 자주 들렀다. 공군 후배들은 그를 콧수염·파이프·선글라스로 추억했다. 그는 1972년 7월 숨졌다.

문제의 인물 신용욱은 1901년 전라북도 고창에서 태어났다. 그의 본명은 신용인愼鏞寅이다. 앞서 언급했듯 안창남이 공부한 오구리비행학교와 이토비행기연구소의 후신인 도아東亞비행학교를 거쳐 비행사 자격증을 취득했다.

조선인 젊은이들을 위해 조선 최초의 비행학교를 설립한 것은 이기연이었지만, 그 꿈을 본격 실현한 것은 신용욱이었다. 1927년 12월 고국 방문 비행을 마친 신용욱은 1928년 5월 5일 경성 여의도비행장에 조선비행학교를 설립했다. 소속 비행사는 1등 조종사 신용욱, 1등 조종사 후지타 다케아키藤田武明, 2등 조종사 김동업金東業 등 세 명이었다.

안창남의 기대대로 조선에 비행학교를 만들면 많은 조선 청년이 몰려들어 비행술을 익히고 조국의 발전을 위해 기여할까. 실제 현실은 만만치 않았다. 일본은 1920년 육군 산하에 항공국을 설치하고 1921년 4월 8일 〈항공단속규칙〉을 만들어 항공국이 정한 소정의 시험에 합격한 비행사에게 면허를 발급하는 자격제도를 도입했다. 이 제도는 일본의 식민지이던 조선에도 그대로 적용됐다. 그러나 제반 여건이 도쿄에 비해 턱없이 불리한 조선에서 비행술을 배우려는 이는 많지 않았다. 실제 해방 때까지 조선 내 비행학교에서 비행사 면허를 딴 이는 단 두 명뿐이었다.

신용욱이 만든 조선비행학교엔 파리만 날렸다. 1935년 어느 날 《삼천리》 기자는 신용욱이 운영하던 여의도 조선비행학교를 방문한다. 학교에 신용욱은 없고 2등 비행사 김동업이 자리를 지키고 있었다.

-오늘 수업은 아니 하십니까?

=네, 요즈음은 아니 합니다.

-학생은 다 어디 갔어요?

=없어요.

-한 사람도?

=네 전에는 있었지만.

-예전에는? 그러면 졸업생도요?

=아직 졸업생도 정식으로 나지 않았어요.

-어째서 비행기 세 대나 가지고 있으면서 학생조차 없는 이렇게 적막한 학교가 되었습니까. 너무 큰 실망을 주지 않습니까.

=그런 줄 잘 압니다. 실로 부끄럽습니다. 그러나 모든 것이 돈 때문이지요. 감독관청의 지시에 따라 할 터이니까 자금만 있으면 도쿄에 있는 비행학교만 못하지 않게 하여 가련만. 또한 지금은 이전과도 달라 조선 사람으로

도 학리學理상·실제상 비행술이 매우 우수해 학교 교관으로 자격이 충분한 분이 많으니까, 그분들을 모다 초빙하여다가 (학교를 운영−옮긴이)하여 간다면 훌륭한 학교가 될 줄 알지만은….

−《삼천리》1, 1935

송석우에 따르면 조선비행학교에서 비행훈련을 받은 이는 신용욱의 호의로 공짜 교육을 받은 김진영金振榮 단 한 사람뿐이었다. 또 조선 내 비행학교에서 비행술을 배운 뒤 조선총독부 항공과를 통해 비행사 면허장을 받은 이는 1939년 11월 김영수金永修가 대구 동촌비행장에 설립한 조선항공연구소에서 비행교육을 받은 김양욱·조명기 둘 뿐이다. 그것도 신용욱이 비행학교를 설립한 지 16년이 지난 1944년 중반의 일이다. 조선에 비행학교를 만들어 조선 청년들을 가르친다는 안창남의 계획은 그가 활동하던 1920년대 중반 시점에선 영원히 닿을 수 없는 '신기루 같은 꿈'이었다.

그렇지만 신용욱은 포기하지 않았다. 송석우는 "조선총독부 치하에서 조선인으로 민항공사업을 성공적으로 이끌어 간 비행사는 신용욱 단 한 사람"이었다고 적었다. 첫 번째 비결은 자금이었다. 신용욱은 전라도 갑부집의 아들이었다. 그는 1935년《삼천리》와 인터뷰에서 "수년 동안 연습비행기를 사느라고 또는 모든 학용품의 비용에 쓰느라고 내가 소비한 돈이 실로 14~15만 원의 거액에 미쳤다. 내 집 재산의 대부분은 여기에 들었다"라고 말했다. 그 뒤에도 항공사를 운영하며 적잖은 돈을 쏟아부었을 것으로 추정된다.

두 번째 비결은 "총독부 행정 당사자들과 인적 유대관계"를 맺어 1929년 도입된 "항공보조금, 장려금제도를 십분 활용하는 데 탁월한 수완을 발휘"한 것이다. 이는 그가 친일을 했다는 의미다.

안창남이 숨진 뒤인 1930년대가 되면 신문 지면은 온통 신용욱의 새로운 활약상을 전하는 보도로 가득 찬다. 신용욱은 1933년 6~7월 《매일신보》와 경성의 하늘을 날며 유도순劉道順 기자, 이점득李點得 사진기자와 함께 10회에 걸쳐 〈부감한 40만 장안〉을 연재했다. 조선에서 누가 날았다 하면 신용욱이었고, 새로운 항공로를 개척했다 하면 신용욱이었다. 그는 1933년 5월 20일 경성-함흥 간 북조선 항공로를 시험 비행했고, 1934년 10월엔 조선총독부의 용역을 받아 조선 내 민간항공 노선을 확정하기 위한 '전선(전 조선) 일주 비행'을 실시했다.

이 무렵 조선총독부는 신용욱에게 조선-만주 국경에서 활동하는 독립운동가들을 감시·적발하는 것이 주 임무인 국경경비대비행대 용역을 제안했다. 국경경비대란 평안북도 경찰부가 주관하는 경찰부대로 신의주에 본부가 있었고 전진기지를 중강진에 뒀다. 두 지점 간의 통신 배달과 긴급 물자 수송을 위해 비행대가 필요했다.

총독부 체신국의 명령을 받은 신용욱은 1933년 9월 1일부터 10회에 걸쳐 신의주-중강진을 비행하는 등 항공로 개척에 나섰다.[7] 그러나 신용욱은 이 용역을 맡아 달라는 총독부의 제안을 끝내 거절하고 만다. 만주에서 활약하는 독립운동가들을 탄압하는 데 직접 가담하는 행위였기 때문이다. 결국 이 업무를 떠안은 것은 조선비행학교의 1등 비행사였던 일본인 후지타였다. 송석우는 1998년 3월 하순 당시 아흔두 살이던 후지타를 에히메현 마쓰야마시 자택으로 찾아가 만났다. 후지타는 당시 상황을 묻는 송석우에게 "신용욱이 총독부와 용역계약에 주저한 것은 선비鮮匪(독립운동가—옮긴이)와 대결도 마음에 내키지 않았고, 열악한 조건에서 비행업무에 자신이 없었기 때문"이라고 말했다.

세월이 흐르며 일본이 본격적으로 전쟁을 시작하자 일본 육해군은 민간인 1등 비행사들에게 군사용 비행기 훈련을 받게 해 전쟁이 터지면 비행장교로 활용하는 제도를 만들었다. 이 제도에 따라 1933년 일본 해군 요코스카항공대에서 위촉 훈련이 이뤄졌다. "조선에서 용약 참가한" 이는 "조선비행학교 교장이며 체신국의 테스트 파일럿"이던 신용욱이었다. 그는 일본의 1등 비행사 스물세 명에 속해 요코스카에서 교육을 받았다. 1934년 2월 5일 요코스카항공대는 신용욱의 "성적이 우수해 정규 시험을 생략하고 인정에 따라 2등 항공사의 기술증명서를 교부한다"고 통지했다. 스물세 명 중에 합격자는 3분의 1에도 미치지 못하는 일곱 명이었다.

가는 곳마다 신용욱의 활약이 이어졌다. 그는 1934년 3월엔 일본의 괴뢰국인 만주국 황제로 즉위한 푸이에게 보내는 우가키 가즈시게宇垣一成 조선총독의 축하 메시지를 싣고 경성을 이륙했다. 조선인이 일본인 총독의 축하편지를 가지고 만주국 황제를 방문했으니 만주국이 내세운 오족협화五族協和 정신에 딱 들어맞는 선전도구였다.

신용욱은 1935년 조선비행학교의 이름을 '신항공사업사'로 바꿨다. 그와 함께 1935년 9~10월 '조선시정 25주년 기념 동아친선비행'을 실시했다. 조선을 25년 동안 경영한 총독부의 업적을 조선뿐 아니라 중국 대륙과 일본 본토에 선전하기 위한 비행이었다. 1935년 9월 15일 오전 7시 25분에 경성을 이륙해 만주국의 수도 신징을 방문한 뒤 베이 핑·난징·상하이·칭다오·다롄 등 중국 주요도시와 도쿄·오사카·후쿠 오카 등 일본 주요도시를 일주했다. 총 비행시간 67시간, 항속거리로 따지면 8375킬로미터나 되는 엄청난 여정이었다. 신용욱은 이 공로로 제국비행협회에서 유공자 표창을 받았다.

신용욱은 1936년 10월 회사명을 다시 조선항공사업사로 바꿨다. 이후 경성과 고향인 전라도를 잇는 정기항공로를 개척한다. 일본의 거 대 항공사 일본항공이 일본-울산(이후 대구)-경성-신의주-다롄을 잇는 국제 항공노선을 확보하고 있었기에 공백지인 경성-이리-광주 노선 을 개척한 것이다. 그는 1936년 10월 13일 경성에서 이리까지 첫 시험 운항을 한 뒤 1938년 5월 광주까지 노선을 연장했다. 경성-이리 간 비 행시간은 1시간으로 요금은 12원, 경성-광주는 1시간 35분으로 18원 이었다. 경성-광주 노선은 식민지 조선에서 조선인이 직접 운영하던 유일한 항공노선이었다. 이 노선은 태평양전쟁의 전황이 악화되기 시 작하는 1942년까지 유지됐다. 신용욱은 일본이 중일전쟁을 통해 하이 난다오를 점령하자 경성과 하이난다오를 잇는 부정기 국제노선도 개 발했다.

1941년 12월 8일 태평양전쟁이 시작됐다. 조선총독부는 조선항공 사업사의 서울-하이난다오 간 부정기 운행을 중지하고 이곳으로 징용 을 가는 조선인 노동자의 수송을 전담하게 했다. 이 과정에서 비행기 사고로 40여 명이 숨지는 대참사가 발생하기도 했다.

전쟁 말기 신용욱은 일제의 침략전쟁에 적극 가담했다. 조선인에 대한 창씨개명이 시작된 뒤 신용욱의 이름은 언젠가부터 신바라 가쓰헤이新原勝平로 바뀌어 있었다. 1941년 임전대책협력회의 채권 판매에 참여했고 이 단체와 흥아보국단을 통합해 황국신민화운동을 실천할 목적으로 설립된 조선임전보국단에서도 발기인 및 평의원으로 활동했다.

1944년 태평양전쟁의 전황이 악화되며 일본 본토가 미국의 전략폭격기 B-29의 사정권에 노출됐다. 당황한 일본 정부는 본토의 항공기 생산시설을 미군의 공습에서 자유로웠던 조선으로 소개할 것을 검토했다. 이 계획을 실현하기 위해 신용욱은 1944년 10월 조선총독부의 지원을 받아 '조선항공기공업주식회사'를 설립했다. 그와 함께 만들어진 회사가 친일파 박흥식朴興植(1902~1994)의 '조선비행기공업주식회사'다. 신용욱은 이 회사의 3대 주주(1대 주주는 전시금융금고로 10만 주, 2대 주주는 척식은행으로 3만 5000주)로 3만 4000주를 보유했다.[8] 그는 이 회사를 만든 것에 대해 "진실로 감격해 마지않는 바다"라는 소감을 남겼고, 1944년 10월 17일엔 "이 전과에 보답하는 길도 이 전과를 더욱 확대하는 길도 하나 비행기를 많이 만드는 것, 둘 그 비행기를 많이 타는 것이 두 가지밖에는 없다"고 말했다. 그러나 요란한 구호와 달리 당시 조선에는 항공기를 생산할 수 있는 제반 산업 여건이 마련돼 있지 않았다. 이 회사는 기대와 달리 항공기 생산이라는 관점에선 별다른 성과를 내지 못했다. 1945년 8월 해방은 느닷없이 찾아왔다.

해방 후에도 신용욱의 운은 이어지는 것으로 보였다. 그는 해방 이후 3년 만인 1948년 10월 1일 대한민국 최초의 민간항공사인 대한국민항공사KNA(Korea National Airlines)를 설립했다. KNA는 1948년 미국산 스틴슨Stinson 단발 소형 여객기 세 대로 서울-부산, 서울-제주, 서울-강릉 등의 항공노선을 운영했다. 1945년 8월 광복 직후 서울에 남아 있던 일본군 비행기 수백 대를 헐값으로 사들여 고철로 팔아 치운 돈으로 회사를 설립한 것이다. 회사는 조금씩 사세를 확장해 간다.

그 이듬해인 1949년 2월 10일 신용욱은 마침내 역사의 심판대 앞에 섰다. 일제 때 친일 행위로 반민족행위특별조사위원회(반민특위)에 체포된 것이다. 당대 언론들은 '친일 비행사' 신용욱이 드디어 체포됐다는 사실을 대서특필했다. 그러나 한 달여 만에 기소유예 처분을 받아 석방됐다. 당대 사람들은 "8·15 전 일본 해군의 앞잡이로 조선항공공업회사를 창립해 비행기 생산에 총력을 기울이며 돌아다니던 1등 비행사 신바라 가쓰헤이로 유명한 신용욱이 2월 10일 체포돼 이제는 민족의 이름으로 단죄를 받는가 했더니 돌연 3월 24일 '죄상이 별로 없고 동정할 여지가 있다'는 검찰관의 견해에 따라 불기소되어 세상을 한심케 했다"고 적었다. 당대 언론인 고원섭高元燮[9]은 반민특위에 끌려간 신용욱의 사연 등을 모은 《반민자죄상기》에서 그의 주요 죄를 ① 젊은 청년들을 하이난다오에 징용공으로 보내 죽게 하고 ② 해방 후엔 수만 대의 일군 비행기를 헐값에 사 부순 뒤 막대한 돈을 취했다는 점 등 두 가지를 꼽았다. 신용욱은 기소를 면한 뒤 고향 전북 고창에서 2·3대 국회의원에 당선됐다.

영원할 줄 알았던 신용욱의 운은 1950년대 말에 다한다. 대한국민항공사에 경영위기가 닥친 것이다. 1957년 7월 비행기 추락사건, 1958년 2월 여객기 납북사건이 발생했다. 그로써 항공사는 재정에 큰 손실을 입었다. 비행기가 없다 보니 영업도 부진해 적자가 이어졌다. 신용욱은 1961년 8월 25일 오후 6시 40분께 "집으로 간다"며 회사를 나온 뒤 종로 1가 회사 앞에서 '시발택시'를 잡아타고 모습을 감췄다. 가장이 귀가하지 않자 가족은 경찰에 실종 신고를 냈다.

신용욱이 한강에서 주검으로 발견된 것은 실종 사흘 뒤인 28일 오전 7시께였다. 경찰은 주검 겉저고리에서 고인이 평소 지니고 다니던 부적이 발견됐고 인상착의가 동일하다는 이유로 주검을 신용욱이라 결론 내렸다.

신용욱은 젊은 시절 자신이 만든 조선항공학교를 조망할 수 있는 여의도공항 입구에서 한강으로 뛰어들었다. 목숨을 끊기 전 겉저고리를 벗어 놓았다. 소지품은 현금 5100환, 수건, 돋보기, 안경이었고 유서는 발견되지 않았다.[10] 대한민국 정부는 2009년 친일반민족행위진상규명위원회 조사 결과를 바탕으로 그를 친일반민족행위자라고 단죄했다.

안창남의 항일정신은 당대 젊은이들이 항공에 대해 열정을 품게 한 중요 원동력이었지만 그 유산이 현재 대한민국 공군과 대한항공 등 민간항공업계에 계승되진 못했다. 공군을 만든 7인의 간부 가운데 항일운동을 한 이는 최용덕(4대 공군참모총장)과 권기옥의 윈난비행학교 동기 이영무(항공기지 사령관, 숙군 과정에서 구속, 한국전쟁 때 행방불명)뿐이다. 박범집(52기, 해방 후 공군참모 부장, 한국전쟁 때 전사)과 김정렬은 일본 육사를 졸업했고, 이근석(일본 육군 소년 비행병 2기, 한국전쟁 때 전사)은 일본군 하사관 출신이었다. 그 밑에 있던 '공군의 꽃'인 조종사 대부분도 일본 군 출신이었다. 일본이 비행사를 속성으로 양성하기 위해 만든 소년 비행병 '15기 을' 출신 가운데 세 명(김두만·옥만호·주영복)이 공군참모총 장이 됐다.

박정희 군사정부는 신용욱이 운영하던 대한국민항공사의 영업이 중지되자 그 공백을 메우기 위해 새 국적 항공사의 발족을 서둘렀다. 이렇게 만들어진 것이 대한항공의 전신인 대한항공공사KAL(Korean Air Lines)다. 1962년 4월 30일 설립된 이 회사의 초대 사장 신유협은 일 본 육군이 전쟁 말기 대학생과 전문학교 재학생 및 졸업생을 속성으 로 조종사로 키워 내기 위해 도입한 육군특별조종견습사관 1기였다. 그의 동기 가운데 탁경현·김상필이 조선인 가미카제 특공대로 목숨을 잃었다.

방만 경영을 일삼던 대한항공공사는 부실 덩어리로 전락했다. 이 회사는 1969년 3월 한진상사를 경영하던 조중훈에게 매각됐다. 조중 훈은 부실 덩어리인 대한항공공사의 인수를 많이 망설였지만 1968년 9월 청와대에서 박정희 대통령을 만난 뒤 인수 쪽으로 결심을 굳혔 다.[11]

비슷한 시기인 1965년 치욕적인 한일협정이 체결되며 산업화를 위 한 '종잣돈'이 유입됐다. 박정희 대통령이 추진한 값싼 노동력을 기반 으로 한 수출지향형 산업화정책이 '약발'을 받기 시작했다. 소설가 이 호철은 1966년 2월 《동아일보》에 소설 〈서울은 만원이다〉의 연재를 개시했다. 지금 서울의 인구는 1000만 명에 가깝지만 1960년대 중반께는 겨우 300만 명이었다. 그래도 도시는 만원 버스처럼 혼란스러웠다.

다시 1년 뒤인 1967년 봄 가수 패티김은 "종이 울리네, 꽃이 피네"로 시작하는 〈서울의 찬가〉를 불렀다. 사람으로 가득하고, 시끄럽고, 종이 울리고, 꽃이 피는 도시. 대한민국의 고도성장이 시작된 것이다. 이렇게 시작된 대한민국의 산업화는 이제 '땅콩 회항', '욕설 파문', '밀수 범죄' 등 재벌체제가 잉태한 여러 기묘한 사건으로 한계에 맞닥뜨려 있다.

안창남은 1930년 4월 2일 숨졌지만 그의 이름은 살아남았다. 신용욱이 반민특위에 체포되던 1949년 9월 해방된 조국에서 영화 〈안창남 비행사〉가 제작됐다. 해방 이후 실존인물을 다룬 또 다른 영화로는 〈의사 안중근〉(1946)·〈불멸의 밀사〉(이준, 1947)·〈윤봉길 의사〉(1947)·〈유관순〉(1948) 등이 있다. 당대 한국인들의 집단의식 속에 안창남은 안중근·이준·윤봉길·유관순과 맞먹는 '민족의 영웅'이었다.

안창남의 중국 내 활동이 대한민국 독립에 어떤 기여를 했는지 딱 잘라 말하긴 힘들다. 하지만 기억해야 한다. 조선 독립을 위한 투쟁은 김정련이 말했듯 "10년이 걸릴지 20년이 걸릴지 알 수 없으나 하여튼 계속적으로 활동"해야 할 절대 명제였고, 뜻을 가진 조선인 투사들은 영화 〈암살〉의 주인공 안옥윤이 피 끓는 목소리로 내뱉듯 일제 위정자들과 고국의 3000만 동포에게 보여 줘야 했다. "알려 줘야지. 우린 계속 싸우고 있다고. 돈 때문에 뭐든지 하며 살 순 없잖아."

안창남은 어릴 때부터 남에게 지기 싫어하는 장난꾸러기였고 타협을 모르는 '불꽃 남자'였다. 안창남은 살아남았다 해도 신용욱처럼 이름을 안도 마사오安藤昌男로 바꿔 일제의 개가 되진 않았을 것 같다. 안창남은 요절했고, 그래서 때 묻지 않은 민족의 영웅으로 남았다.

박정규 회장이 이끄는 안창남기념사업회는 2001년 3월 안창남을 독립유공자로 인정해 달라고 국가보훈처에 서훈을 신청했다. 정부는 2001년 8월 15일 그에게 건국훈장 애국장을 수여했다. 이제 대부분 숨겼지만, 80대 이상의 노인들은 식민지기 조선인들이 울분을 누르며 불렀던 〈떴다, 보아라 안창남〉이란 노래를 기억한다.

1923년에 찍힌 한 흑백사진에 담긴 네 명의 젊은이는 각각의 삶을 살았다. 이기연은 잊혔고, 장덕창은 대한민국 공군 발전에 기여한 사람 좋은 '군인 할아버지'로 기억돼 있으며, 신용욱은 친일반민족행위자가 됐다. 안창남은 조국 독립을 위해 모든 것을 버리고 중국으로 건너갔고 그곳에서 숨겨 미완성의 신화가 됐다.

네 명의 젊은이 가운데 한국인의 집단기억 속에 강렬한 이미지로 남은 이는 안창남이 유일하다. 그가 신화가 된 것은 1922년 12월 조선인 최초로 고국 방문 비행을 시행했기 때문만은 아니다. 그는 자신의 모든 것을 버리고 먼 타향에서 조국 독립을 위해 노심초사하다 허무하게 숨졌다. 미완성으로 남은 신화의 끝은 영원히 알 수 없기에 우린 여전히 그의 최후를 곱씹으며 묘한 갈증과 감동을 느끼게 된다.

감사의 말

이 책을 쓰며 많은 분의 도움을 받았다. 먼저 원고를 꼼꼼히 읽고 여러 조언을 해 주신 임경석(성균관대학교 사학과), 장신(한국교원대학교 한국근대교육사연구센터) 선생님께 감사드린다. 임 선생님께선 원고의 여러 논리적 모순과 비약을 날카롭게 지적해 주셨고, 적잖은 칭찬과 격려도 남겨 주셨다. 특히 필자가《한겨레21》편집장 시절 직접 받아 편집한 〈임경석의 역사극장〉 시리즈의 몇몇 글은 이 책의 내용을 풍부하게 하고 논지를 강화하는 데 직접적인 도움이 됐다.

장신 선생님께선 '왜 지금 안창남인가'라는 근본 질문을 다시 한 번 해 보라고 조언해 주셨다. 특히 장 선생님께선 안창남 고국 방문 비행으로 큰 적자를 입은 동아일보사의 갑갑한 처지를 보여 주는 당시 임원회의 회의록을 직접 찾아 주셨다. 그 회의록을 통해 안창남의 고국 방문 비행 이면에 있었던 조선 사회의 빈곤함에 대해 좀 더 고민할 수 있었다.

그 밖에 늘 가족 같은 말로 격려해 주시는 권혁태(성공회대)·조경희

(성공회대) 선생님께도 감사한 마음을 전한다.

한국인들의 기억 속에서 지워진 안창남이란 인물에 대해 써 볼 용기를 낼 수 있었던 것은 전작《나는 조선인 가마카제다》를 통해 손발을 맞췄던 서해문집 김종훈 편집자가 있었기 때문이다. 그의 은근한 '쪼임'(!)이 없었다면 이 책은 세상에 나오지 못했을 것이다. 더불어 '마이너의 마이너에 대한 기록'이라 불러 마땅한 이 책의 출판에 선뜻 응해 준 서해문집에 감사의 말을 올린다.

2018년 11월 한 달 동안 안식휴가를 내고 책 집필에 매달렸다. 아침 8시에 일어나 한참 노트북에 코를 박고 있다 시계를 보면 오후 3~4시였다. 잠시 산책을 나가 커피 한 잔을 마시고 돌아온 뒤 다시 책상 앞에 앉아 정신을 차려 보면 새벽 2~3시였다. 아내 김명아와 사랑하는 두 어머니인 강홍자, 최인수 여사가 없었다면 그 지루하고 고통스러운 시간을 견뎌 낼 수 없었을 것이다.

마지막으로 일손이 부족한 틈에서도 한 달이나 되는 공백을 선선히 허락해 준 한겨레신문사 국제부의 이용인·이본영·정의길·조일준 선배와 후배 옥기원 등 동료들께 감사드린다. 그들의 호의와 배려 또는 '다정한 무관심'이 이 책을 끝마칠 수 있는 든든한 버팀목이 됐다. 책에서 발견되는 실수나 오류가 있다면 모두 저자인 나의 책임이다.

이문동 서재에서
길윤형

부록1 안창남 연보

1901년	3월	19일	서울 종로구 정동 15번지에서 안상준과 모친 이 씨 사이에서 출생
1904년	6월		모친 이 씨 사망
1911년	4월		미동공립보통학교 입학
1913년	4월	3일	용산연병장에서 일본인 나라하라의 비행 처음 목격
1915년	3월		미동공립보통학교 졸업(8회)
	4월		휘문의숙 입학
	12월		누나 안창화 천안으로 출가
1916년	4월	22일	부친 안상준 사망. 휘문의숙 중퇴
1917년	9월	15일	용산연병장에서 아서 스미스 비행
1919년	초		결혼
	3월		계모 최 씨가 땅을 판 돈 3000원을 훔쳐 도일. 오사카 자동차학교 입학
	5월		귀국 민모 씨와 함께 황금정에서 택시업체 운영. 재산 정리 후 2차 도일
	8월		도쿄 아카바네비행기제작소 입학
1920년	8월		도쿄 스사키의 오구리비행학교 입학
	11월		오구리비행학교 졸업

	12월		잡지《개벽》에〈오구리비행학교에서〉게재
1921년	4월		오구리비행학교 교관 취직
	5월		제국비행협회 1차 민간 비행사 시험 응시, 3등 비행사 시험 합격(면허 번호 2번)
	7월		《동아일보》오구리비행학교 교수 재직 사실 보도. 비행기사고
	8월		비행기사고
	11월		경성 해동관에서 후원회 조직. 귀국길에 이혼
1922년	1월	28일	2등 비행사 시험 과정에서 기체 이상으로 추락
	4월	19일	비행기사고로 전치 2주 부상
	10월	19일	《동아일보》고국 방문 비행사고
	11월	6~11일	제국비행협회 5회 현상우편비행대회(도쿄-오사카) 참가, 완주
	11월	29일	고국 방문 비행 후원회 조직
	12월	5일	남대문역 도착
	12월	8일	고국 방문 시험비행
	12월	10일	고국 방문 1차 비행
	12월	12일	미동공립보통학교 환영회
	12월	13일	고국 방문 2차 비행, 1차 때 취소한 인천 방문
	12월	25일	일본 귀환
1923년	1월		《개벽》에〈공중에서 본 경성과 인천〉게재
	2월	5일	이문당에서《안창남 비행기》출간
	6월	2~3일	제국비행협회 4회 현상비행경기대회 2위
	7월	4일	무시험으로 1등 비행사 자격 획득
	9월	1일	간토대지진
	9월	초	학살의 위험 피해 군마현 마에바시로 피난
	9월	25일	도쿄 귀환

	10월	3일	간토대지진의 소란을 피해 일시 귀국
1924년	3월		도쿄에 비행학교 설립계획 추진 실패
	3월	19일	상하이 임시정부 망명설 첫 보도
	3월	27일	임시정부 망명설 재차 보도
	4월	27일	도쿄 학우회 춘계육상대운동회 축하 비행
	9월	9일	이토비행기연구소에서 45도 경사비행
	9월	27일	중국 반일 군벌 우페이푸군 가담설 보도
	9월	27일	일본 우익 적화방지단원 습격
	10월	18일	귀국
	12월		중국 망명
1925년	1월		상하이 도착. 임시정부 요원들과 접촉. 1월 이후 베이징으로 이동해 조선청년동맹 등에서 활동
	10월		여운형 추천으로 펑위샹군 입대
	12월		펑위샹군에서 물러남
1926년	1월		옌시산군 입대. 산시항공예비학교 비행교관 임명
1927년	5월		타이위안에 북벌 축하 전단 배포. 이호자란 별명 붙음
1928년			국민혁명군 3집단군에서 북벌 참여
	6~9월		신덕영·최양옥 등과 대한독립공명단 결성
1929년	4월	18일	대한독립공명단 마석고개 의거
1930년	4월	2일	비행기사고로 사망
	7월		이문당에서 《안창남 비행기》 증보 발간
1949년			영화 〈안창남 비행사〉 개봉
1999년	3월		안창남기념사업회 창립
2001년	3월		탄신 100주년 기념행사
	8월		건국훈장 애국장 서훈

오구리비행장에서

《개벽》 1920년 12월 1일

근래 우리에게 여러 가지로 반가운 소식이 많은데, 특히 해외 각지에서 비행술을 연구하는 우리 청년이 많이 있다는 것은 반가운 가운데 가장 반갑고 기쁜 일이다. 세계문명과 메떨어진 우리가 남과 같이 살려고 새 일에 손대어 온갖 건설에 힘쓰는 지금, ○(글씨 불명-옮긴이) 곳 남의 ○(글씨 불명-옮긴이)에 끼어 비행술을 연구하는 우리 형제가 ○(글씨 불명-옮긴이)을 알 때에 그 얼마나 기쁜 일이냐. 더구나 비행사상이 세계 누구보다도 먼저 ○○(글씨 불명-옮긴이)했는데도 지금껏 한 대의 비행기 1인의 비행가도 없는 우리로서….

　미국에도 우리 비행연구자가 있고 러시아 또는 중국 지역에도 우리 비행가가 있다고 하나 그 방면의 일을 말할 처지가 아닌 우리는 구태여 그것을 말하고자 하지 않고 10월 15일(금요일) 오후(맑음)에 일본 도쿄시 료고쿠다리 부근의 공중에 비행기 한 대가 높이 떠서 버선 광고지를 뿌리고 갔는데 아아 반가워라. 그 비행기에는 조선 청년이 타고 있었다. 찬란한 도쿄의 거리 바람 잔잔한 도쿄의 공중에 따스한 가을볕을 쪼이며 높게 난 비행기는 오구리 28호, 비행기 위 청년은 스무 살 홍안으로 그 이름은 안창남이었다. (도쿄주재기자)

조선에 계신 여러 어른께 멀리서 진정으로 궁금한 인사를 드립니다. 신문이 전하는 바에 의하면 대단히 위험하게 들리는 그곳에서 얼마나 고통스럽게 지내시는지 참으로 궁금합니다. 도쿄에서도 맨 끝 바닷가 비행장에 파묻혀 비행연습에만 골몰을 하니까 세상일은 자연히 멀어지게 되는데 그럴수록 궁금해지는 것은 조선에 계신 여러 어른의 안부입니다. 신문을 보면 조용하지 않은 성질에 화증이 나다가 비행복을 가든히 입고 비행기에 올라앉아 기계를 잡고 고국 쪽 서쪽 하늘을 바라볼 때마다 이상한 감개에 몸이 부르르 떨립니다.

오호 여러 어른이시어 내내 건강하게 계시기를 충심으로 빕니다.

지금 이 세상에 항공기의 필요가 얼마나 절절한지 더구나 지금 또 장래의 우리에게 그것이 있어야 할 필요에 대해서는 쓸데없이 다시 말하지 않겠습니다. 다만 이제라도 국외 곳곳의 남의 틈에 섞여 비행술을 연구하는 사람이 있음을 기뻐해 주십시오.

미국이나 러시아 및 다른 지역에 있는 이는 그다지 확실한 보도도 못 얻고 또 아는 것이라도 지금 말할 것도 없습니다. 하지만 일본에 와 있는 사람 중 내가 아는 이로는 장 군(장덕창-옮긴이)이 지바현 누마즈라는 곳에 있는 비행학교에 있고, 작년 6월에 《매일신보》에 소개된 김경규 군이 군마현 비행기제작소 연습부에서 연구하다가 연습부가 없어져서 잠깐 귀국했는데 머지않아 다시 와서 연구를 계속할 터입니다.

내가 처음 비행에 뜻을 두고 즉시 그 첫걸음으로 오사카 니시구에 있는 자동차학교 전수과에 들어가서 발동기에 관한 것을 배웠습니다. 졸업한 후에 도쿄로 와서 아카바네비행기제작소(일본 군용비행기 용구를 공급하는 곳)에 들어가 기체부에서 6개월간 공부하고 나서 곧 스사키해변 오구리비행장으로 비행술을 배우러 왔습니다.

이곳은 사설비행장인데, 미국 카지스비행학교를 졸업하고 나와서 일본 민간 비행계에서 유명한 오구리 쓰네타로 씨의 비행장입니다. 나는 그 근처 여관에 숙소를 정하고 매일 날만 좋으면 기계를 가지고 공중연습을 하고 비가 오거나 하는 날이면 들어앉아서 조종술에 대한 경험 또는 신지식을 토론합니다.

항공에 관한 세밀한 건은 졸업이 가까우니까 졸업 후에 말할 기회가 많이 있을 줄로 압니다. 지금은 다만 아무나 알기 쉬운 것을 잠깐 말하겠습니다.

제일 처음 선생이 비행기에 함께 태워 높은 공중을 한 바퀴 돌아 내려옵니다. 그때 선생이 그의 동작을 보고 비행가가 될 만한지 못한지 판단합니다. 그래서 그 판단에 낙제가 되면 그 자리에서 거절합니다. 다행히 급제가 된 사람은 처음에는 몇 차례나 선생과 함께 타서 뜨고 내리는 구경만 합니다. 비행기 위에는 사람이 들어앉을 구멍이 둘 있고, 그 자리와 자리 사이의 간격은 꽤 떨어졌습니다. 조종 운전기가 2중식으로 돼 뒷자리에 원기계가 있고 그와 조금도 다르지 않고 똑같은 가설기계가 앞자리에도 있어 뒤에서 선생이 원기계를 잡아당기면 앞의 가설기계도 잡아당겨지고 뒤에서 원기계를 옆으로 틀면 앞의 것도 옆으로 틀어집니다. 그래서 앞자리에 앉은 학생은 가만히 그 기계의 움직이는 것만 주의해 봅니다. 이렇게 조종술을 배우는 것입니다. 기체조직을 연구하는 데 노력이 들고 오랜 시일이 걸리지 조종술 배우기는 그다지 복잡하거나 곤란하지는 않습니다. 그러나 비행할 때 가장 중요한 것은 오로지 온몸의 정력을 써야 합니다. 그렇지 않으면 작은 부주의로 생명을 버리는 큰 실책을 합니다. 그러므로 무슨 심려하는 일이 있거나 심기가 좋지 못할 때에는 결코 비행을 하지 않습니다. 그렇게까지 하니까 물론 주색 등은 절대로 안 되니 선생이 되도록 금합니다.

현기증이 난다거나 몹시 춥다거나 하지는 않고, 또 가끔 추락이 되는 흔한 원인은 대개 비행기를 가지고 무리한 짓을 하는 데 있다 합니다. 발동기에 불이 나거나 해서 다소간 고장이 생기는 것은 그대로 곧 착륙할 수가 있습니다. 비행기를 가지고 흔히 무리한 일을 하다가 날개가 부러지거나 해서 기체의 중심을 잡지 못하고 그야말로 급전직하로 지면과 충돌해 기체와 함께 생명을 버리는 일이 흔합니다.

대강 위에 말한 바와 같아서 비행술은 보통 사람이 예상하는 바와 같이 그다지 위험하지도 않고 그다지 어려운 일도 아닙니다. 더구나 우리 조선 청년은 근래에 무엇이든지 하면 다른 곳 사람에게 죽음도 지지 않는다는 기쁜 소리를 여러 방면으로 듣는 터이지만 더욱 비행술에 대해서도 이곳 사람보다 낫다는 말을 선생님의 입으로 듣습니다. 자랑은 아닙니다만 장 군도 그렇고 김 군도 나도 그렇습니다. 같이 연구하는 일본 사람 중에 누구에게든지 지지 않습니다. 현재 성적을 보아도 비행술이 조선 사람에게 더 한 겹 그렇게 곤란한 일이 아닌 줄로 압니다. 큰 일 큰 희망을 목전에 가지고 있는 우리 중에 뜻있는 청년이거든 아무런 주저하지 말고 아무런 공포를 느끼지 말며 시기에 늦지 않게 연구할 일입니다.

나는 아까도 도쿄의 공중을 날아 다녀왔습니다.

연습비행은 그 비행장에서만 하지 시내에 뜨는 것을 금해 밖에는 별로 가보지 못하고 비행장에서만 400미터 500미터밖에 뜨지 못합니다. 그런데 이번에 아사히버선 광고 20만 장을 도쿄시에 뿌려 달라는 부탁을 선생이 받았는데 오늘 그것을 뿌렸습니다. 그때 연구생이 일본인 셋 나 하나 네 사람이었는데 특히 나더러 조수로 같이 타자 해 앞뒤에 동승하고 떴습니다. 가을날은 포근포근 비치는데 프로펠러 소리 느긋이 내며 날아가 동양에서 제가 제일이라는 복잡한 그네의 거리가 발밑에 멀리 조개껍질같이 보일 때, 아, 나의 젊은 가슴속이 어떠했겠습니까. 무량한 감개가 가슴에 넘쳐 다만 멀건 눈으로 내려다만 보았습니다. 그러하니 별다른 생각이 가슴속에 불이 일 듯하는 것을 억지로 참았습니다.

아아 이 많은 우리 형제여 뜻있는 우리 청년이여 그대가 남아거든 주저와 공포에서 나오라. 오직 우리의 실력이 있을 뿐이로다. 우리 실력의 양성이 있을 뿐이로다. 거듭해서 건전 활발한 자제를 가지신 우리 부로父老시여 아무 염려와 유예 마시고 자제를 해방해 보람 많은 우리 일에 위인이 되게 하소서.

나는 또다시 우리의 성적과 자신을 들어 부르짖습니다.

비행술은 조선 사람에게 어려운 일이 아니라고…

후일에 말할 기회가 많겠기에 이만 그치겠습니다. 다만 나의 졸업이 머지않았으니 졸업 후 즉시 우리 고국에 방문 비행을 해 세계비행사상의 원조인 조선 사람의 비행술을 여러분께 고하고자 합니다.

다만 지금 계획운동 중인데 허가가 될지 안 될지가 궁금합니다.

위험하고 고통 많은 곳에서 내내 안녕히 계시기를 성심을 다해 빕니다.

10월 15일 밤에 초음관에서

폭풍·폭우와 싸우면서 구사일생으로
오사카에 착륙하기까지

- - - - - - - - - - - - - - - - - - - -

《개벽》 1922년 12월 1일

일본의 제국비행협회 주최로 도쿄-오사카 간의 현상우편비행이 있었는데, 일본의 많은 민간 비행가 중에 단 한 사람의 조선 비행가로서 안창남 씨가 이에 참가해 비상하고 좋은 성적으로 공을 세웠음은 내지와 일본의 각 신문의 보도로 천하가 아는 사실이다.

작년 6월의 현상비행과 같은 해 가을의 가나자와-히로시마 간 우편비행에도 가입은 해 놓고도 자기 소유의 비행기가 없어서 참가하지 못한 안 씨는 금년 늦은 봄에 발표된 금번 비행에도 6월에 가입해 놓았으나 역시 비행기가 없어서 결국 또 참가하지 못하나 하며 몹시 노력했다. 그러던 중에 도코로자와에 있는 육군항공학교 소유의 나카자와식 비행기가 있는데, 이 비행기는 처음 시험비행에 뜰 때마다 고장이 생겨 조종자가 서너 명이나 참사한 후로 폐물과 같이 창고에 버려두었던 것이다. 이것을 안 씨가 빌려 쓰기로 해 간신히 참가하게 됐으나 원래 조종자마다 참사한 무서운 폐기라 불안과 염려가 떠나지 않던 터였다. 설상가상으로 불행히 안 씨가 출발한 11월 6일은 날씨가 험악해 암운과 폭풍이 심해 당일 함께 출발한 일본인은 마력 높고 속력 빠른 비행기로도 중도에 하륙한 위험한 기세였음에도 안 씨는 돌진했다.

그러나 과연 이세만 바다 위에서 발동기에 고장이 나고 그 위에 폭풍·폭우의 내습을 받아 불행히 오미 지방의 중첩한 산 위에서 기체는 거꾸로 낙하하기 시작해 안 씨의 몸과 비행기는 이름도 모를 산간에서 분쇄될 뻔했다. 그러나 우리 안 씨는 기체를 털끝만큼도 땅에 닿지 않게 하고 무사히 오사카에 착륙했다. 실로 기적이요 일본 비행계의 신기록이라. 안 씨 아니면 가능하지 못할 대모험이었다. 이로써 일본 일반은 "육군비행학교에서 쓰지 못한 비행기로 민간에서는 이같이 성공했으니 육군 측에서 실패한 것은 비행기가 불완전한 이유냐 조종술이 미숙한 이유냐"라고 공격을 했다.

통쾌! 비상한 기술 천재의 비행가를 가진 우리는 우리의 힘으로 안 씨가 비행기를 소유하게 해 안 씨의 천재를 유감없이 발휘하게 하고 안 씨의 연구와 사업이 완성하기를 깊고 절실히 바란다.

이에 게재하는 것은 안 씨가 이번 모험담을 전문적 숙어를 피하고 통속적으로 평이하게 기록해 본지에 보내 준 것이다.

이번 일본 제국비행협회에서 주최한 우편비행이 처음 발표된 것은 지난 5월 상순이었습니다. 그 발표를 처음 접할 때 나는 반가운 마음보다도 도리어 가슴이 성큼했습니다.

작년에 두 차례나 있은 비행에도 남에게 지지 않으리라는 욕심으로 참가 신청은 해 놓고도 비행기가 없어서 참가하지 못해 울분한 마음과 남에게 수치를 느낀 쓰린 경험을 가진 내가 금년 이번에도 내 것이라고는 한 대도 가지지 못했습니다. 희망에 뛰는 희열보다도 낙오와 실망을 겁내는 비애를 가졌습니다. 그러나 그래도 또 차마 그냥 있기에 마음이 괴로워 그대로 신청은 해 놓았습니다. 그리고 비행기를 빌리기 위해 그 여름이 다 지나도록 힘을 써 보았으나 구하지 못하고 '이번에도 참가하지 못하고 모양만 창피하게 되나 보다' 하며 몹시 초조히 지냈습니다. 그러던 중 10월 초에 이르러 육군비행학교에 있는 나카지마식 비행기(시험결과가 나빠 일절 쓰지 않고 오래 내버려 두던 것)를 육군항공국에서 빌려주어 그때야 안심됐습니다.

보통 다른 사람들의 비행기는 가토식이 360마력에 한 시간 120(비행)마일의 속력 또는 다카지마식이 270마력에 140(비행)마일의 속력이었는데, 내가 탈이 나카지마식은 겨우 150마력에 80(비행)마일의 속력밖에 되지 않아 거의 비교가 되지 못했습니다. 그뿐 아니라 다른 비행기는 보통 프로펠러가 1분에 1350회를 회전하는데 이것은 1분에 1200회밖에 돌지를 않아 1시간에 80마일이나마 잘 가지도 뜨지도 못하게 된 것이었습니다. 그러나 나는 자신이 있어서 '이것으로 그리 먼 곳을 비행하는 것은 위험하다'고 말리는 여러 사람에게 '발동기만 고장이 없이 잘 견뎌 주면 비행은 염려없다'고 단언했습니다.

그런데 이번 비행의 규정은 도쿄-오사카 간의 직행 왕복이 아니고 중도에 미시마 · 도요하시 · 요카이치 이 세 곳의 공중을 들러 가지 않으면 안 되고, 그 세 곳에는 모두 심사원이 연병장에 있어서 그 공중을 들르고 안 들르는 것을 쳐다보고 있었습니다. 미시마라는 곳은 일본서 유명한 험산 하코네산을 넘어가야 되는 곳이요, 도요하시라는 곳은 시즈오카현의 스루가만을 건너 아이치현의 해변으로 가야 되는 곳이며, 요카이치라는 곳은 도요하시에서 아쓰미만을 건너고 또 이세만의 바다를 건너서 미에현과 시가현 사이의 와타무키야마 · 가마가다케 · 노보리야마 등 기타 수없는 산맥이 늘어놓인 험지를 넘어야 가는 곳입니다. 이 세 곳을 무사히 넘어서 비와호 끝을 건너 오사카로 가야 하는데 중간에 착륙하면 낙제이고, 중간에 세 도시를 들르지 않고 직행해서 왕복만 하면 간신히 급제인 격입니다. 왕복에 세 곳을 다 들렀다 와야 하되 심사표준은 ① 정해진 세 곳을 들렀다 온 것, ② 왕복시간, ③ 날씨, ④ 착륙인데 ③은 비행 당일의 날씨가 험악할수록 높은 점수를 주고 ④는 대개 원거리 장시간 비행에는 조종자가 피곤해 착륙이 곱고 평온하지 못하는 것인바 착륙시의 조종 여하를 보는 것입니다.

이상의 규정이 발표되자 참가하는 여러 비행사는 기차로 지정된 세 도시를 여행하면서 비행 진로의 방향과 도시의 모양을 눈에 익혀 두느라고 바쁜데 나는 그것을 하지 않고 내 방에 들어앉아서 지도로만 눈에 익혔습니다. 이것도 무모한 짓이나 어쩐지 그것만으로도 실패 없으리란 자신이 있었던 까닭이었습니다. 지도 위에 붉은색 선으로 진로를 그리고 시간까지 전부 계산해서 기입해 일목요연하게 그려 놓았습니다.

그리고 참가자 전부가 비행 날짜를 정하기 위해 제비를 뽑은(추첨) 결과 나는 11월 5일에 출발하기로 됐습니다.

이윽고 모든 준비를 마치고 기다리던 5일이 됐습니다. 내 가슴은 이상하게 뛰놀았습니다.

그런 때 고국 방문 비행에 관한 조선일보사의 회전이 이날까지 오지 않았습니다. 오사카에 가기 전에 그 결정을 지어야 할 필요가 있어 이날로 출발하기까지 고대해도 아무 소식이 없어서 몹시 초조해 하는데 마침 비행기도 고장이 났습니다. 그래서 하는 수없이 비행을 1일 연기해 다음 날인 6일에 출발하기로 하고 회전을 기다리며 한편으로 기계를 수선했습니다.

출발도 전에 고장이 생기는 비행기니 그만두는 것이 좋겠다는 벗도 있었으나 그래도 출발하기로 결심하고 6일을 기다렸습니다.

6일이 됐습니다. 비행장까지 나와 준 《조선일보》 기자께 하는 수없이 해약의 불성립, 해약을 말하고 비행기에 올라탔습니다.

이날 이상하게도 날이 흐리고 갤 것 같지 않고 출발의 여부가 분분했습니다. '날이 갤 것 같지 않다느니' … '무얼 이 구름은 곧 벗겨질 것이니까 관계치 않다'느니 하는 것을 나는 그냥 뜨기 시작해 요요기연병장을 떠났습니다.

암운 천여 리 먼 길의 이 출발은 정확히 오후 12시 48분이었습니다.

오래도록 바란 일에 남의 헌 비행기로라도 공중에 떠노니까 몹시 가슴이 시원하고 상쾌했으나 실은 하도 원거리요 가 보지도 못하고 지명조차 처음 듣는 곳을 공중에서 찾아 들어갈 일을 생각하니 염려도 적지 않았습니다. 기계는 병든 헌 것이었고 날은 흐렸고 해서.

요요기를 떠나서 미시마를 가려고 하코네산으로 향한 지 한 10분쯤 지나 벌써 위험을 맞닥뜨렸습니다. 시커먼 구름이 하늘에서 지면에 닿은 듯이 빽빽한데 기계는 그 속을 돌진해야 했습니다. 암운 암운해도 그런 암운은 없었습니다. 타고 앉은 내 눈에도 비행기가 보이지 않고 간신히 눈 밑에 있는 조종기만 분간할 수 있었습니다. 내 몸 주위의 1척밖에 보이지 않아 어디가 위인지 아래인지 어디가 동인지 서인지 알 길이 도무지 없고 그저 캄캄한 가운데 시계와 시침만 보고 그냥 돌진할 수밖에 없었습니다. 그러나 이 돌진이라는 것이 크게 위험한 것이었습니다. 마력이 높지 못한 데다 프로펠러의 힘이 미약해서 도저히 높이 뜰 수가 없는데 앞에는 높이가 1500미터나 되는 하코네산이 서 있는 까닭이었습니다. 1척밖에 보이지 않는 터이니 산이 눈앞에 서 있어도 알 길 없고 이대로 돌진하다가는 산의 중턱에 비행기가 부딪힐 것은 분명한 일이었습니다. 충돌·참사·위험은 각각이 달려드는데 생각다 못해 돌더라도 하는 수 없이 남쪽의 산과 산이 연한 허리를 넘는 수밖에 없으리라 생각하고 암운 속에서 각도를 남으로 2도를 틀어 나아갔습니다. 그러나 그것도 나 혼자의 짐작으로 하는 일일 뿐이고 실제로 산이 어느 쪽에 있는 산을 넘었는지 아직도 못넘었는지 도무지 알 수 없었습니다. 몹시 궁금하고 불안한 마음으로 한참이나 가다가 생각해 보니 도쿄를 떠난 후 35분이면 넘을 수 있는데 40분이나 지나도록 도무지 어디까지 왔는지 알 수가 없어서 불안한 마음은 점점 더해졌습니다. 그리다가 언뜻 내려다보니까 마치 땅 위에서 흐린 날 구름 사이로 돈짝만 하게 파란 하늘이 보이는 것처럼 구름 사이로 그야말로 돈짝만큼 조그마하게 파란 것이 보였습니다. '아아 아시노코호로구나!' 하고 어찌나 반가웠는지 알지 못했습니다. 아시노코호는 하코네산의 명승인 호수고 산 너머에 있는 것으로 고봉은 넘어온 후인 것을 알았습니다. 이렇게 해서 간신히 한 난관을 넘어서자 거기서부터 구름은 조금씩 엷어지기 시작했으므로 미시마까지는 무난히 갔습니다. 미시마연병장 위에서는 밑에 있는 심사원들에게 자세히 보여 주기 위해 얕게 얕게 구름 밑으로 떠서 한 바퀴 돌고는 다시 거기서 각도를 33도나 북으로 틀어 도요하시로 향했습니다. 미시마를 떠난 지 10분쯤 되자 또 캄캄한 구름 속으로 들어가게 됐습니다. 그러나 이번에는 잠깐 그 구름 속을 뚫고 나아가니 이상하게 구름과 구름 사이가 뚫려, 구름은 상하 2층이 되어 비행기 밑으로 구름이 쭉 깔리고 위에도 구름이 쪽칼로 벤 듯이 놓여 있어서 상하 구름 사이로 비행기가 나아갈 길이 틔었습니다. 그리고 그 끝에 희망의 빛같이 파란 하늘이 보였습니다. 그 파란 하늘을 멀리 바라보면서 구름과 구름 사이로 질주해 갈 때는 참으로 유쾌했습니다. 몹시 유쾌하게 질주해 파란 하늘이 보이는 곳까지 나아가 보니까 거기는 밑에 있는 구름은 그대로 쭉 깔려 있고 위에 있는 구름은 없어서 해가 뜬 것이 보였습니다. 이날 해를 본 것이 여기서 처음이었습니다. 위에 뜬 해가 아래에 깔린 구름에 비쳐서 반짝반짝 반사되는 것이 마치 적설 위에 태양이 반사되는 것같이 보여서 그 위를 질주하는 것도 몹시 유쾌했습니다. 그러나 그보다도 더 유쾌하기는 그 위로 잠깐 질주해 가니까 이번에는 아래에 깔린 구름이 뭉게뭉게 피어오르는 꽃같이 보이고 그 위에 서편으로 기운 해가 들이비추어 마치 모란의 함박꽃이 피어 어우러진 것같이 찬란히 보여서 그 위를 날아갈 때의 상쾌함이야말로 어떻게 형언할 수 없었습니다.

신선이 있다한들 이런 쾌감을 맛보랴 싶었습니다. 산을 지나는지 바다를 지나는지 지계가 내려다 보이지 않아서 궁금한 불안과 염려도 잊어버리고 더할 수 없는 상쾌한 맘으로 그 모란꽃밭 같은 구름을 한참이나 지나 아이치현에 들어가자 도요하시 가까운 곳에서 기체는 또다시 캄캄한 구름 속으로 들어갔습니다. 그러나 도요하시가 가까운 곳인고로 몹시 얕게 떠가서 간신히 도요하시연병장의 공중을 들러 다시 암운 중에서 각도를 38도나 북으로 틀어서 요카이치시로 향했습니다.

도요하시의 암운 속에서 요카이치시로 향한 지 15마일쯤 가서 구름은 엷어지기를 시작했으나 큰일났습니다. 아이치현을 다 지나 이세만의 바다 위에 기체가 떴을 때 불행히 발동기에 고장이 생겼습니다.

그렇지 않아도 이 미에현 이세국 일대는 비행항공에서 방향의 표준을 잡기 어려운 곳이라 연전에 육군 비행중위 미즈타水田 씨는 오사카를 간다는 것이 여기서 방향을 잘못 정해 태평양으로 헤매어 간 일이 있는 곳입니다. 또 이 미에시가 근방은 유명한 험산이 수없이 연립해 있어서 몹시 주의해야 하는 위험지대인데, 그 위험지대를 앞에 두고 이세만 해상에서 발동기 고장이 생겨서 낙하하게 됐으니 실로 조종술 여하로는 어찌하지 못할 탈입니다. 절망, 낙담하지 않고 바닷속에 낙하되는 것이나 면하려고 북쪽에 있는 나고야시로 휘어들어 가려고 나고야를 향해 점점 가라앉아 가는 기체를 간신히 착륙하지 않고 끌고 갔습니다. 거의 나고야에 이르러 이미 실패된 후이니 아무런들 어쩌랴 하고 최후의 수단으로 아직 착륙하기 전에 발동기를 함부로 고쳐 보느라고 주물렀습니다. 깨진 장난감을 어린이가 주무르듯이 한참이나 고쳐 보느라고 주무르니까 천행으로 프로펠러의 회전력이 다시 강해지고 기체는 점점 위로 올라갔습니다. '오오 되었다!'고 부르짖으면서 거의 착륙할 즈음에 나는 다시 휘돌아 해변을 끼고 돌아 10분에 갈 것을 30분이나 되도록 돌아서 다시 진로를 찾아 돌진하기 시작했습니다.

그리해서 간신히 20분쯤 가니까 날은 캄캄해 아무것도 보이지 않고 무서운 폭풍이 나갈 길을 못가게 하려는 듯이 몰려왔습니다. 이 폭풍만으로도 비행은 되지 못할 것을 그대로 무릅쓰고 휘어 나가니까 뒤미처 폭우가 심히 무서운 기세로 쏟아져 왔습니다.

폭풍·폭우, 위험지대의 험산. 아아 하늘이 나를 죽이려는가 보다 하며 한없이 야속한 생각과 슬픈 생각에 기운까지 푹 가라앉는 것 같았습니다. 아무리 훌륭한 비행기로도 이 바람과 이 비에는 어쩔 수가 없었습니다. 그러나 이래서는 못쓰겠다고 마음을 잡고 가는 데까지 가 보리라고 그래도 기운껏 재주껏 나아가느라고 전력을 들였습니다. 간신히 기체가 나가기는 하는 모양이었으나 한 시간에 80마일을 갈 것인데 30마일이나 나아갔는지 그만큼도 못 갔을 것입니다.

그 꼴로도 비와 바람과 그야말로 악전고투를 계속하면서 가니까 그 폭풍 중에도 어떤 딴 특이한 센 바람이 나의 왼쪽 뺨을 치는 것을 캄캄한 속에서 느끼고 '아아 큰일 났다. 나는 지금 비행기와 함께 떨어지는 중이다' 하고 깨달았습니다.

그것은 내 몸이 옆으로 바람을 차며 떨어지며 심히 강한 바람이 한쪽 뺨을 치는 것임을 안 까닭이었습니다. '아아 기어코 떨어져 죽는구나!' 하는 비참한 생각이 그 순간에 번쩍 났습니다. 그리고 떨어지는 그곳은 분명히 와타무키야마·가마가다케 등의 험산 위인 것도 알았습니다.

그래서 나는 이미 거기서 일생의 최후를 짓는 줄로 각오했습니다.

그러나 그중에도 나는 원래 고등비행술(공중에서 재주넘기)을 많이 연습한 일이 있어 이왕 떨어지되 산간에 떨어지지 말고 평지에 떨어지리라 하며 점점 떨어져 가는 비행기를 재주넘는 격으로 바로잡아 돌아서서 오던 길을 다시 흘러아까 지나온 이세만의 해변으로 향해 갔습니다. 한참이나 가서 이번에 떨어진것은 발동기보다도 폭풍·폭우에 눌려 떨어진 것을 알았고 또 착륙을 하려고착륙할 만한 곳을 찾으면서 생각했습니다. 아무리 해도 일본 사람과 타이완 사람만 성공을 하게 하고 저 혼자만 실패한다는 것은 견딜 수 없는 치욕이었습니다. 이에 이왕 죽는 몸이면 죽는 때까지 돌진하리라 결심하고 다시 발동기를주물러 뒤집어 돌아섰습니다. 이렇게 방황하면서도 어떻게 하든지 기체를 지면에 닿지 않게 하느라고 애쓴 고생은 실로 다른 사람은 꿈에도 짐작하지 못할 참담한 고생이었습니다.

이러한 거의 무모한 짓으로 모진 악을 쓰고 다시 돌아섰으나 이번에는 (공중에서 몇 바퀴 뒤집혔기 때문에) 방향을 잡을 수가 없었습니다. 이걸로 고생이됐으나 그것은 시간상 추측으로 지금 떠 있는 곳이 미에현과 시가현의 중간임을 짐작하고 거기서 그냥 서편으로만 향하고 죽을 기운을 다해 돌진했습니다. 한참이나 가다가 흘깃 보니까 구름 사이로 시퍼런 물과 육지가 잠깐 보여 이것 큰일 났다. 북쪽 일본 해안으로 왔나 보다 생각했으나 일본해까지 가기에는시간이 너무 부족한 관계로 그것이 비와호의 일단인 것을 알았습니다. 비와호위까지 온 것을 생각하니까 또 큰일 났습니다. 요카이치시를 들르지 않고 바로지나온 것이었습니다.

그러나 그렇다고 그냥 바로 갈 수도 없어 거기서 다시 돌아가서 요카이치시의공중을 들렀습니다. 그리고 다시 되짚어 비와호를 건너 나라의 시가가 밑으로흘깃 보일 때는 비도 바람도 없어지고 구름도 벗겨지기 시작했습니다. 이렇게도저히 사실로 있지 못할 고생을 겪어 몇 번이나 사경에 빠졌다가 다시 나오고 나오고 하느라고 남모르는 고생을 혼자 하는 동안에 벌써 해가 지고 교토를 흘긋 지나 오사카의 공중으로 들어갔을 때에는 내려보니까 벌써 전등이 켜져 있었습니다. 오사카의 공중은 몹시 얕게 떠서 들어가느라 단번에 비행장이 보였습니다. 남 같으면 여기서 몇 번을 빙빙 돌면서 착륙할 것을 나는 그냥 들어가는 대로 바로 착륙해 버렸습니다.

비행기가 지면에 닿을 때에 나는 지옥에서 살아 나와서 인간 세상을 밟는 것 같았습니다.

오사카에 내려서 심사원의 말을 들으니까 '다른 사람 같으면 필시 중도에서 하륙했을 것이나 안 군은 야간비행까지 성공한 사람이니까 비가 와도 올 것이라고 지금 화톳불을 준비하는 중이었다'고 합니다. 그리고 착륙하는 모양을 보고 '늘 이 연병장에서 비행하던 사람 같다고 … 몇 번이나 여기를 와 보았냐'고 하기에 처음 온다 하니까 놀라는 모양이었습니다.

나는 생각합니다. 이번 비행에 조선 사람이 나 외에 한 사람이라도 더 있었다면 나는 벌써 중도에서 착륙해 버리고 말았지 그 무모한 모험을 할 용기가 생기지 않았으리라고요.

타이완의 세 군은 복이 많은 사람 같습니다. 나와 같이 한날 도쿄서 출발하고도 그런 고생을 하지 않고 오사카까지 무사히 왔으니까요. 그것은 공중의 기세는 지상에서 보는 것과 달라서 시시각각 돌변해 한날 동일한 진로를 가도 5분 전에 가는 사람과 5분 후에 가는 사람이 대단히 다른 까닭입니다.

오사카에 있는 동안의 4~5일간은 오사카에 계신 우리 동포가 늘 오셔서 후의를 주시고 많이 지도해 주셔서 유쾌히 지냈습니다.

오사카에서 도쿄로 오기는 11일이었는데 올 때는 아무 고장도 없고 별다른 고생도 없이 잘 왔습니다. 오사카에서 출발할 때 이시바시라는 유명한 일등비행사, 오바라는 일등비행사와 타이완의 셰 군과 내가 같이 떠났습니다.

도쿄 착륙순은 이시바시 씨의 비행기는 프랑스식 스바트라는 것으로 한 시간에 130마일의 속력을 내는 것인데도 웬일인지 의외로 더디게 3시간이 걸렸고, 그다음에 내가 3시간 25분 걸렸으며, 셰 군이 3시간 55분 걸렸고 오바 씨는 중도에서 내려 버렸습니다.

올 때에 다소 괴로웠던 것은 소변이었습니다. 오사카 출발 전에 모든 준비와 함께 대소변까지 다 본 후였건만 출발 전에 커피를 먹은 탓인지 오사카 공중에 뜨면서부터 소변이 급한 것을 그냥 세 시간 이상 참고 도쿄까지 오느라고 제일 괴로웠습니다. 평상시 같으면 비행기 위에서 볼 수 있으나 이번에는 의복을 여러 겹 입은 탓에 그냥 온 것이었습니다.

마지막으로 이번 비행에 나를 위해 많이 근념해 주신 고국 여러분께 마음과 정을 다해 감사를 드립니다.

11월 18일 밤

부록

고국 동포에게 충정을 소하노라

《동아일보》 1922년 12월 10일

정 깊은 고국에서 형제와 함께 지내지 못하고 이역 타관에서 외롭고 쓸쓸하게 지내는 애달픈 심정이야 누구나 더하고 덜함이 있겠습니까마는 그중에도 남달리 고독히 지내는 나는 비행기에 몸을 싣고 일본의 공중을 날아다닐 때마다 멀리 서편 하늘을 바라보고 "언제나 언제나 내 고국에 돌아가 내 곳의 하늘을 날아 볼까" 하여 고국 그리운 정에 혼자서 눈물을 지으며 지냈습니다.

참으로 도쿄나 오사카 같은 큰 시가가 내 발밑에 아롱아롱 내려다보일 때 나는 몇 번이나 비행기 머리를 서편으로 돌리고 조선 쪽을 바라보았는지 알지 못합니다. 내 고국 조선! 이렇게 생각하는 것만으로 벌써 가슴이 뛰놀던 내 고국에 돌아오게 된 기쁨은 참으로 어떻게 말할 수 없는, 어떻게 지탱할 수 없는 기쁨입니다.

더구나 부산에 발을 디딜 때부터 남대문에 도착할 때까지 정과 뜻을 다해 맞아 주시는 여러분을 뵐 때 또 여러분이 불러 주시는 만세 소리를 들을 때 내 몸에는 소름이 쪽쪽 끼치고 알지 못할 눈물이 핑 돌았습니다. 형제의 정리, 동포의 정리 무엇보다도 강하고 뜨거운 그것이 내 몸을 못 견디게 하고 소름 끼치게 할 정도로 내 몸과 내 혼을 에워쌀 때 나는 모든 것을 잊고 있었습니다. 먼 곳에서 외롭게 방황하던 어린 고아가 사랑하시는 어머니의 따뜻한 품에 다시 안기는 것 같은 생각과 느낌밖에 없고 전부를 잊어버리고 있었습니다.

그렇게까지 뜨겁게, 그렇게까지 반갑게 맞아 주시는 여러분이 내가 늘 하루도 잊지 못하고 그리워하는 형제임을 생각하면 그냥 그대로 달려들어 오래 그립던 정을 하소연하고 싶었습니다. 그러나 남대문까지 시간이 바빴고 남대문에서는 어떻게 한 걸음도 내 자의로 할 수 없이 되어 일일이 인사도 말씀드리지 못한 것이 이번 길에 제일 큰 유감입니다.

　비행기에 관하여는 이번에 처음 타는 것이 아닌고로 별로 새삼스럽게 할 말도 없으나 원래 이 고국 방문 비행은 연전부터 계획하던 일이나 여러 가지 관계로 차츰 밀렸습니다. 이번에 동아일보사의 주최가 기타 각 방면 인사의 유력한 후원으로 결정된 일은 기쁜 일이나 비행의 시기로는 몹시 좋지 못한 때입니다. 경성에는 남산과 북악산이 있어서 마치 병풍 치듯 되어 기류의 형세가 극히 위험할 뿐 아니라 바람이 센 것, 날이 찬 것 등이 모두 비행에는 적지 않은 장애가 되는 데 그 모든 것보다 염려되는 것은 비행기입니다. 물론 고국 방문 비행이 이때까지 밀려 온 이유는 내 소유의 비행기가 없는 까닭이었습니다. 기술은 아무리 하늘을 뚫는다 한들 비행기가 없으면 그 기술을 부릴 곳이 있지 아니할 뿐, 외려 자기 비행기가 있어서 자주 연습을 쌓아 가지 않으면 점점 서툴러지는 것이라. 항상 그것을 초조히 생각해 오던 터라 고국 방문에 쓸 비행기가 있을 리가 없어서 이리저리로 주선해 보았으나 우리와는 생각이 다른 사람들이라 빌려주는 사람도 없어서 이날까지 미루어 오다가 이번에 학교에 있는 헌 비행기를 간신히 빌려 나온 것입니다.

　비행기는 뉘포르식인데 크기가 다른 보통 비행기의 반밖에 되지 않는 아주 작은 비행기며 '론' 80마력에 한 시간 110비행마일의 속력을 가졌습니다. 기계가 경쾌해 조종하기에 극히 주의하지 않으면 위험한 것이라 다른 이는 별로 타지 않던 것이므로 비교적 용이하게 빌려 왔던 것입니다. 그러나 그것도 원래 헌 비행기라 발동기는 또 다른 헌 비행기의 것을 떼어 내어 여기다 뜯어 맞춰 놓은 것이어서 다소 불안합니다. 한마디로 말하면 이 헌 것, 저 헌 것을 뜯어 맞춰 놓은 누더기 비행기라 염려가 떠나지 않으나 도쿄서도 나는 몇 번 타 보았고, 서울서도 8일에 시험비행을 무사히 마쳤으니까 금일이라도 발동기 고장만 생기지 않으면 여간 바람이 분대도 과히 겁낼 것은 없습니다.

무엇보다도 마음만 아픈 일은 내 마음대로 쓸 내 비행기가 없는 일입니다. 몇 해 전에 조선에 온 아서 스미스 씨의 재주 부리는 비행술도 결코 어렵지 않은 일인데, 나는 내 비행기로 연습만 자유로이 할 수 있다 하면 무슨 재주라도 할 수 있다는 자신을 가졌습니다(이번에도 이 불완전한 비행기로도 될 수 있는 재주는 몇 가지 해 보겠습니다). 그러면서도 연습을 마음껏 해 보지도 못하고, 저 하는 일을 하나도 마음껏 해 보지 못하는 것이 제일 한 되는 일입니다. 이번 길에도 비행기만 좋고 발동기만 훌륭했으면 경성에서 떠나 개성·수원 등지뿐 아니라 한숨에 의주까지 다녀오겠는 것을 기계가 완전치를 못해 그 뜻을 이루지 못했습니다.

원래 이 비행사업이라는 것은 세계 어느 나라를 물론하고 일반 민중 전체의 힘이 아니면 도저히 완전한 발달을 이루지 못합니다. 어느 한 개인이 아무리 천재라 해도, 아무리 많은 재산을 가졌다 해도 일반 민중이 이에 대한 충분한 이해와 열렬한 후원이 없으면 아무래도 그 발달이 잘 이루어지지 못합니다. 그런 중에 더구나 우리 조선에서는 유달리 여러 가지가 넉넉지 못하고 여의치 못한 터라 몇 갑절 더 조선 사람 여러 어른의 이에 대한 이해와 후원이 없이는 결코 한 걸음도 나아가지 못할 것입니다. 아아, 조선에 계신 여러분 세계를 통틀어 비행사상의 싹은 우리 조선에서 먼저 돋기 시작한 것을 기억해 주십시오. 그리고 지금의 조선 청년들이 이 비행술에 특별한 천재를 가지고 있는 것을 기뻐해 주십시오. 그리고 우리가 다 함께 힘을 합해 이 사업에 힘을 쏟으면 다른 아무 곳의 비행계라도 능히 압도할 수 있다는 것을 믿어 주시기 바랍니다. 지금 내가 있는 일본 비행학교에도 우리 청년 세 사람이 나에게 배우고 있고, 또 그 외에도 배우게 해 달라는 청년이 많이 있습니다. 내 마음대로 될 수 있다든지 또 내 소유의 비행기가 따로 있다면 어디까지든지 내 힘껏 가르쳐 드리겠으나 그리도 못하고 그네도 학비도 부족하고 학교도 쉽게 허락지 않아 뜻을 이루지 못하는 사람이 한두 사람이 아닙니다. 그럴 때마다 넓기나 넓은 비행장 한 귀퉁이에서 내 손목을 붙잡고 눈물을 흘리는 것을 보고 나도 몇 번이나 따라 울었는지 알지 못합니다. 아아, 이렇게 하여 천재를 품은 조선 청년이 이국 타역에서 눈물을 짓는 생각을 하면 가슴이 쓰리어 견디지 못합니다. 될 수만 있으면 그리 비싸지도 않으니 비행기를 장만해 조선에 비행학교나 안 되면 강습소라도 세우고 우리끼리 정답게 연구에 종사하고 싶습니다.

그리하여 몇 해 후에 조선의 천재들이 다 각각 공중에 나선다 하면 그날의 우리 형편이 어떻겠습니까. 나는 아무 때나 그 생각을 해 가슴이 뛰놀며 하루도 빠지지 않고 빌고 바라고 있습니다.

나는 이번에 여러분의 더할 수 없는 뜨거운 마음과 뜻을 받고 그 자신을 더 굳게 하고 몇 배나 더한 원기를 얻었습니다. 이 기세로 나간다 하면 그것은 오래지 않아 실시될 수 있는 것임을 믿고 있습니다.

최후에 이르러 여러분이 그처럼 후의를 주시고 또 열렬히 후원해 주시는 그 이면의 기대에 벗어나지 않게 일심전력을 다해 일생을 바칠 것을 여러분 앞에 맹세하며 거듭 많은 후원을 끝까지 주시기를 마음을 다해 바랍니다. 그리고 이번 비행으로 우리 조선 사람도 하면 된다, 하면 남보다 낫다 하는 신

넘을 두터이 하시고 또 전 민족적으로 이 일에 착수하실 (비행기-옮긴이)
한 대를 지어 주신다 하면 그보다 더 다행한 일은 없겠습니다.

주

====== 머리말

1   조선권번朝鮮券番에 속한 김난주金蘭珠라는 이름의 유명 기생이었다(《개벽》6, 1924;
    김을한,《신문야화: 30년대의 기자수첩》, 일조각, 1971, 51쪽).
2   다다미 여섯 장 크기의 작은 방.

====== 01 소년, 비행기에 반하다

1   안창남이 1924년 말 중국으로 망명하기 직전까지 머물던 주소지는 수송동 113번지
    였다.
2   《매일신보》1923년 9월 28일. 안창남의 제적등본을 보면 모친의 이름이 최성녀崔姓
    女로 표기돼 있다. 안창남의 생모 이 씨가 숨진 뒤 아버지 안상준과 결혼한 계모 최 씨
    로 추정된다.
3   을미사변에 가담한 일본인 48명은 전원 일본에 소환됐다. 사건 두 달 후인 1895년
    12월 히로시마지방재판소에서 심리가 진행됐지만 1896년 1월 히로시마지방재판
    소와 군법회의는 증거불충분을 이유로 일본인 관계자를 모두 무죄 석방했다. 조선
    이 이들에게 형사재판권을 행사하지 못한 것은 〈조일수호조규〉에 명기된 치외법권
    조항 때문이었다. 주일공사 이하영李夏榮이 오쿠마 시게노부大隈重信 일본 외무대
    신과 여러 차례 담판을 벌여 범죄자 처벌을 요구했지만, 뜻을 이루지 못했다. 조선은
    1910년 8월 국권을 잃을 때까지 치외법권 조항을 철폐하지 못했다.

4 최승만,《나의 회고록》, 인하대학출판부, 1985, 21~22쪽.

5 염근수,《안창남 비행기》, 이문당, 1930, 19~21쪽.

6 예전 일본 교육 편제는 지금과 달랐다. 일본이 패망하기 전 교육 편제로 고등학교는 제국대학에 진학하기 위한 예과 과정이었다. 1고는 도쿄, 2고는 센다이, 3고는 교토, 4고는 가나자와, 5고는 구마모토, 6고는 오카야마, 7고는 가고시마, 8고는 나고야 등 전국에 여덟 곳이 있었다. 지금의 고등학교 과정을 담당한 것은 5년제의 중학교였다.

7 佐藤一一,《日本民間航空通史》, 國書刊行會, 2003, 35~36쪽.

8 일본인이었다면 '비행기를 타고 온 모 내지인'이라는 표현을 사용해야 자연스럽다.

9 윤선자,《대한독립을 위해 하늘을 날았던 한국 최초의 여류비행사 권기옥》, 역사공간, 2016, 43~44쪽.

10 이종승,〈고 장덕창 장군을 추모〉,《보라매》42, 1976.

11 윤선자, 앞의 책, 13~15쪽.

12 위의 책, 43쪽.

13 남대문역은 1923년 1월 1일 경성역으로 개칭됐고, 1925년 9월 신 역사가 완공됐다. 2011년에는 복합문화공간인 '문화역서울284'로 새로 단장해 개관했다.

14 그러나 처벌은 가벼운 편이었다. 하나이 다쿠조花井卓藏 등 당대 일본의 저명한 인권 변호사들이 달라붙어 무보수 변호를 한 덕이었다. 결국 이들에겐 내란죄가 아닌 〈출판법〉 위반죄가 적용됐다. 주모자 4명은 금고 9개월의 형을 받았다.

15 또 다른 인물은 벽초 홍명희洪命憙(1888~)였다.

16 실제로 모인 이는 29명이었다. 길선주·김병조·유여대·정춘수 등 4명은 지방에 있어 참석하지 못했다.

17 《매일신보》1919년 7월 30일.

18 《매일신보》1919년 8월 3일.

■ 02 비행사의 꿈을 이루다

1 日本航空協會,《日本航空史: 明治·大正篇》, 日本航空協會, 1956, 476~477쪽.

2 《매일신보》1921년 5월 5일.

3 대개의 자료가 두 달이라고 되어 있으나, 일부 보도엔 세 달이라 표기한 곳도 있다.

4 日本航空協會, 앞의 책, 476쪽.

5   임경석, 〈임경석의 역사극장: 일제의 돈을 갖고 튀어라〉, 《한겨레21》 1177, 2017. 식
     민지시기 조선은행권 1원은 일본은행권 1엔과 1 대 1로 교환됐다. 조선이 배경일 때는
     원, 일본이 배경일 때는 엔이라 표기한다.

6   이종승, 앞의 글.

7   《동아일보》 1922년 11월 27일.

8   《매일신보》 1936년 10월 6일; 홍윤정, 〈독립운동과 비행사 양성〉, 《국사관논총》 107,
     2006.

9   《동아일보》 1965년 4월 3일, 〈장덕창의 회고〉.

10   《동아일보》 1922년 11월 27일.

11   《개벽》 6, 1920.

12   黑川德男·保垣孝幸, 《北區の歷史 はじめの一步》, 北區立中央區書館, 2010, 32쪽.

13   《매일신보》 1921년 5월 5일.

14   최승만이 매우 절약하는 생활을 했기 때문으로 보인다. 같은 시기 도쿄에서 유학했던
     김을한은 "당시 유학생의 학비는 한 달에 50원이 필요했다. 하숙비 20원, 수업료 10원,
     도서비 10원, 기타 잡비 10원"이라고 밝혔다(김을한, 《동경유학생》, 탐구당, 1986, 52쪽).

15   하타노 세츠코, 《이광수, 일본을 만나다》, 푸른역사, 2016, 127~128쪽.

16   《매일신보》 1921년 5월 5일.

17   《동아일보》 1921년 3월 29일.

18   《매일신보》 1924년 4월 29일.

19   《동아일보》 1921년 7월 11일.

20   《개벽》 9, 1921.

21   稻毛民間航空記念館, 《稻毛海岸飛行場物語》, 公益財團法人千葉市みどりの協
     會, 2013, 10쪽.

22   平木國夫, 《黎明期のイカロス群像: 民間航空を飛躍させた草創期の飛行家たち》,
     Green Arrow, 1996, 78쪽.

23   稻毛民間航空記念館, 앞의 책, 21쪽.

24   日本航空協會, 《日本民間航空史話》, 日本航空協會, 1966, 78쪽.

25   위의 책, 28쪽.

26   佐藤一一, 앞의 책, 2003.

27 日本航空協會, 앞의 책, 527쪽.

28 《동아일보》1921년 7월 11일.

29 日本航空協會, 앞의 책, 527쪽.

30 송석우,《노고지리의 증언》, 한국항공대학교출판부, 1999, 16~17쪽.

31 《매일신보》1921년 11월 8일.

32 《매일신보》1922년 6월 13일.

33 朝日新聞《新聞と戰爭》取材班,《新聞と戰爭》上, 朝日文庫, 2011, 121쪽.

34 《개벽》12, 1922.

35 가나자와 히로시마를 왕복하는 대회로 1921년 11월 3일 열렸다.

36 《개벽》12, 1922.

37 《개벽》12, 1922.

38 日本航空協會, 앞의 책, 634쪽.

39 《동아일보》1922년 11월 7일.

40 《동아일보》1922년 11월 8일.

41 《동아일보》1922년 11월 9일.

42 《동아일보》1922년 11월 12일.

43 위치는 얼마 전까지만 해도 일본을 대표하는 해산물 시장이 있던 도쿄 쓰키지에 있었다.

■■■ 03 조선의 하늘을 날다

1 《매일신보》1921년 11월 8일.

2 조선에 주둔한 일본군을 흔히 조선군이라 불렀다. 함경북도 나남에 19사단, 용산에 20사단이 있었다.

3 《동아일보》1922년 11월 18일.

4 《동아일보》1922년 11월 22일.

5 1차 세계대전 무렵 항공기 엔진을 제작하던 프랑스 기업의 이름.

6 《동아일보》1922년 12월 10일.

7 금강호의 정확한 기종에 대해 그동안 한국에선《동아일보》1965년 4월 3일 기사에 실린 장덕창의 증언에 따라 '뉘포르-15형'이라고 기술해 왔다. 그러나 당대 신문에 남아

있는 금강호의 사진과 실제 뉘포르의 모형을 대조해 본 결과 뉘포르-15형이 아닌 뉘포르-11형이었다. 뉘포르-15형은 1차 세계대전이 한창이던 1916년에 폭격기용으로 설계됐지만 성능이 기대에 미치지 못해 금방 단종됐다. 게다가 조종석이 하나인 단좌식이 아닌 복좌식이었다. 하지만 안창남의 금강호의 모습이 담긴 《동아일보》 사진을 보면 금강호는 단좌식이다. 뉘포르 모형 가운데 안창남이 언급한 기체의 제원과 가장 흡사한 기종은 80마력짜리 론 엔진을 장착한 뉘포르-11형이다. 뉘포르-11형과 금강호의 사진을 대조해 보면 두 비행기가 같은 기종임을 알 수 있다.

8 《동아일보》 1922년 12월 11일.

9 《동아일보》 1922년 12월 1일.

10 《동아일보》 1922년 12월 2일.

11 《동아일보》 1922년 12월 3일.

12 그러나 실제 후원금이 4만 원이나 걷혔는지는 의문이다. 조선인들은 안창남의 고국 방문 비행을 '민족의 쾌거'로 받아들였지만 적극적으로 후원에 참여하진 않았다. 고국 방문 비행 이듬해인 1923년 7월 10일 동아일보사 중역회의 기록을 보면 이 행사를 진행하는 데 총 경비로 6819원 18전이 들었지만, 회금 수입은 604원 70전에 그쳐 나머지 액수는 신문사 쪽에서 보충했다고 나온다. 경제적 여유가 없었던 조선인들에게 2~10원의 후원회비는 상당한 부담이었기 때문이다. 어느 시대나 마찬가지겠지만 말로 응원을 하는 것과 실제 지갑을 여는 것 사이엔 상당한 괴리가 있을 수밖에 없다. 다음은 이 같은 사정을 보여 주는 동아일보사 취체역회(중역회)의 기록이다. "安昌男 故國訪問飛行 主催에 對하야 其 費用總額 六千八百拾九円 拾八錢 內에 會金 收入이 六百四円 七拾錢에 不過함으로 不足額 金 六千貳百拾四円 四拾錢은 補充될 만한 餘地가 無함에 就하야 李相協氏 動議와 張斗鉉氏 再請으로 本社 ○○(글씨 불명-옮긴이)에서 ○○(글씨 불명-옮긴이)支出하기로 決定하다."

13 《동아일보》 1922년 12월 3일.

14 《동아일보》 1922년 12월 7일.

15 안창남을 조선에 제일 처음 소개한 매체는 《개벽》이다. 이 매체는 1920년 12월호에서 오구리비행학교에 재학 중이던 안창남의 모습을 처음 조선인들에게 알렸다. 기사엔 기자의 이름이 표기돼 있지 않으나 여러 정황으로 봐서 방정환이 작성했거나 기사화하는 데 큰 기여를 했을 것으로 추정된다.

16 《동아일보》1922년 12월 7일.

17 《동아일보》1922년 12월 9일.

18 《동아일보》1922년 12월 9일.

19 1911년 4월 완공됐다.

20 《동아일보》1922년 12월 10일.

21 《개벽》1, 1923.

22 윤치호 지음, 박정신·이민원·박미경 옮김,《윤치호 일기 7: 1916-1919》, 국사편찬위
   원회, 2015.

23 《매일신보》1922년 12월 10일.

24 《개벽》1, 1923.

25 《동아일보》1922년 12월 12일.

26 《동아일보》1922년 12월 10일.

27 《동아일보》1922년 12월 22일.

▄▄▄▄ 04 대지진이 발생하다

1 日本航空協會, 앞의 책, 668쪽.

2 안창남은 매번 비행이 있을 때마다 "제대로 된 비행기가 없다"고 한탄했지만,《동아일
   보》1923년 6월 17일 기사에는 어찌된 일인지 "이번에 얻는 비행기까지 합치면 수효
   로는 내 소유의 비행기가 일곱 대나 된다"고 말했다. 불과 6개월 전 '나만의 비행기가
   없다'며 여기저기서 긁어모은 80마력짜리 고물 비행기 '금강호'를 타고 온 상황을 생
   각하면 그대로 믿기 힘든 주장이다. 조선에 비행학교를 설립하기 위한 지원을 끌어내
   려고 과장을 섞어 말한 것으로 추정된다.

3 《동아일보》1923년 9월 15일.

4 中央防災會議災害教訓の継承に關する專門調査會,《1923關東大震災報告書 第
   1編》, 2006, 1쪽.

5 강덕상 지음, 김동수·박수철 옮김,《학살의 기억, 관동대지진》, 역사비평사, 2005,
   27쪽.

6 최승만, 앞의 책, 1885, 113~115쪽.

7 강덕상, 앞의 책, 30쪽.

8 東京都慰靈協會,《關東大震災》, 東京都慰靈協會, 2005.

9 東京都慰靈協會,《德永仁臣と東京都慰靈協會》, 東京都慰靈協會, 2014, 20쪽.

10 오구리 쓰네타로는 1922년 봄 자신의 고향인 나고야에 오구리비행학교 분교를 만들고, 10월 중순께 교명을 일본항공학교라고 바꿨다.

11 《매일신보》 1923년 9월 15일.

12 당시 《동아일보》 편집국장으로 특파원을 자원해 도쿄 현지로 달려갔다. 이상협은 1920년대 《동아일보》,《조선일보》,《시대일보》 등으로 적을 옮겨 가며 조선의 신문산업이 기틀을 잡는 데 큰 기여를 했다. 하지만 말년엔 친일로 기울었다.

13 《동아일보》 1923년 9월 23일.

14 그의 부인 쓰보이 사카에도 전쟁의 참상을 그린 〈스물네 개의 눈동자〉란 동화를 써낸 저명한 작가다. 관심 있는 독자의 일독을 강력 추천한다.

15 옷에 상호 등이 적혀 있는 윗옷의 일종.

16 김웅교, 〈15엔 50전, 광기와 기억: 쓰보이 시게지의 장시 〈주고엔 고주센〉(1948)에 부쳐〉,《민족문학사연구》 27, 2005.

17 조선인을 낮춰 부르는 말.

18 이때 소실된 도쿄 조선기독교청년회 회관의 주소는 도쿄 지요다구 니시간다 3-3-13이었던 것으로 최근 확인됐다. 이 자리엔 지금 세탁소가 들어서 있다고 한다. 현재 회관이 있는 지요다구 사루가쿠초 2-5-5에서 약 600미터쯤 떨어져 있다(《중앙일보》, 2019년 1월 9일 4면 참조).

19 최승만, 앞의 책, 114~119쪽.

20 일본이 러시아혁명을 견제하기 위해 시베리아 출병에 나서면서 1918년 8월 쌀값이 1차 세계대전 전의 네 배로 폭등했다. 민중은 쌀값 인하를 요구하며 쌀 상인과 지주 등을 공격했다. 일본 정부는 군과 경찰을 동원해 이를 진압했다.

21 강덕상, 앞의 책, 56~57쪽.

22 西崎雅夫,《關東大震災朝鮮人虐殺の記錄: 東京地區別1100の証言》, 現代書館, 2016, 424쪽.

23 위의 책, 139쪽.

24 《매일신보》 1923년 10월 5일.

25 김을한은 당시 도쿄 조선기독교청년회 총무의 지위에 대해 "한국 YMCA가 한국 공사

관격이 되어 대사나 공사의 역할을 대신했다"고 설명했다. 이렇게 보면 최승만은 조선의 비공식 공사 또는 대사에 해당하는 인물이었다. 아카이케 경시총감이 간토대지진 이후 조선인 학살 문제 수습을 위해 최승만을 불러 낸 것은 당연한 흐름이었다(김을한, 앞의 책, 108쪽).

26 裵姶美, 〈關東大震災時の朝鮮人留學生の動向〉, 《關東大震災記憶の繼承》, 日本經濟評論社, 2015, 212쪽.

27 위의 책, 212쪽.

28 한승인, 《동경이 불탈 때: 간토대지진 조난기》, 대성문화사, 1973, 69쪽.

29 1923년 조선총독부 직원록에 따르면 당시 종로경찰서 서장은 모리 로쿠지였다.

30 한승인, 앞의 책, 75~76쪽.

31 《동아일보》 1923년 10월 5일.

32 안창남이 제국비행협회가 주최한 대회에서 우승한 적은 없다.

33 류기석, 앞의 책, 113쪽.

■■■■ 05 일본을 탈출하다

1 여운형은 다섯 번에 걸쳐 상하이대한인거류민단장을 맡았다. 안창남이 상하이에 도착한 1924년 말~1925년 초 여운형은 네 번째 단장직(1924년 3월~1926년 3월)을 수행하고 있었다(강덕상, 앞의 책, 18쪽).

2 서왈보는 조선인 가운데 중국에서 최초로 비행사가 된 인물이다. 1886년 평양 출생으로 안창호가 설립한 평양 대성학교를 다니던 1910년 8월 나라가 망하자 독립운동을 위해 중국 망명길에 올랐다. 이후 중국 바오딩육군학교에 입교해 중국군 장교로 활약했다. 1919년 3·1운동이 일어나자 중국군을 나와 베이징과 톈진에서 대한독립청년단을 조직해 치열한 독립운동을 벌였다. 같은 해 서른넷의 나이로 비행사가 되겠다고 결심하고 중국 난위안항공학교에 입학했다. 이후 서북변방독판 펑위샹의 신임을 얻어 참정공병 대좌와 서북항공대 부대장이라는 중임을 맡는다. 그러나 1926년 5월 6일 장지커우 쿵자창孔家庄 비행장에서 민감한 이탈리아제 언살도 비행기를 시험비행하다 동체와 함께 추락해 숨졌다.

3 김웅교, 〈1923년 9월 1일, 도쿄〉, 《민족문학사연구》 19, 2001.

4 日本航空協會, 앞의 책, 1956, 679쪽.

5   《매일신보》1924년 3월 10일.

6   《매일신보》1924년 3월 10일.

7   《매일신보》1924년 3월 10일.

8   《동아일보》1924년 9월 11일;《매일신보》1924년 9월 11일;《시대일보》1924년 9월 11일.

9   북양대신이란 베이징이 위치한 즈리성의 총독을 겸임하며 열강을 상대로 외교도 관장하던 관직 이름이다. 청나라의 군권과 외교권을 한 손에 쥔 막강한 자리였다.

10 우페이푸는 실제 1924년 10월 2차 펑즈전쟁에서 패한 뒤 톈진의 조계로 피하라는 요시다 시게루吉田茂 주톈진 일본 영사(이후 일본의 총리로 전후 일본의 부흥을 이끎)의 권고를 거부하고 조계에 발을 들여놓지 않는다(杉山祐之,《覇王と革命: 中國軍閥史 1915-28》, 白水社, 2012, 252쪽).

11 1924년 3월 31일 창간된 한국어 민간 신문이다. 한때《동아일보》·《조선일보》와 함께 민간 3대지로 이름을 날렸다. 이후 경영난으로 주인이 거듭 교체되며《중외일보》(1926~1931),《중앙일보》(1931~1933),《조선중앙일보》(1933~1936) 등으로 제호가 바뀌었다.《조선중앙일보》시절에는 여운형이 사장을 맡았다.

12 1890년 2월 1일 창간돼 1942년 9월 30일에 폐간된 일본의 일간신문. 현《도쿄신문東京新聞》의 전신 중 하나로 분류된다.

13 《동아일보》1924년 10월 19일.

14 《동아일보》1924년 10월 19일.

15 1922년 러시아혁명의 영향이 일본에 퍼지는 것을 막기 위해 만들어진 일본 우익단체다.

16 《동아일보》1924년 9월 30일.

17 《매일신보》1924년 10월 19일.

18 《매일신보》1924년 10월 19일.

19 류기석, 앞의 책, 115쪽.

20 《동아일보》1925년 2월 17일.

21 한 예로 안창남과 함께 있다가 일본 우익에게 테러를 당한 스즈키는 부상을 당했을 뿐이지만, 염근수는 그가 살해를 당했다고 기술했다. 스즈키는 이후 데이코쿠비행학교를 만들어 교장이 된다.

22 염근수가 취재한 김경수는 안창남이 숨진 뒤 등장하는 김동철이란 인물로 추정된다. 김동철은 안창남 사후 남겨진 가족의 동정을 전하는 《동아일보》 1930년 4월 12일 기사에서 안창남 사촌 형의 사위인 최영희의 친구로 등장한다. 그는 1931년 3월호 《별건곤》과 인터뷰를 하면서 자신이 안창남과 함께 "맨 처음 도쿄에서 평톈으로 갔었고, 그 뒤에 다렌까지 동행했었다"라고 증언했다.

23 《중외일보》 1930년 4월 12일.

24 《동아일보》 1930년 4월 12일.

25 광저우에서 시작한 1·2차 북벌에 실패한 쑨원은 1923년 1월 26일 상하이에서 소련 특사 아돌프 요페Adolph Joffe와 '소련이 중국의 독립과 통일을 돕겠다'는 내용의 〈쑨원-요페 공동선언〉을 발표했다. 여기서 요페는 쑨원에게 국민당을 개조해 공산당과 협력할 것을 요구했다. 쑨원이 이에 동의하며 1차 국공합작의 터전이 마련됐다. 국공합작의 첫 성과물은 1924년 5월 3일 개교한 황푸군관학교였다. 이 학교가 양성한 이들이 장제스가 추진하는 북벌의 핵심이 됐고, 이후 국공내전에서 장제스를 꺾은 뒤 중국 본토를 제패하는 중국공산당의 주요 간부로 성장한다.

26 당시 동아일보사 사장은 그의 고국 방문 비행을 주선했던 송진우, 조선일보사 사장은 이상재, 당시 사내 분규를 겪고 있던 시대일보사 사장은 최남선이었다.

27 김홍일, 《대륙의 분노》, 문조사, 1972, 50쪽.

28 류기석, 앞의 책, 80쪽.

29 류기석, 앞의 책, 80쪽.

30 김산·님 웨일즈 지음, 조우화 옮김, 《아리랑》, 동녘, 1984, 94쪽

31 강덕상 지음, 김광열 옮김, 《여운형과 상해임시정부》, 선인, 2017, 293쪽.

32 임경석, 〈임경석의 역사극장: 누가 독립운동가를 쏘았는가〉, 〈임경석의 역사극장: 동지가 동지를 쐈다〉, 〈임경석의 역사극장: 피지배민족 위한 인터내셔널리즘〉, 〈임경석의 역사극장: 독립운동가를 꺾은 국가의 낙인〉, 《한겨레21》 1202·1205·1209·1213, 2018.

33 임경석, 〈임경석의 역사극장: 독립운동가를 꺾은 국가의 낙인〉, 《한겨레21》 1213, 2018

34 손과지, 《상해한인사회사: 1910~1945》, 도서출판한울, 2001, 151쪽.

35 김자동 현 임시정부기념사업회 회장이다.

36 정정화,《장강일기》, 학민사, 1998, 89쪽.

37 김희곤,《한국독립운동의 역사 23: 대한민국임시정부 I 상해시기》, 독립기념관 한국
독립운동사연구소, 2009, 109~110쪽.

■■■■ 06 조선 독립과 중국 혁명의 소용돌이에 갇히다

1   윤선자, 앞의 책, 58쪽.

2   위의 책, 75쪽.

3   1928년 장제스의 북벌 완수 이후 베이징의 이름은 베이핑으로 바뀐다. 京은 수도를
뜻하는데 이때 수도는 난징이었기 때문이다. 중국공산당이 중국을 통일하고 수도를
이곳으로 옮긴 뒤 베이핑의 이름은 다시 베이징으로 돌아온다.

4   강덕상,《여운형과 상해임시정부》, 302쪽.

5   이기형,《여운형 평전》, 실천문학사, 2004, 172~175쪽.

6   위의 책, 174~176쪽.

7   위의 책, 174쪽.

8   김홍일, 앞의 책, 78~79쪽.

9   강덕상,《여운형과 상해임시정부》, 368쪽.

10 이기형, 위의 책, 175쪽.

11 〈미쓰야협정〉의 일본 쪽 명칭은 〈불령선인 취체取締(단속) 방법에 관한 조선총독부
와 봉천성 간 협정〉이다. 1925년 6월 11일 미쓰야 미야마쓰三矢宮松 조선총독부 경
무국장이 만주 시찰 중에 조선독립운동을 단속하기 위해 장쭤린과 맺은 협정이다. '중
국 관헌은 재중 한인에 대해 호구를 엄격히 조사하고 연대책임제로 단속한다'는 내용
이 포함돼 있었다.

12 윤선자, 앞의 책 76쪽.

13 당대 기사를 보면, 이때 장덕창이 안창남과 함께 중국으로 망명해 펑위샹군에서 활동
한 것으로 나온다. 그러나 장덕창의 만주행은 명백한 오보다. 장덕창은 이 무렵 오사
카의 일본항공운송연구소日本航空輸送研究所에 취직해 근무하고 있었다.

14 杉山祐之, 앞의 책, 310쪽.

15 윤선자, 앞의 책, 77쪽.

16 위의 책, 84쪽.

17 《동아일보》 1926년 5월 29일. 기사엔 조선항공사란 사명으로 소개돼 있다.

18 《동아일보》 1926년 10월 4일.

■■■■■ **07 타이위안으로 가다**

1 http://www.flyingtiger-cacw.com/gb_721.htm.

2 杉山祐之, 앞의 책, 362쪽.

3 류기석, 앞의 책, 111쪽.

4 杉山祐之, 앞의 책, 344쪽.

5 杉山祐之, 앞의 책, 366쪽.

■■■■■ **08 대한독립공명단을 조직하다**

1 국사편찬위원회, 《한민족독립운동사자료집》 41, 국사편찬위원회, 2000. 이 자료집에
   최양옥 등 조선독립공명단사건 관계자들의 신문조서가 담겨 있다.

2 《매일신보》 1929년 4월 22일.

3 1920년대 경성 시내 택시 요금은 1원 균일이었다.

4 손정목, 《일제강점기 도시사회상연구》, 일지사, 1996, 341쪽.

5 《별건곤》 6, 1934.

6 김을한, 《신문야화: 1930년대의 기자수첩》, 일조각, 1971, 139쪽.

7 최문우는 종로경찰서 출입기자가 아닌 본정경찰서 출입기자였기 때문에 종로서가
   21일 새벽 최양옥 검거 작전에 나선다는 사실을 모르고 있었다. 그러나 종로서 출입
   기자들에겐 '엠바고' 형태로 이 사실이 미리 전해져 있었기 때문에 검거 시간에 맞춰
   담당 기자들이 모일 수 있었다는 의미다.

8 《매일신보》 1929년 4월 22일.

9 《중외일보》 1929년 4월 22일.

10 NHK, 〈ETV特集 了ンコール自由はこうして奪われた: 治安維持法 10万人の記
    録〉, 2018년 8월 18일 방송.

11 악질 경찰이었던 미와 주임은 승승장구했다. 이후 경시警視(한국의 총경에 해당)로 승
    진해 원산경찰서장이 됐다. 1945년 8월 해방 무렵엔 다시 경성으로 복귀해 조선총독
    부 경무국에서 근무했다. 해방 이후 그의 모습이 감쪽같이 사라져 어딘가에서 암살당

했다는 소문이 돌았지만, 아베 노부유키 총독과 엔도 류사쿠遠藤柳作 정무총감의 가족을 데리고 일본으로 재빠르게 밀항한 것이었다. 1969년 6월 11일 고향인 나고야에서 여든네 살로 숨졌다. 식민지 시기 종로서 출입기자로 인연을 맺었던 김을한은 미와가 숨지기 몇 해 전 "조선에 있을 때 여러 가지로 미안한 일이 많았다. 고등경찰의 성질상 본의 아니게 죄악도 많이 저질렀을 것으로 생각한다. 그러나 저는 저 나름대로 저의 나라를 위해서 한 노릇이니까 너무 과도히 책망하진 말기 바란다"는 편지를 보내 왔다는 사실을 밝힌 바 있다(김을한, 앞의 책, 199쪽).

12 민족문제연구소,《거대한 감옥, 식민지에 살다》, 민연, 2010, 87쪽.

13 임경석,〈임경석의 역사극장: 일제의 돈을 갖고 튀어라〉,《한겨레21》1177, 2017. 그러나 철혈광복단의 거사는 밀정 엄인섭嚴仁燮이 15만원사건 주인공들의 거처를 일본 총영사관에 알려줘 수포로 돌아가고 말았다.

14 김동정,《횡성인 최양옥의 독립을 위한 몸부림》, 횡성문화원, 2016, 25쪽.

15 위의 책, 62쪽.

16 조규태,〈대한독립공명단의 조직과 활동〉,《한국민족운동사 연구》33, 2002.

17 《중외일보》1929년 5월 23일.

18 《중외일보》1930년 4월 12일.

19 1945년 8월 10일 저녁 소련군의 한반도 진격이 이어지는 가운데 백악관에서는 조선 등 일본의 아시아 식민지를 어떻게 처리해야 할지를 두고 철야 회의가 열렸다. 미국 정부는 자정 무렵 딘 러스크Dean Rusk(이후 미 국무장관)와 찰스 본스틸Charles Bonesteel(이후 주한미군 사령관) 등 두 장교를 호출해 소련이 한반도 전체를 점령한 뒤 일본도 침공하는 사태를 막기 위해 한반도에 미국의 점령지를 구획하게 했다. 당시 존 하지John Hodge 중장의 미 24사단은 오키나와에 있었지만, 소련군은 9일 청진에 상륙한 상태였기 때문이다. 갑작스러운 지시에 당황한 둘은《내셔널 지오그래픽National Geographic》에서 만든 벽걸이 지도를 참조해 한반도의 허리를 가로지르는 38선을 기준으로 제시했다.

━━━ 09 영원히 하늘로 떠나다

1 염근수의《안창남 비행기》에 등장하는 김경수이자 안창남 사후 현지 상황을 파악하기 위해 타이위안으로 떠난 최영희의 친구 김동철로 추정된다.

2 정말 안창남이 항공 중장이라는 고위직이었는지 교차 확인할 수 있는 자료는 없다. 중국 자료에서 확인되는 안창남의 직함은 산시육군항공학교의 '비행교관' 또는 '특별 비행교관'이다. 안창남과 같은 비행사로서 중국의 사관학교 바오딩육군학교를 졸업하고 난위안항공학교를 통해 비행사가 된 서왈보의 최종 직급이 한국군의 대령이었으니, 안창남이 장성을 뜻하는 중장 계급까지 오르진 못했을 것이라 보는 게 합리적이다.

3 당대 언론들이 급하게 기사를 작성했는지 기본적인 사실에 관해 조금씩 다르게 기재했다. 《동아일보》는 안창남의 육촌 형의 이름을 안창학安昌學으로 표기했지만, 같은 날짜 《중외일보》에는 안창엽安昌葉, 《매일신보》에는 안창업安昌業으로 기재돼 있다. 정확한 이름은 안창업이다. 또 《동아일보》와 《중외일보》가 그를 육촌 형이라 칭한 데 견줘, 《매일신보》는 사촌 형이라 했다. 그 밖에 《동아일보》와 《중외일보》가 안창남의 집에서 인터뷰에 응한 여성 노인을 고모라 표기한 데 견줘 《매일신보》는 이모라 불렀다. 《매일신보》가 다른 두 조선어 신문과 친척관계와 촌수를 다르게 적은 것은 일본인 기자나 일본인 편집자가 기사에 관여했기 때문이 아닌가 추정된다. 촌수 관계를 한국처럼 복잡하게 따지지 않는 일본에선 고모와 이모 또는 사촌과 육촌의 구분이 없다.

4 《중외일보》1930년 4월 12일.

5 《동아일보》1930년 4월 12일.

6 《매일신보》1930년 4월 12일.

7 4월 5일은 오기다. 실제로는 4월 2일이다.

8 신승하, 《중화민국과 공산혁명》, 대명출판사, 2001.

9 위의 책, 305~306쪽.

10 위의 책, 320쪽.

11 이 글은 현재 알 수 없는 이유로 삭제됐다.

12 F-13의 오기로 보인다. 융커스 F-14란 기체명은 존재하지 않는다.

13 옌시산의 특별기 융커스 F-13은 독일의 항공기제조회사 융커스가 1차 세계대전 직후 만든 4인승 단엽 여객기다. 1919년 6월 25일 첫 비행에 성공한 뒤 1930년까지 300대 이상이 생산됐다.

14 이자해, 《이자해 자전》, 국가보훈처, 2007, 220쪽.

1 이기연이 고국 방문 비행을 한 1923년 12월 스물일곱 살이었다는 언론 보도를 통해 추정해 보면 1897년생이 된다.

2 《동아일보》 1923년 12월 17일.

3 《매일신보》 1923년 12월 16일.

4 《동아일보》 1924년 2월 7일.

5 佐藤一一, 앞의 책; 송석우, 앞의 책.

6 佐藤一一, 앞의 책, 82쪽.

7 《매일신보》 1933년 10월 3일.

8 《매일신보》 1944년 9월 4일.

9 흥미롭게도 고원섭도 일제시대 남긴 여러 친일적인 글로 민족문제연구소의 《친일인 명사전》에 이름이 올랐다.

10 《동아일보》 1961년 8월 28일.

11 길윤형, 《나는 조선인 가미카제다》, 서해문집, 2012.

참고문헌

■■■ 정기간행물

《독립신문》, 《동아일보》, 《매일신보》, 《보라매》, 《시대일보》, 《신한민보》, 《조선신문》, 《중외일보》, 《개벽》, 《별건곤》, 《삼천리》, 《한겨레21》, 《산시일보山西日報》, 《산시상보山西商報》

■■■ 도서

강덕상 지음, 김동수·박수철 옮김, 《학살의 기억, 관동대지진》, 역사비평사, 2005

_____, 김광열 옮김, 《여운형 평전》 1, 역사비평사, 2007

_____, 김광열 옮김, 《여운형과 상해임시정부》, 선인, 2017

권성욱, 《중일전쟁: 용, 사무라이를 꺾다》, 미지북스, 2015

고원섭, 《반민자죄상기》, 백엽문화사, 1949

국사편찬위원회, 《한민족독립운동사》 3, 국사편찬위원회, 1990

_____, 《한민족독립운동사》 6, 국사편찬위원회, 1990

_____, 《한민족독립운동사》 7, 국사편찬위원회, 1990

길윤형, 《나는 조선인 가미카제다》, 서해문집, 2012

김동정, 《횡성인 최양옥의 독립을 위한 몸부림》, 횡성문화원, 2016

김명호, 《중국인 이야기》 1~6, 한길사, 2012~2017

김산·님 웨일즈 지음, 조우화 옮김, 《아리랑》, 동녘, 1984

김선덕, 《공군의 개척자 최용덕》, 아사달, 2018

김을한, 《신문야화: 1930년대의 기자수첩》, 일조각, 1971

김정렬, 《항공의 경종: 김정렬 회고록》, 대희, 2010

김홍일, 《대륙의 분노》, 문조사, 1972

김희곤, 《한국독립운동의 역사 23: 대한민국임시정부 I 상해시기》, 독립기념관 한국독립운동사연구소, 2009

독립운동사편찬위원회, 《독립운동사》 7, 독립유공자 사업기금운용위원회, 1970~1977

류기석 지음, 임원빈 옮김, 최기영 해제, 《삼십년방랑기: 유기석 회고록》, 국가보훈처, 2010

마이클 돕스 지음, 홍희범 옮김, 《1945》, 모던아카이브, 2018

몽양여운형선생추모사업회몽양연구소 엮음, 《여운형 노트》, 학민사, 1994

민족문제연구소, 《거대한 감옥, 식민지에 살다》, 민연, 2010

서대문형무소역사관, 《독립과 민주의 현장 서대문형무소역사관》, 서대문구 도시관리공단, 2014

서울특별시사편찬위원회, 《서울육백년사》, 서울특별시, 1995

손과지, 《상해한인사회사: 1910~1945》, 도서출판한울, 2001

손정목, 《일제강점기 도시사회상연구》, 일지사, 1996

_____, 《서울도시계획이야기》, 도서출판한울, 2003

송석우, 《노고지리의 증언》, 한국항공대학교출판부, 1999

신승하, 《중화민국과 공산혁명》, 대명출판사, 2001

삐이민창 지음, 김승일 옮김, 《상해 대한민국 임시정부 청사의 발자취》, 경학사, 1999

야마다 쇼지 지음, 이진히 옮김, 《(관동대지진) 조선인 학살에 대한 일본 국가와 민중의 책임》, 논형, 2008

여연구, 《나의 아버지 여운형》, 김영사, 2001

염근수, 《안창남 비행기》, 이문당, 1930

윤선자, 《대한독립을 위해 하늘을 날았던 한국 최초의 여류비행사 권기옥》, 역사공간, 2016

윤치호 지음, 박정신·이민원·박미경 옮김, 《윤치호 일기 7: 1916-1919》, 국사편찬위원회, 2015

이건일, 《중국의 군벌정치, 군벌》, 도서출판삼화, 2018

이승휘, 《손문의 혁명》, 도서출판한울, 2018

이기형, 《여운형 평전》, 실천문학사, 2004

이윤상, 《한국독립운동의 역사 18: 3·1운동의 배경과 독립선언》, 독립기념관 한국독립운동사연구소, 2009

이자해, 《이자해 자전》, 국가보훈처, 2007

이정식, 《대한민국의 기원》, 일조각, 2006

이현희, 《임시정부의 숨겨진 뒷이야기》, 학연문화사, 2000

임경석, 《잊을 수 없는 혁명가들에 대한 기록》, 역사비평사, 2008

임종국·박노준, 《흘러간 성좌》, 국제문화사, 1966

정정화, 《장강일기》, 학민사, 1998

최승만, 《나의 회고록》, 인하대학출판부, 1885

최영호 외 지음, 《부관연락선과 부산》, 논형, 2007

친일반민족행위진상규명위원회, 《친일반민족행위진상규명보고서》, 친일반민족행위진상규
　　　명위원회, 2009

한승인, 《동경이 불탈 때: 간토대지진 조난기》, 대성문화사, 1973

한시준, 《대한민국 임시정부의 지도자들》, 역사공간, 2016

한우성·장태한, 《1920, 대한민국 하늘을 열다》, 북이십일, 2013

한영우, 《명성왕후 제국을 일으키다》, 효형출판, 2001

加藤直樹, 《九月, 東京の路上で 1923年關東大震災ジェノサイドの殘響》, ころから, 2014

角田房子, 《わが祖國》, 新潮社, 1990

＿＿＿＿, 《閔妃暗殺: 朝鮮王朝末期の國母》, 新潮文庫, 1993

關東大震災90周年記念行事實行委員會, 《關東大震災 記憶の繼承: 歷史·地域·運動か
　　　ら現在を問う》, 日本經濟評論社, 2014

國營東京臨海廣域防災公園, 〈防災の日: 關東大震災の敎訓を忘れない〉, 2014

東京都慰靈協會, 《關東大震災》, 東京都慰靈協…會, 2005

＿＿＿＿＿＿, 《德永柳洲と大型震災畫》, 東京都慰靈協會, 2014

藤田武明, 《或る飛行機野郎の生涯》, 北莊文庫, 1983

北區鳥山博物館, 《北區飛鳥山博物館 常設展示案內》, 東京都北區敎育委員會, 2011

杉山祐之, 《霸王と革命: 中國軍閥史 1915~28》, 白水社, 2012

西崎雅夫, 《關東大震災朝鮮人虐殺の記錄: 東京地區別1100の証言》, 現代書館, 2016

日本外務省, 〈不逞團關係雜件〉, 1925~1926

日本航空協會, 《日本民間航空史話》, 日本航空協會, 1966

＿＿＿＿＿＿, 《日本航空史: 明治·大正篇》, 日本航空協會, 1956

朝日新聞《新聞と戰爭》取材班, 《新聞と戰爭》上·下, 朝日文庫, 2011

佐藤一一, 《日本民間航空通史》, 國書刊行會, 2003

中山雅洋,《中國的天空: 沈默の航空戰史》, 大日本繪畫, 2008

中央防災會議災害教訓の継承に關する專門調査會,《1923 關東大震災報告書 第1編》, 2006

平木國夫,《黎明期のイカロス群像: 民間航空を飛躍させた草創期の飛行家たち》, Green Arrow, 1996

和田春樹,《日本と朝鮮の100年史》, 平凡社新書, 2010

荒山彰久,《日本の空のパイオニアたち: 明治·大正18年間の航空開拓史》, 早稻田大學出版部, 2013

黑川德男·保垣孝幸,《北區…の歷史 はじめの一步》, 北區立中央區書館, 2010

━━━ 논문

강준식,〈몽양 여운형과 3·1운동〉, 국가보훈처, 2009

강창부·김기둥·이지원,〈공군의 창설에서 최용덕의 역할〉,《민족문화논총》 64, 2016

구교형,〈부관연락선과 도항증명서 제도〉,《부관연락선과 부산》, 논형, 2007

김광열,〈1923년 일본 관동대지진 시 학살된 한인과 중국인에 대한 사후조치〉,《동북아역사논총》 48, 2015

김응교,〈15엔 50전, 광기와 기억: 쓰보이 시게지의 장시 〈주고엔 고주센〉(1948)에 부쳐〉,《민족문학사연구》 27, 2005

_____,〈1923년 9월 1일, 도쿄〉,《민족문학사연구》 19, 2001

박정규,〈안창남의 태원에서의 활동〉, 안창남기념사업회, 2001

신용하,〈도산의 상해임시정부 내무총장 겸 국무총리 서리 취임과 통합 입시정부 수립의 성공〉, 흥사단 대한민국임시정부 수립 99주년 기념 특별강연회 발표논문, 2018

어일선,〈기록영화의 리얼리즘과 허구성 연구: 영화 〈안창남 비행사〉 분석〉,《한국엔터테인먼트산업학회논문지》 11-8, 2017

오수열,〈5·4운동의 발발 배경과 역사적 교훈〉,《한국동북아논총》 44, 2007

_____,〈신해혁명과 민국초기에서의 손문의 역할에 관한 연구〉,《한국동북아논총》 58, 2011

_____,〈중국 군벌의 성쇠와 초기 국민정부에 미친 영향〉,《한국동북아논총》 67, 2013

오수열·채명희,〈제1차 국·공합작의 과정과 실패원인에 관한 연구〉,《한국동북아논총》 70, 2014

이완범,〈미국의 38선 획정 과정과 그 정치적 의도〉,《한국정치학회보》 29-1, 1995

이영신,〈한국 최초의 전투비행사 서왈보 소전〉,《신동아》, 2005년 1월호

이종승, 〈고 장덕창 장군을 추모〉, 《보라매》 42, 1976

조규태, 〈대한독립공명단의 조직과 활동〉, 《한국민족운동사 연구》 33, 2002

최은진, 〈일제강점기 안창남의 항공독립운동〉, 《한국독립운동사연구》 55, 2016

한철호, 〈개항기 일본의 치외법권 적용 논리와 한국의 대응〉, 《한국사학보》 21, 2005

홍윤정, 〈독립운동과 비행사 양성〉, 《국사관논총》 107, 2006

裵姶美, 〈1920年代のおけり在日朝鮮人留學生の統計分析〉, 《日韓綜合認識》 3月號, 2010

_____, 〈關東大震災時の朝鮮人留學生の動向〉, 《關東大震災記憶の繼承》, 日本經濟評論社, 2015

北本朝展, 〈デジタル颱風: 關東大震災と天氣-過去の天氣圖〉(http://agora.ex.nii.ac.jp/digital-typhoon/contribution/weather-chart/005.html.ja)

印藤和寬, 〈研究ノート 關東大震災時の朝鮮人虐殺はなぜ起こったか: 朝鮮獨立戰爭と日本帝國〉, 《敎育科學セミナ一》, 關西大學敎育學會, 2013

崔淑芬, 〈中國空軍の建設と日本〉, 築紫女學園大學

■■■■ 자료

〈상하이재류 선인 정황〉, 《상하이 프랑스조계 헌병대월보》, 1925년 10월호

국가보훈처, 각 인물의 공적 내용

최양옥, 〈수기원고〉, 독립기념관 소장

山西省圖書館, 〈山西省圖書館傾力與韓國KBS合作拍攝〉, 2011(https://lib.sx.cn/에 게재돼 있었으나 현재 검색되지 않음)

中國飛虎硏究學會, 〈山西空軍〉(http://www.flyingtiger-cacw.com/gb_721.htm)

韓廷, 〈閻錫山的飛機製造業〉(http://www.hoplite.cn/Templates/jqzyhxzs0010.html)

■■■■ 방송

KBS, 《역사스페셜》, 〈떴다 보아라 안창남: 창공에 펼친 조선 독립의 꿈〉, 2011년 1월 27일 방송(57회)

NHK, 〈日本航空史 第一券 黎明期の日本の航空〉

NHK, 〈NHKスペシャル: プロジェクトJAPAN シリーズ 日本と朝鮮半島 第2回 三·一獨
　　　立運動と'親日派'〉, 2010년 5월 16일 방송

NHK, 〈NHKスペシャル: ノモンハン 責任なき戰い〉, 2018년 8월 15일 방송

NHK, 〈ETV特集 關東大震災と朝鮮人 悲劇はなぜ起きたのか〉, 2016년 9월 3일 방송

NHK, 〈ETV特集 アンコール自由はこうして奪われた: 治安維持法 10万人の記録〉,
　　　2018년 8월 18일 방송

참고문헌